ŒUVRES HISTORIQUES

DE

M. le Docteur Ulysse CHEVALIER

I

ANNALES

DE

LA VILLE DE ROMANS

(Manuscrit inédit)

VALENCE
Jules CÉAS & Fils
Imprimeurs.

PARIS
A. PICARD, Libraire
82, rue Bonaparte.

1897

ANNALES

DE

LA VILLE DE ROMANS

I

ANNALES

DE

LA VILLE DE ROMANS

(Manuscrit inédit)

VALENCE

Jules CÉAS & Fils

Imprimeurs.

PARIS

A. PICARD, Libraire

82, rue Bonaparte.

1897

En me faisant l'éditeur des Œuvres historiques de M. le Docteur Ulysse Chevalier, je réponds non seulement à un désir personnel, mais encore à un vœu souvent exprimé par tous ceux qu'intéresse notre histoire locale.

Aujourd'hui, il est bien peu de villes, et même de bourgades et de simples villages qui n'aient leur historien. C'est que la connaissance de la « petite patrie », comme on a appelé la part de territoire où chacun de nous est né, ne pouvait manquer de s'imposer à tous ceux qui par leur position, leur goût ou leurs loisirs se sentent émus ou simplement pris d'un peu de curiosité devant un monument ou un document du passé. Vouloir connaître ce qui a existé avant nous, ce que nos pères ont fait et senti, ne répond-il pas à un besoin de notre nature ? Et puis, qui de nous n'a gardé le souvenir de ce qu'il a entendu dire à son père ou à l'aïeul touchant certains événements ou certains personnages ? Je me souviens que, pendant mon enfance, on parlait souvent, à la veillée, de l'entrée des Autrichiens à Romans, en 1814. Puis je vois encore le bon vieux Docteur Dubouchet, que je rencontrais dans ses promenades autour de Bourg-de-Péage, me chantant, à moi, gamin de dix ans, les chansons patriotiques de la Grande Révolution.

Le bonhomme était heureux de trouver un tel auditeur, aussi attentif qu'indulgent, qui, comme tant d'autres, ne le traiterait pas de radoteur. Et, l'avouerai-je, cette voix chevrotante me causait une impression profonde, et je regardais sa bonne grosse figure — toute parsemée de poils de barbe oubliés par un rasoir manié d'une main tremblante — avec une sorte de terreur, mêlée cependant d'un peu de pitié instinctive. Et mon vieux grand-père maternel, qui me chantait lui aussi les chansons du Tour de France, en me faisant sauter sur ses genoux ! Il y a un couplet patois sur l'assassinat du maréchal Brune à Avignon, qui n'est jamais sorti de ma mémoire.

C'est donc à la fois une sorte d'attrait patriotique et le devoir filial qui nous attachent aux faits et gestes d'autrefois. Si présentement nous jouissons d'une certaine tranquillité et d'une aisance relative, nos ancêtres y ont contribué pour une large part. Aussi, les œuvres du savant Docteur Chevalier ne peuvent-elles que nous rendre plus modestes et plus reconnaissants à leur endroit. Ils ont connus des temps agités et difficiles dont nous n'avons pas été exempts.

Bon nombre d'entre nous ont assisté à cette épreuve terrible de 1870-1871, où la Patrie fut cruellement atteinte par l'invasion et le démembrement, mais dans nos malheurs nous demeurons confiants dans l'avenir, si nous songeons que la France, telle que nous l'ont faite nos pères, vit toujours et qu'elle saura réparer les fautes qu'elle avait commises.

Relisons donc notre histoire locale jusque dans ses détails les plus intimes et en apparence les plus insignifiants. Ayons aussi de la reconnaissance envers ceux qui consacrent leur vie à reconstituer nos annales.

L'œuvre du Docteur Chevalier est considérable et, venant après les travaux de Dochier et de M. Giraud, elle complète en grande partie ce qui concerne les faits principaux, comme elle met en lumière bien des personnages et bien des institutions peu ou point connus. Certes, dans un ensemble qui comprend tant de siècles, il est des lacunes inévitables et il y aura lieu de les combler. D'ailleurs qui peut se vanter de tout approfondir et de tout connaître ? Une existence entière ne saurait y suffire, fût-on doué de l'esprit le plus pénétrant et de la volonté la plus infatigable.

M. le Docteur Chevalier a fourni non seulement sa grosse part, mais il a encore le grand mérite d'avoir suscité par son exemple de jeunes érudits et entre autres, M. le chanoine Ulysse Chevalier, son fils, dont le nom a dépassé depuis longtemps les bornes de notre province et dont les travaux, dignes des grands bénédictins, lui ont valu une renommée européenne dans le monde savant. A côté de lui, son cousin, M. le chanoine Jules Chevalier, auteur d'une remarquable Histoire de Die, et M. le chanoine Cyprien Perrossier, à qui l'on doit tant de notices intéressantes, forment ce que M. de Gallier a si bien nommé le grand titre de gloire de M. le docteur Ulysse Chevalier.

Est-il besoin d'ajouter que pour cette édition j'ai

été secondé avec autant d'empressement que de
conscience par M. le chanoine Ulysse Chevalier.
Je lui en exprime ici ma bien vive reconnaissance.

En terminant, je ne puis passer sous silence le
caractère impersonnel de ces ANNALES. M. le Docteur
Chevalier, qui avait, comme nous tous, ses préfé-
rences politiques et religieuses, a eu scrupule de
les montrer ou du moins il l'a fait d'une façon si
réservée, qu'il laisse au lecteur le soin d'établir
lui-même son jugement. Son rôle est d'être exact
et sans parti pris. Il fait œuvre d'annaliste avant
tout. Il y aura toujours assez de gens pour apprécier, chacun à son point de vue, les idées et les
faits de nos prédécesseurs. L'essentiel est que l'on
puisse en appeler tôt ou tard. M. le Docteur Chevalier l'a compris ainsi, et il faut l'en louer sans
réserves.

CHARLES MOSSANT.

Bourg-de-Péage, le 5 décembre 1896.

INTRODUCTION

L'essai que nous avons publié en 1875, sous forme d'*Annales*, pour la période des guerres de religion, a reçu des érudits un accueil assez encourageant pour nous engager à employer le même genre de narration dans la publication de l'histoire générale de la ville de Romans que nous nous proposons de faire aujourd'hui.

Comme on sait, la partie narrative de l'ouvrage de M. Giraud finit avec le XIVᵉ siècle, c'est-à-dire peu d'années après l'annexion de la ville de Romans au Dauphiné et la réunion de cette province à la France. Notre éminent compatriote, conformément au désir bien légitime des érudits et de ses concitoyens, s'était proposé de continuer jusqu'à nos jours la partie historique de son *Essai* (1) et il avait même, dans ce but, consulté les auteurs et recueilli de nombreux documents inédits.

---

(1) *Essai historique sur l'Abbaye de St-Barnard et sur la ville de Romans*; Lyon, 1856, 66 et 69, 5 vol. in-8°.

Mais, vu son grand âge et le travail considérable que nécessitait l'accomplissement de ce projet, qui n'embrassait pas moins de quatre siècles et demi, il renonça à une publication qui devait faire, disait-il, le couronnement de sa carrière. C'est alors qu'il nous fit la remise gracieuse des pièces et des notes qu'il avait réunies.

La réimpression et le profond remaniement de l'*Essai historique* de M. Giraud nous a offert l'occasion de compléter et de conduire jusqu'aux temps modernes l'histoire de notre ville en lui donnant la forme d'*Annales* ; ce genre de narration offrant cet avantage de ne laisser échapper aucun fait, de mettre mieux en relief les événements, de faciliter la mémoire et les recherches, et surtout d'abréger considérablement l'ouvrage, en supprimant les phrases nécessaires au récit et aux transitions. En somme, on aura ainsi la première histoire complète de la ville de Romans, car les *Mémoires*, si incomplets d'ailleurs, de M. Dochier (1), ne dépassent guère le milieu du siècle dernier.

Dans le but que l'on a en vue ici, il serait sans utilité d'emprunter à l'histoire générale

---

(1) *Mémoires sur la ville de Romans ;* Valence, 1812, in-8° ; et *Essai historique sur le monastère et le chapitre de St-Barnard,* 1817, in-8º.

de la contrée des faits antérieurs à la fondation de Romans, c'est-à-dire de son Abbaye,
de raconter, par exemple, les conquêtes des
Romains, les invasions des Bourguignons,
des Francs et des Sarrasins, qui n'ont pu
peser sur les destinées d'une ville qui n'existait pas encore. Et à ce propos, il convient de
repousser tout de suite l'opinion peu sérieuse
et inventée pour les besoins d'une cause par
les consuls dans leur procès contre le Chapitre au siècle dernier, qui faisaient de
Romans une colonie romaine. Voici au reste
toutes les suppositions faites au sujet de l'origine et de l'ancienneté de la ville de Romans :

1º *Allobrox*, l'un des vingt-deux rois des
Gaules (Bérose et Manéthon d'Egypte) eut un
fils, *Romus*, qui fonda la ville de Romans et
lui donna son nom, l'an du monde 2520, 1442
ans avant Jésus-Christ. (François DESRUES,
Descriptions des villes de France, 1608, p. 540.)

2º D'après une médaille d'Auguste et de
Livie, une colonie aurait été autorisée à s'é-
tablir à Romans : COL*onia* ROM*anensis*
PER*missu* DIVI AUGVSTI. (Tristan de
SAINT-AMAND, *Comment. hist.*, t. I.)

3º Romans fut édifié au temps de Néron,
suivant CHARRON (*Hist. univers.*, chap. 29,
p 135, et chap. 59, p. 479), et parachevée
sous le règne d'Antonin le pieux, d'après le
P. THEVET *(Cosmographie)*.

4° Chorier (*Recherches sur les antiquités de la ville de Vienne*, p. 38) rapporte l'épitaphe d'un nommé *Vettius Gemellus*, inhumé dans l'église de Saint-Sevère, en 510, qui était originaire de Romans (ROMANENS),

5° Dans la *Vie des Saints*, de Godescard, il est dit que saint Wandrille reçut l'hospitalité dans le monastère de Romans *(Monasterium Romanum)* (1), où il demeura dix ans, vers le milieu du VII⁰ siècle.

6° Enfin, un statut de l'église de Vienne, de 790, sous l'épiscopat de Volfère, comprend Romans au nombre des quatre archiprêtrés du diocèse *(Altavensis id est de Romanis)* (2).

Toutefois, il nous paraît utile de rappeler d'une manière sommaire les principaux événements survenus dans la province, et dont la connaissance est nécessaire pour expliquer certains faits de l'histoire locale.

Voici d'abord à quelles circonstances Romans doit son origine. Le lieu choisi par Barnard, archevêque de Vienne, en 837, pour y fonder un monastère était, sinon peuplé, du moins très fréquenté. C'était l'endroit où,

---

(1) *Romanum monasterium* ou *Cœnobium Romanis* est le monastère édifié par S. Romain et son père Lupicin à Condat, puis Saint-Oyan, aujourd'hui Saint-Claude (Jura). (*Act. Sanct. Ord. S. Bened.*, sæc. II, p. 529).

(2) Cette dernière dénomination est regardée comme une simple annotation de copiste.

profitant de l'abaissement des rives de l'Isère, les voyageurs, presque tous marchands, qui suivaient la petite route *(via media)* de l'Allobrogie, franchissaient la rivière. Sur le sommet du côteau qui domine ce passage, on avait, suivant l'usage, érigé un petit temple, probablement dédié à Mercure. Plus tard, à la place du monument païen, s'éleva une chapelle consacrée à saint Romain *(ecclesia Sancti Romani)*, laquelle, après plusieurs désastres attribués aux Maures, fut relevée de ses ruines et devint le centre d'une paroisse plus étendue que peuplée, qui a subsisté jusqu'à la Révolution.

Les Bréviaires de Saint-Barnard et de Saint-Antoine portent que le nom de Romans vient de celui de la veuve *Romana*, propriétaire du sol sur lequel Barnard fit construire un monastère et une église. Un cartulaire de Vienne dit que ces édifices étaient d'une si grande beauté, qu'ils égalaient ceux des Romains, d'où vient, d'après cette hyperbole, le nom de Romans (1).

Deux chartes du cartulaire de Saint-Barnard, du temps de Léger, archevêque de

---

(1) *Ob sublimitatem ædificii Romanis nomen tradidit* (Joannes Rossius). Les édifices qui sont parvenus jusqu'à nous, les vestiges qu'il nous a été donné encore de voir, ne nous permettent pas d'admettre ce que disent les anciens auteurs de la grandeur et de la magnificence des monu-

Vienne (XIe siècle), font dériver ce même nom de Romans de ce que cet établissement avait été mis, par son fondateur, sous la juridiction immédiate de Rome. A en croire le savant Bulet, cité par M. Dochier, Romans serait composé de deux mots celtiques : *Ross*, bruyère, et *man*, homme, c'est-à-dire habitant des bruyères. M. GIRAUD (1) se range à la version des Bréviaires de Saint-Barnard et de Saint-Antoine ; il pense que le monastère a pris le nom du propriétaire sur le terrain duquel il a été bâti, que ce nom n'est pas Romans, comme on l'a supposé jusqu'ici, mais *Rotman* (2), ainsi qu'on le trouve écrit dans les cartulaires de Saint-Hugues de Grenoble, de Saint-Victor de Marseille, de Saint-Barnard, et que ce n'est qu'au XIe siècle, lorsque des idées de liberté romaine, de juridiction immédiate de l'église de Rome se sont produites dans l'Abbaye, qu'une modification

---

ments, de la splendeur, des richesses de Romans dans les âges précédents. *Ædificia ob pulchritudinem celebrantur. Templum admirandi operis, inter ea quæ divitiarum splendore celebrantur.* (Voy. Georgius BRUNUS, lib. 3e *Theatri urbium.*)

(1) *Quelques mots sur la question de savoir quel a été le premier nom du monastère fondé par l'archevêque de Vienne, Barnard, vers 840, au lieu où est aujourd'hui la ville de Romans ;* Lyon, 1853, in-8°.

(2) En tudesque : *Roth,* rouge, et *mann,* homme, c'est-à-dire homme aux cheveux roux, qui était alors le type de plusieurs peuplades gauloises.

a été apportée à ce nom, et Romans a été substitué à *Rotman* (1). Enfin, d'après quelques étymologistes modernes, le nom de la ville de Romans, *villa de Romanis*, est une transformation de celui de Saint-Romain, *Sancti Romani*, que portait la chapelle érigée sur le côteau dominant la nouvelle ville : transformation qui est arrivée dans beaucoup d'autres localités de France, où, d'après les dictionnaires géographiques, neuf villages s'appellent *Romain*, quarante-huit *Saint-Romain*, deux *Roman*, dix *Saint-Romans* et enfin quatre *Romans*.

Vers la même époque, voici ce qui se passait dans la province.

Louis le *Débonnaire*, resté seul des fils de Charlemagne, recueillit tous ses états et les partagea, en 817, entre ses trois fils. Mais ayant eu de son second mariage Charles dit le *Chauve*, ces quatres princes se firent la guerre après sa mort. Par le traité de Thionville, 16 mars 842, le Viennois et quelques autres provinces de la Bourgogne cisjurane échurent à Lothaire. Les états de ce dernier furent partagé entre ses enfants, en 855 qu'il décéda. A Charles, son troisième fils, échu-

---

(1) Ptolémée, en ses *Commentaires* sur Manéthon, dit: *Rhomandissos Galliâ belgicâ*. On lit sur une médaille de François Ier, frappée à Romans en 1533 : *Rhomandissorum*.

rent le Lyonnais, le Viennois et la Provence.
Charles mourut en 858, laissant pour héritier
ses deux frères, Louis et Lothaire. Le premier eut la Provence et le Lyonnais, et le
second eut le Viennois, dont il jouit paisiblement jusqu'en 869, époque de sa mort. L'héritier de Lothaire était Louis, son frère, et le
Viennois lui appartenait de droit. En 869,
Louis était occupé dans une grande guerre
contre les Sarrasins. Charles le *Chauve* des-
cendit dans le Viennois, soumit le pays et prit
Vienne en 871, après un siège de plus d'un
an. Charles le *Chauve* mourut en 877. Louis
le *Bègue*, son fils, décéda en 879, et, en la
même année, Louis et Carloman, enfants de
Louis, furent dépossédés.

Louis II, à qui le Viennois appartenait,
décéda en 875, laissant Hermengarde, sa fille
unique, pour seule héritière de ses états.
Boson, gouverneur de Vienne, l'épousa en
876 et acquit par sa femme un droit qu'il fit
reconnaître par les grands et les prélats
assemblés au Concile de Mantaille, le 15 octobre 879, où il fut proclamé roi d'Arles et de
Bourgogne. A Boson succéda son fils Louis,
surnommé l'*Aveugle*, parce que ayant déclaré
la guerre à Bérenger, roi d'Italie, et celui-ci
l'ayant vaincu, lui fit crever les yeux et le
renvoya dans ses états. Il fut obligé d'en
confier l'administration à Hugues, duc de Pro-

vence et comte d'Arles. Ce dernier, par la mort de Louis l'*Aveugle*, devint roi de la Bourgogne cisjurane ; il fit, en 926, un traité avec Rodolphe II, roi de la Bourgogne transjurane, par lequel il lui céda les provinces qu'il avait usurpées, et Rodolphe, de son côté, lui céda le royaume d'Italie : ainsi Rodolphe réunit les deux Bourgognes. Conrad, dit le *Pacifique*, son fils, lui succéda et régna paisiblement pendant cinquante années. Il laissa ces provinces à Rodolphe III, dit le *Fainéant*, lequel n'ayant ni femme ni enfant, donna ses biens à Henri le *Boiteux* ; mais Henri étant mort peu de temps après, Rodolphe les transporta, en 1032, à l'empereur Conrad, duc de Franconie, qui avait épousé Gisèle, sa nièce.

Telles sont, à ces époques, les différentes révolutions du royaume de Bourgogne, dont le Dauphiné faisait partie et dans lequel était enclavée la ville de Romans.

Les grands et les prélats de ce royaume qui n'avaient point approuvé cette donation, profitèrent de la résidence de Conrad au-delà du Rhin et des grandes guerres qu'il soutenait contre les Sarrasins, pour se soulever et former différentes souverainetés.

Guigues, comte d'Albon, se rendit maître de la plus grande partie du Viennois ; l'archevêque de Vienne, abbé de Romans, en fit autant ; les évêques de Die et de Valence suivirent le même exemple. Ces seigneurs possédèrent ensuite les pays dont ils avaient pris possession sous l'autorité des empereurs d'Allemagne, auxquels ils rendaient hommage.

Guigues, surnommé le *Vieux*, prit, vers l'an 1040, le titre de comte de Graisivaudan, et fut la tige des Dauphins. Il mourut vers l'an 1075, à l'abbaye de Cluny. Guigues le *Gras*, son fils, lui succéda. Il usurpa sur l'évêque de Grenoble diverses possessions et décéda l'an 1080. Son fils, Guigues III, prince sage, mourut en 1125. Guigues IV, surnommé *Dauphin*, succomba en 1142, à la Buissière, aux blessures qu'il avait reçues au siège de Montmeillan. Il laissa trois enfants en bas âge, sous la tutelle de la Dauphine Marguerite de Montferrat, parente de l'empereur Frédéric, qui, à cette occasion, confirma au Dauphin la possession de toutes ses terres. Ce prince mourut à 27 ans, au château de Vizille, en 1162. Il laissa une fille, et un fils qui mourut quelques jours après son père. Béatrix, seule héritière des états du Dauphin, épousa Ildefonse, dit *Taillefer*, fils du comte de Toulouse. Devenue veuve en 1182, cette princesse, jeune encore, se remaria avec Hugues III, duc de Bourgogne, dont elle eut le Dauphin (dit à tort Guigues VI) André, qui fut chef de la deuxième race des Dauphins.

Par son mariage avec Béatrix de Claustral,
petite-fille du comte de Forcalquier, il acquit
le Gapençais et l'Embrunois. Il mourut en
1236. Guigues VI, dit le *Jeune*, s'unit à
Béatrix de Savoie, qui lui apporta en dot la
terre de Faucigny. Il décéda en 1270. Son fils
Jean, âgé de huit ans, fut son successeur. Il
s'allia avec Bonne de Savoie, et par sa mort
sans postérité, arrivée en 1282, termina la
deuxième race des Dauphins. Anne, sa sœur,
lui succéda. Elle avait épousé, en 1273,
Humbert de la Tour-du-Pin, qui se retira
après la mort de sa femme dans la chartreuse
du Val-Sainte-Marie, où il décéda en 1306.
Jean II, son fils, épousa Béatrix de Hongrie
et mourut au Pont-de-Sorgue, le 5 mars
1319. Guigues VII, âgé de 8 ans, lui succéda.
Il se maria avec Isabelle de France en 1323
et fut blessé mortellement, le 22 juillet 1333,
au siège du château de La Perrière. Son frère
et successeur Humbert II était alors à Naples,
où il avait épousé Marie des Baux, nièce de
Robert, roi de Naples. Ayant eu la douleur
de perdre son fils unique et bientôt sa femme,
ce prince, de l'avis des trois Etats du pays et
par la médiation du pape Clément VI, donna
ses domaines, le 23 avril 1343, à Philippe,
duc d'Orléans, fils de Philippe VI, roi de
France, puis nomma à sa place, le 7 juin
1344, Jean, duc de Normandie, fils aîné du

même roi, et, le 30 mars 1349, mit ce prince en possession de ses états. Depuis cet acte mémorable, le Dauphiné, et en particulier la ville de Romans conquise en 1342 par Humbert II, suivirent les destinées de la grande patrie à laquelle ils venaient d'être annexés, sinon incorporés.

L'histoire de la ville de Romans jusqu'au commencement du XVe siècle ayant été traitée de la manière la plus complète dans l'*Essai historique* de M. P.-E. GIRAUD, nous nous contenterons de rappeler succinctement les faits historiques de cette période, sauf à donner à ceux peu connus des siècles suivants tout le développement qu'ils méritent, particulièrement aux événements des guerres de Religion et de la Révolution. Enfin, le lecteur désireux de connaître d'une manière plus détaillée certains points de l'histoire de Romans devra recourir aux ouvrages et opuscules de M. DOCHIER et de M. GIRAUD, et à nos *Notices* sur les établissements publics de cette ville.

ANNALES

DE LA

VILLE DE ROMANS

De retour dans son diocèse, après plusieurs années d'exil, Barnard (1), archevêque de Vienne, fonde un monastère et construit une église en l'honneur de tous les saints et de saint Pierre, sur la rive droite de l'Isère, dans un lieu désert qui lui fut donné par une riche veuve du nom de Romana. Il en fait la dédicace, le 2 octobre à la tête de huit évêques et y fait transporter les

(1) Né dans le Lyonnais vers 778, de Barnard et d'Héliarde, il se maria à 18 ans. Il suivit quelque temps la carrière des armes et la cour de Charlemagne. Ayant ensuite quitté sa femme, avec laquelle il avait vécu sept ans, et ses enfants, qui moururent peu de temps après, il embrassa la vie monastique et bâtit l'abbaye d'Ambronay vers 800. Cinq ans après il fut, malgré sa résistance, élu unanimement abbé. En 810, après le décès de saint Volfère, il fut acclamé

corps des martyrs Séverin, Exupère et Félicien (1), qui gisaient abandonnés hors de la ville de Vienne.

842. *Janvier 22*. — Barnard meurt dans le monastère qu'il avait fondé, après la plus austère pénitence et avoir reçu le viatique en présence de toute la communauté, âgé de 64 ans et l'an 32 de son pontificat Il fut enterré le lendemain, à l'extérieur de son Abbaye, et par humilité sous l'égoût de l'église, avec une modeste épitaphe, dont on a retrouvé un fragment en 1845 (2).

842. *Décembre 30*. — L'empereur Lothaire (3) envoie à l'archevêque Agilmar (4), successeur de Barnard, une bulle qui approuve la fondation

archevêque de Vienne. Il figura avec son ami Agobard, archevêque de Lyon, à la célèbre assemblée tenue, en 833, à Soissons, où des seigneurs et des évêques déposèrent Louis le *Débonnaire*. Mais ce prince ayant été rétabli sur son trône, fit plainte au concile de Thionville contre ces deux prélats, qui s'étaient enfuis en Italie auprès de Lothaire. Replacé dans son archevêché, Barnard s'occupa de mettre de l'ordre dans son diocèse et d'apaiser certains tumultes causés par les Juifs, alors assez nombreux à Vienne. Enfin, de plus en plus dégoûté des choses du monde et pour expier sa faute, il se retira dans un lieu solitaire, sur les bords de l'Isère, où il fit construire un monastère.

Voy. FLEURY-TERNAL, *Vie de saint Barnard* ; Paris, 1722. — Claude ESTIENNOT, *Eloge historique de S. Barnard*, 23 p. dans le 1er vol. de l'*Essai historique* de M. GIRAUD. — BOLLANDUS, *Acta sanctor.*, 23 janvier, p. 544. — MABILLON, *Acta sanct., ord. S. Bened.*, sæc. IV, p. 579 : et II, p. 561.

(1) On trouve l'épitaphe de ces trois martyrs, attribuée à Florus, diacre de l'église de Lyon, (texte et traduction) dans divers auteurs (*Mystère des Trois Doms*, p. XCIX).

(2) Voy. GIRAUD, *Rapport présenté au Comité des Arts et Monuments*, Paris, 1846, et notre Notice sur *la Chapelle de St-Michel*, 1869.

(3) Fils aîné de Louis le *Débonnaire*, empereur en 823, mort en 855.

(4) Archi-chancelier de l'empereur. Archevêque en décembre 842. Assiste à plusieurs Conciles et meurt le 6 juillet 859.

du monastère de Romans et le soumet au siège de Vienne.

856. — Sur la plainte de l'archevêque Agilmar, Giraud, comte de Vienne, fait restituer à l'abbaye de Romans les terres de Triors et de Génissieu (1) avec leurs serfs.

860. — Le monastère est saccagé et presque entièrement détruit. Les moines sont dispersés. Ce désastre est causé par l'irruption d'un peuple barbare que l'on croit être des Normands (2).

907. — Alexandre, archevêque de Vienne (3), ordonne le rétablissement du monastère de Romans. Il prépose à cette œuvre un prêtre de son diocèse nommé David, auquel il cède le monastère avec ses dépendances. David, de son côté, se dépouille en faveur de la mense commune de ses biens qui étaient considérables, et promet de reconstruire en entier les édifices ruinés, l'église et ses accessoires. Les travaux sont terminés en 920.

924. *Juin 10*. — Un seigneur du nom de Silvius, qui, à un titre qu'on ignore, détenait la terre de Pisançon (4), la donne et cède, avec l'église de Saint-Michel et toutes ses dépendances, à l'abbaye de Romans.

---

(1) Ces deux fiefs appartenaient à l'Abbaye dès sa fondation. Voy. notre *Notice sur la seigneurie de Triors*. Grenoble, 1868.

(2) Ces hardis aventuriers s'établirent, en 859, dans l'île de la Camargue, et l'année suivante remontèrent le fleuve du Rhône jusqu'à la ville de Valence, pillant et brûlant tout sur leur passage. (D. Bouquet, t. VII, p. 75).

(3) Archevêque et archi-chancelier de Louis l'*Aveugle* en 907. Il fit beaucoup de libéralités aux établissements religieux et mourut le 16 décembre 932.

(4) Ancienne possession de l'église de S. Barnard. Voy. notre *Notice sur la seigneurie de Pisançon*.

928. — Le duc Hugues, devenu plus tard roi d'Italie, fait don au monastère de plusieurs terres d'une grande valeur, avec tous leurs droits et *avec tous leurs habitants de l'un et l'autre sexe* (1).

930. — Sobon, archevêque de Vienne (2), pour réprimer l'insubordination des moines, assiège l'abbaye de Romans et la dévaste. L'église elle-même est incendiée. Il s'empare de tous les biens de la dotation et en gratifie ses chevaliers.

L'église est bientôt rebâtie. L'Abbaye sécularisée est composée de trente chanoines et de soixante-quatorze collégiés. Elle avait eu neuf abbés réguliers.

931. — Le pape Jean X (3) impose une pénitence à Silvion de Clérieu. Il le condamne à une amende de cent livres, à affranchir soixante esclaves, à faire diverses aumônes et enfin à rebâtir l'église de Romans, qu'il avait brûlée lors de l'expédition de Sobon. Le pape entend placer désormais cette église sous son autorité et sous celle de ses successeurs.

944. — La troisième fête de Pâques, au milieu d'un grand concours de peuple, on ouvrit le tombeau de saint Barnard, qui était dans la boue, on en tira ses ossements, on les lava avec du vin, qui servit depuis à guérir un grand nombre de malades. Avec les aumônes recueillies à

---

(1) *Cartul. de St-Barnard,* ch. 26.

(2) Était archevêque dès le 26 décembre 932 ; il mourut le 26 ou 27 février 949 ou 950. Son caractère est diversement apprécié par les historiens.

(3) D'abord archevêque de Ravenne, intronisé en 914. Il défit les Sarrasins, puis fut jeté en prison, où il fut étranglé l'an 938.

cette occasion, on fit faire une châsse d'argent qu'on plaça à gauche de l'autel des Saints-Apôtres, que le saint prélat avait autrefois lui-même consacré.

Peu de temps après, le corps de saint Barnard est porté dans sa châsse par la congrégation de Romans à Saint-Paulin en Velay (1)

995. — L'archevêque de Vienne Thibaud (2) établit les chanoines dans la possession légale et canonique de leur église. Ces derniers s'engagent à rendre ce qu'ils détiennent, à ajouter de leur propre patrimoine à la mense commune et à vivre dans une parfaite régularité. Le tout au nom et avec le consentement de Guillaume de Clérieu, fils de Silvion.

999. — Le roi Rodolphe (3) se trouvant à Romans, donne un précepte en faveur des chanoines de Saint-Barnard contre les entreprises des seigneurs des environs.

1025. *Novembre 23*. — Dans le même acte constatant l'élection de Léger (4) en qualité

---

(1) Pour reprendre possession de ce lieu, qui faisait partie de la dotation primitive assignée par Barnard à son abbaye.

(2) Ne paraît qu'en 970, assista aux conciles d'Anse et mourut vers l'an 1000.

(3) Rodolphe II, roi des deux Bourgognes cisjurane et transjurane.

(4) On ignore où est né Léger *(Leodegarius)*. On sait seulement qu'il fut élevé au Puy et à Romans, et qu'il fit de longs séjours dans cette dernière ville. Il était d'une haute naissance : petit-fils de Silvion de Clérieu par Fida sa mère et parent d'Henri Ier, roi de France. Il fut élu abbé de Romans et obtint à cette occasion plusieurs concessions en faveur de son église et de sa ville, et plus tard la restitution des châteaux de Châtillon et de Pisançon, qu'il se vit dans la nécessité d'inféoder à Aymar de Bressieu, puissant seigneur et voisin redoutable de l'Abbaye.

Léger fut élu archevêque de Vienne en 1030. Il rédigea en 1037 les Statuts de l'église de Saint-Barnard et convoqua, le 20 octobre de la

d'abbé de Romans, Guillaume de Clérieu, en présence de Burchard, archevêque de Vienne (1), de Fida, mère de Léger, de ses frères et des principaux vassaux de son père, cède au chapitre tous ses droits sur Romans, sur le clergé et sur le peuple.

1038. — Truanus, véhier ou châtelain de Peyrins (I), accompagné de ses frères et de ses fils, paraît devant l'autel de Saint-Barnard et là, en présence d'une nombreuse réunion, il se départ de tous les droits qu'il usurpait sur l'église et sur les hommes de la paroisse.

1049. *Mai 9* — Le cloître, les habitations des chanoines et peut-être même l'église étant devenus la proie des flammes, Léger, archevêque de Vienne et abbé de Romans, permet de réédifier deux cloîtres : l'un joignant l'église, et l'autre vers les maisons qui sont construites sur l'emplacement de l'ancien vivier (2),

---

même année, dans Romans une assemblée du clergé et des principaux seigneurs, où il rendit à l'église ses droits et prit sous sa protection les personnes et les biens des habitants. Après l'incendie de l'église et des bâtiments adjacents, il ordonna la réédification en pierre de ces édifices et des deux cloîtres. Il établit au nord de la ville, sur un terrain appelé la *Bouverie*, une maison d'aumône, devenue plus tard l'Hôtel-Dieu. Enfin, le 6 octobre 1069, il présenta à l'assemblée de tous les clercs et du peuple, pour le remplacer en qualité d'abbé de Romans, Armand, chanoine des deux églises de Vienne et de Romans. Il mourut à Vienne l'an 1070, le 12 juin, laissant une grande et pure renommée. Il fut inhumé près de la grande porte de l'église de Saint-Pierre, dans un cercueil de marbre antique.

(1) Représentant du prince de Royans, dont l'ancêtre Ismidon, issu des comtes de Forez, s'était emparé du territoire de Peyrins après l'expulsion des Sarrasins.

(2) L'ancien vivier à poissons, alimenté par d'abondantes sources, était établi sur l'emplacement qu'occupent les maisons placées au couchant de l'église. La rue voisine prit le nom de *Pêcherie*, de sa situation sur le bord de l'Isère et de l'industrie qui y était exercée. Là se trouvait aussi la *Fontaine aux poissons*.

à condition que le tout sera entouré de murs
bâtis à chaux et à sable.

1050. *Mai 3.* — Le pape Léon IX (1)
accorde à l'église de Romans, sous le cens d'un
sétier d'amandes, la liberté romaine, sauf l'obéissance légitimement due à l'évêque diocésain. Il
adresse à l'archevêque de Lyon, à l'évêque de
Valence et au comte Guigues (2) un bref pour
leur ordonner d'empêcher les usurpations qui
ont désolé l'église de Romans.

1050. — Adon, chanoine de Romans, frère
de Léger, rend à la communauté l'église de St-
Pierre du Voirasier, son presbytère, ses dîmes
et ses oblations, ainsi que les églises de St-
Pierre et de St-Martin de Chanos, leurs pres-
bytères et leurs revenus. Il concède en outre
certains droits sur le bois du Voirasier (3).

1052. *Janvier 27.* — Ismidon, seigneur de
Peyrins, restitue à l'église de Romans un fief
qu'il détenait. Il reçoit en retour une somme de
mille sols. Le pape approuve ce traité, qui est
signé par de nombreux et grands personnages.

1052. — Le pape Léon IX adresse des
représentations sévères aux chanoines de
Romans. Il leur reproche leurs désordres, leur
désobéissance à leur abbé. Il les exhorte à choisir parmi eux quatre des plus dignes, pour leur
confier la tâche de rétablir l'ancienne règle dans
leur communauté.

---

(1) Brunon, élu à Worms en 1048, mort à Rome le 19 avril 1054.

(2) Surnommé le *Vieux*, comte de Graisivaudan, tige des Dauphins.

(3) Les droits du chapitre de St-Barnard sur la chapelle du Voirasier remontaient à une haute antiquité, ainsi que ceux d'affouage
sur des bois avoisinants qui existent encore.

1052. *Août 12.* — Lors de sa première fondation, l'église de Romans avait reçu en dotation l'église de St-Félicien en Vivarais, laquelle ne tarda pas à être usurpée par des hérétiques, ou plutôt par une famille du nom de *Payen* ou *Pagan* (1). Adémar, abbé de St-Irénée et de St-Just de Lyon, la rendit à l'abbaye de Romans. Après sa mort, Guillaume, son fils et sa femme s'arrogèrent la même église, puis l'abandonnèrent moyennant trente livres d'argent et deux onces d'or. Les chanoines, ayant à leur tête Léger, leur archevèque et abbé, vinrent processionnellement, portant les reliques des saints Séverin, Exupère et Félicien, et le corps de saint Barnard, prendre possession de l'église de St-Félicien.

1056 *Avril 26.* — Le pape Victor II (2) adresse à Léger et aux chanoines de Romans une bulle, par laquelle il leur accorde dans les termes les plus honorables la confirmation de leurs privilèges.

1057. — Par un traité conclu entre Gontard, évèque de Valence (3), et Léger, les chanoines et les habitants de Romans obtiennent le droit de prendre dans la forêt de Bayanne (4), sans redevance aucune, ce qui leur sera nécessaire, et un marché de trois jours dans la ville de Valence. En retour, Léger rend à Gontard et aux chanoi-

---

(1) A. de **Gallier**, *Les Pagan et les Retourtour*, Vienne, 1874.

(2) Appelé auparavant Géhehard, évèque de Eichstadt. Elu au concile de Mayence en mars 1055, mort en Toscane le 28 juillet 1057.

(3) Monta sur le siège de Valence en 1063. Il administra l'église de Vienne pendant la vacance qui suivit la mort de Warmond. En 1095, il reçut dans sa ville épiscopale le pape Urbain II, qui consacra, le 5 août, son église cathédrale. Il mourut le 25 août 1100 ?

(4) C'était une vaste forêt située sur le chemin de Romans à Valence, entre ces deux villes.

nes de St-Apollinaire le château d'Alixan et ses dépendances (1).

1060. — Un règlement commun de l'église est arrêté entre Léger, archevêque et abbé, et les chanoines de Romans. Ces limites sont le long de l'Isère jusqu'à l'Herbasse, et suivant le chemin de Clérieu et de Monteux jusqu'à Peyrins, et de St-Jean d'Octavéon jusqu'à l'Isère.

1060. *Août 16*. — Guiniman (2), nommé à l'archevêché d'Embrun, concède sa prébende et tout ce que ses prédécesseurs avaient possédé dans l'église de Romans pour être uni à la mense commune. Il se réserve seulement la maison nouvellement bâtie près du cloître, que Léger lui avait accordée comme aux autres chanoines.

En 1064, il céda cette maison à son neveu, du même nom que lui et qui fut également chanoine de Romans, après son oncle.

1068. *Novembre 8*. — Sous la médiation de l'archevêque Léger, les religieux de Montmajour échangent, contre la moitié de l'église de St-Evode de Parnans, la terre et l'église de St-Christophe de Montmiral, qui devient la résidence de chanoines réguliers dépendant de l'abbaye de St-Barnard.

---

(1) Au nombre des vastes propriétés que possédait Guillaume, et successivement son fils Léger et le Chapitre de Romans, se trouvait le château d'Alixan, qui était alors possédé à titre de bénéfice par Gontard, évêque de Valence. Léger ayant été forcé par suite des torts du feudataire de reprendre son fief, Gontard entra en accommodement et fit les concessions qui viennent d'être citées. Gontard reprit possession du château d'Alixan, mais à des conditions assez rigoureuses.

(2) Non Guinaman, né à Romans, élève de l'église de St-Barnard, ami et condisciple de Léger, nommé à l'archevêché d'Embrun. Il ne figure pas sur les catalogues au delà de l'année 1065, qui serait celle de sa mort.

1069. *Octobre 6*. — Léger présente à l'assemblée de tous les clercs et du peuple, pour le remplacer en qualité d'abbé, Armand, chanoine des deux églises de Vienne et de Romans.

Le pape Alexandre II (1), à l'occasion de l'élévation d'Armand sur le siège de Vienne, écrit au clergé et au peuple de cette ville pour les féliciter de cet heureux choix, et pour les engager à aider leur archevêque à recouvrer les biens que l'injustice et la violence ont enlevés à l'église de Romans.

1075. *Mars 9*. — Le pape Grégoire VII (2) écrit aux chanoines de St-Barnard qu'il a chargé Hugues de Die, son légat (3), de pacifier leur église, conformément à leur prière.

1076. *Mars 19*. — Hugues de Die, légat du Saint-Siège, excommunie Armand comme coupable de simonie, de parjure, de sacrilège et d'apostasie : ce qui fut confirmé l'année suivante

---

(1) Anselme Badage, évêque de Lucques. Couronné pape le 30 septembre 1061, il eut à lutter contre l'antipape Cadalous et mourut le 21 avril 1073.

(2) Appelé Hildebrand, né en Toscane, moine de Cluny, élu pape le 22 avril 1073, fut déposé par Henri, roi de Germanie, qu'il excommunia deux fois. Assiégé dans le château Saint-Ange, délivré par Robert Guiscard, il mourut à Salerne le 25 mai 1085.

(3) Neveu d'Eudes Borel, duc de Bourgogne, né vraisemblablement à Romans, où il fut élevé. Il était prieur de Saint-Marcel de Châlon-sur-Saône et chamarier de l'église de Lyon, lorsqu'il fut élevé à l'épiscopat par acclamation dans l'église de Die. Le pape approuva cette élection et sacra Hugues évêque le 9 mai 1074 ; il le nomma ensuite son légat en France et en Bourgogne. Dans son dépit de n'avoir pas été nommé pape, il s'opposa à l'intronisation de Victor III, qui l'excommunia. Relevé de ces censures par Urbain II, il se rendit à Rome en 1101, fit ensuite le voyage de Jérusalem et termina sa vie à Suze, en Piémont, le 7 octobre 1106. Voy. Jules CHEVALIER, *Notes hist. sur la ville et les évêques de Die*, 1881, p. 138, et Cyprien PERROSSIER, *Recherches sur les évêques originaires du diocèse de Valence*, 1882.

dans un concile tenu à Rome, où l'on excommunia aussi les chanoines de Romans, à cause de leur insubordination et de leur désobéissance.

1077. *Mars 19*. — Le pape adresse au Chapitre de St-Barnard une bulle, par laquelle il le menace de l'excommunication et de l'interdiction de son église, pour avoir contesté au nouvel archevêque de Vienne Warmond (1) sa juridiction.

1078. — Le même souverain pontife accueille les assurances de fidélité présentées par les envoyés de l'église de Romans. Il leur renouvelle les privilèges de la liberté romaine et leur trace quelques nouveaux statuts.

1090. — Le Chapitre adresse une plainte à Lambert-François, seigneur de Peyrins (2), au sujet des violences exercées par ses hommes contre les chanoines et les habitants de Romans, et de l'usurpation de terres et de pâturages appartenant à l'église.

1095. — Le pape Urbain II se rend à Romans pour y juger les différends qui divisaient Guy, archevêque de Vienne (3), et Hugues,

---

(1) Abbé de Déols, reçut du pape une bulle du 6 mars 1077, confirmant la primauté de son siège. On le trouve la même année à Dijon, puis exerçant son office de légat dans le diocèse de Reims et à Cluny. Il mourut à la fin de l'année 1081.

(2) Il était fils d'Ode ou Eudes et d'Abaldisie, et arrière petit-fils d'Ismidon de Royans. Il alla en Terre-Sainte rejoindre son frère Adhémar, évêque du Puy, de Montélier et non de Monteil (ou Montélimar). Il eut deux fils de sa femme Stéphanie Raynaud.

(3) Fils de Guillaume, comte de Bourgogne, et parent de l'empereur, élu par le clergé de Vienne le 12 mars 1088 et consacré à Rome par Urbain II. Il figura à plusieurs Conciles et se rendit en Angleterre comme légat, reçut à Vienne en 1106 le pape Paschal II, qui consacra son église.

évêque de Grenoble (1), au sujet de St-Donat et du comté de Salmorenc. Menacé dans sa liberté par Guy, qui avait fait occuper par une troupe d'hommes armés la citadelle du lieu *(arx loci)* (2), le pape part sans prononcer de jugement. Il avait écrit pendant son séjour un bref à Guillaume de Clérieu et à François de Royans, pour leur reprocher d'avoir envahi les biens de l'église de Romans et outragé plusieurs clercs. Il les exhorte à s'abstenir de ces courses hostiles et à réparer le dommage qu'ils avaient causé.

1095. *Novembre 28.* — Le même pape écrit au clergé et au peuple *(clero et populo)* de Romans que Adhémar, évêque du Puy, qui avait pris le château de Pisançon sous sa garde, lui avait donné l'assurance qu'il le maintiendrait sous les lois de l'Abbaye (3).

Par une bulle donnée en Auvergne, Urbain II défend au clergé et au peuple de Romans d'obéir à l'archevêque de Vienne, parce qu'il avait refusé avec hauteur de réparer le tort qu'il avait fait à cette église.

1096. — Dans une assemblée des grands de la contrée, présidée par le prince Guillaume (de Provence), le Chapitre revendique la posses-

------

(1) Né en 1053 à Châteauneuf d'Isère, d'abord chanoine de Valence, ensuite élu, en 1080, évêque de Grenoble. Ayant trouvé son diocèse dans le plus grand désordre, il renonça à sa dignité et fut s'enfermer dans l'abbaye de la Chaise-Dieu ; sur les sollicitations du pape, il revint à Grenoble en 1083. Il réforma son clergé, contribua à la fondation de la Chartreuse et mourut le 1er avril 1132.

(2) Comme à cette époque les tours et les remparts de la première enceinte n'existaient pas encore, on ne sait où placer cette citadelle, qui n'a laissé ni trace ni souvenir.

(3) *Cart. de St-Barnard*, ch. 8.

sion de l'église de Saint-Paul, que détenait
Didier, neveu du prêtre Adon. Il présenta un
homme armé *(paratum ad batalliam)* pour établir par le duel la justice de sa réclamation.
Didier refusa le combat et se soumit (1).

1097. *Mai 23*. — Le Chapitre fait un accord
avec Lambert-François, seigneur de Peyrins,
et son bailli Archingaud, fils de Truanus. Ceux-
ci reconnaissent les droits de l'église et approuvent les donations faites précédemment. L'acte
est passé en présence de Guy, archevêque de
Vienne.

1097. *Novembre 4*. — Le même Lambert-
François, le jour de son départ pour la Terre-
Sainte, se rend à Romans accompagné de ses
chevaliers et, en présence d'une nombreuse
assemblée, il se désiste de toutes ses prétentions
et confirme les concessions faites par son aïeul
Ismidon.

1097. — Adhémar, partant pour la Terre-
Sainte, confia le château de Pisançon à la garde
de son parent Gontard, évêque de Valence,
lequel prêta serment de fidélité à l'église de
Romans et s'engagea, en cas de mort d'Adhémar
dans son expédition, à rendre de suite Pisançon
à cette église.

1099. *Mai 6*. — Après la mort d'Adhémar,
Gontard ayant renouvelé ses prétentions sur le
fief de Pisançon, elles furent terminées par l'arbitrage de l'évêque du Puy, qui en donna la jouissance à l'évêque de Valence sa vie durant, à
condition d'en faire foi et hommage au Chapitre,

____

(1) Ce fait d'un jugement par le duel présenté par un corps ecclésiastique est cité par plusieurs historiens.

à qui il retournerait après la mort dudit évêque. Mais ce dernier l'ayant cédé à un laïque son neveu, sans remplir cette obligation féodale, et le Chapitre s'étant plaint au pape, Urbain II adressa à Gontard un bref par lequel il ordonnait la restitution immédiate de la terre de Pisançon (1).

1100. — Lambert · François et sa mère Albadisia donnent à l'église de Romans les droits qu'ils avaient dans les églises du château de Peyrins (2), de son mandement, de Mours, de Génissieu et de Geyssans.

1104. — Le clergé de Romans, portant les reliques de saint Barnard et accompagné d'une nombreuse procession, vient, en signe d'investiture, prendre possession de l'église de Saint-Jean-d'Octavéon, que venait de lui restituer Faucher, fils d'Ardencus (3).

1107. *Juillet 29*. — Le pape Paschal II (4), par une bulle datée de la Sône, assure à l'église de Romans la protection du Saint-Siège.

1108. *Août 21*. — Lambert, sa mère et son fils Reynaud donnent la moitié des dîmes de l'église de Saint-Paul à celle de Romans, qui possédait l'autre moitié, en sorte que la totalité lui appartint à l'avenir.

---

(1) *Cart. de St-Barnard*, ch. 173 bis. *Notice sur la seigneurie de Pisançon*, p. 14.

(2) Le château *Roux*, dont il reste encore quelques ruines.

(3) Voy. notre *Notice sur la seigneurie de Triors*, p. 31.

(4) Nommé auparavant Rainier, né à Bleda : fit d'abord profession à Cluny, fut ensuite, en 1076, cardinal prêtre et élu pape le 13 août 1099. Il eut à lutter contre quatre antagonistes, rendit visite en 1106 au roi de France Philippe, et revint de France à Rome en traversant nos contrées. Il mourut à Rome le 21 janvier 1118.

1120. *Février 13-17*. — Le pape Calixte II (1)
séjourne à Romans, où il tient une assemblée
composée des grands et des prélats de la province, et où il signe cinq actes. Quelques jours
auparavant, il avait rédigé à Valence la fameuse
bulle connue sous le nom de *Calixtine*, par
laquelle, entre autres dispositions, il soumet l'é-
glise de Romans à l'archevêque de Vienne.

1123. — A la suite d'une donation faite par
Rostaing Girod, sa femme et ses enfants en
faveur de l'église de Saint-Etienne de Crépol,
appartenant au Chapitre de Romans, le corps de
saint Barnard est porté à Crépol, en signe de
prise solennelle de possession de plusieurs terres
dont les limites sont désignées. L'acte fut confirmé par la présence de nombreux témoins.

1130. — Silvion de Clérieu, par la médiation
du comte de Genève, en présence de Guillaume
de Clérieu, sacristain de Saint-Barnard, de
Falque de Montchenu, de Jourdan de Crépol,
de Guillaume de Mercurol, etc., renonce à ses
prétentions sur le manse de la *Bouverie* (2) et
ratifie les donations faites par ses prédécesseurs.

---

(1) Afin de conserver un honorable souvenir de leur abbé, devenu
souverain pontife, les chanoines de Romans prirent pour armoiries
le blason de Gui de Bourgogne *(bandé d'or et d'azur)*, surmonté
d'une tour carrée et crénelée, pour rappeler probablement l'*Arx
loci* dont il a été question précédemment.

(2) Ce terrain de la *Bouverie*, qui avait si souvent donné lieu à des
débats entre le Chapitre et les seigneurs de Clérieu, et dont ceux-ci
s'étaient montrés si difficiles à se dessaisir, était situé sur le plateau
au nord de Romans et pouvait être considéré comme un faubourg
de la ville *(suburbium)*. C'est sur son terrain que furent bâties par
Léger la maison et l'église de l'Aumône : *Domus eleemosynaria*, qui
devint plus tard l'hôpital de Sainte-Foy.

Le *Clos de l'Aumône* était un vaste quadrilatère irrégulier, d'une
superficie d'environ dix hectares, qui s'étendait, du nord au midi,

1132. — Le Chapitre fait commencer la construction d'une enceinte de murailles, pour protéger la ville de Romans (1). Il traita à ce sujet avec plusieurs seigneurs voisins, qui généralement mirent peu d'empressement à donner leur consentement à cette entreprise : Silvion de Clérieu y consentit la même année, Raymond-François de Peyrins en 1138, Guigues dauphin seulement en 1161 (2). Accord conclu par la médiation de trois prélats : Pierre de Viviers, Uldric de Die et Hugues II de Grenoble.

1133 *(v. st.)*. — Les habitants de Romans

---

depuis le chemin ou rue de *Chante-Cigale* jusqu'au fond de la petite place actuelle de la Bouverie, et, de l'est à l'ouest, de la rue de *Saint-Vallier* à la rue *Bonjour*. — Voy. nos *Essais hist. sur les hôpitaux de Romans*, p. 27 et suiv.

(1) Quoiqu'il ne reste plus aucune trace de cette première enceinte, à l'exception peut-être de la tour de l'Horloge, on peut cependant suivre facilement son tracé. Elle commençait au port *Sabaton*, sur l'Isère, remontait au nord à la place des Princes, où était la porte de *Pailherey*, que protégeait le *château Brunet*. Le mur suivait la montée des Cordeliers, où il était renforcé par la *tour Morin*. Arrivé sur le plateau de Jacquemart, à l'endroit où au siècle suivant on construisit la forteresse de *Mont-Ségur*, il faisait un angle et se dirigeait à l'ouest. Après ou dans la tour de l'Horloge, il y avait la *porte de l'Aumône*. L'enceinte longeait la place actuelle de Jacquemart, au bout de laquelle était la *porte de Fer*. Elle descendait ensuite vers le sud en longeant les *Terreaux* jusqu'à l'angle formé par la maison du Poids des farines, au-dessus de laquelle s'élevait la *Bastide*, fortification importante qui, avec le *château Gaillard*, situé en face, défendait le passage de la rue de Clérieu. Cette rue pénétrait un peu plus bas dans la ville par la *porte des Malots* ou *Lanterne*. Le mur descendait l'escarpement de la Prèle et allait se terminer à l'Isère, percé, en face du pont de Chapelier, par une porte appelée *Solers* ou *Fonte-sort* et défendu par la *tour de l'Oche*. La rivière achevait la clôture et l'entrée du pont était fermée par une porte fortifiée.

(2) Toutefois, il est juste de reconnaître que les entraves mises à la clôture de la ville de Romans n'étaient point un simple abus de la force ni dénuées de fondement. Cette opposition puisait sa raison dans le grand intérêt qu'avaient les seigneurs voisins, dont les possessions s'étendaient sur les deux rives de l'Isère, à conserver libre et ouvert le passage de cette rivière.

ayant pris parti pour leur archevêque dans sa querelle avec Guigues Dauphin, ce prince lève des troupes, assiège la ville, y entre de vive force, la saccage et incendie l'église (1).

1134. *Août 29*. — Par la médiation d'Amédée de Genève (2), d'Artaud de Rochefort (3) et d'autres seigneurs, le dauphin confirme aux chanoines de Saint-Barnard, moyennant 1400 sols viennois, tous les dons que son père et ses ancêtres avaient faits à leur église.

1134. — Hugues d'Amiens, archevêque de Rouen, légat du Saint-Siège, se rend à Romans. Il adresse au clergé et au peuple de la ville une lettre où il expose l'objet de sa mission. Il convoque en même temps une assemblée d'évêques et de personnages éminents par leurs fonctions. Il somme le dauphin de comparaître en présence

---

(1) Toutefois le passage du pont paraît avoir été vaillamment défendu. Dans cette attaque plusieurs assaillants périrent dans les flots :

Nempe sub hoc anno destructa fuit Rotomanis
Aula Dei flammis, hostes quia suxerat amnis.
(*Cartul. de St-André-le-Bas*, p. 167).

(2) Fils d'Aimon Ier, comte de Genève en 1128, mort le 26 juin 1178.

(3) Ce fut un personnage important, souvent employé aux affaires du Chapitre : il signa comme témoin une foule d'actes concernant l'église. Le 29 avril 1134, il se rendit auprès du comte d'Albon pour ménager l'accommodement qui permit aux Romanais de continuer la clôture de leur ville. Il fut présent, en 1138, à une pareille concession faite par Raymond, fils de François, seigneur de Peyrins. Il fut témoin, en 1150, à l'acte par lequel Silvion de Clérieu et Mételine, sa femme, ratifièrent la permission donnée au Chapitre par Guillaume de Clérieu de prendre son affouage dans le bois du Voirasier. Il fit, de concert avec Pons de Dionai, une convention avec Ismidon de Chassenc et son frère Lantelme au sujet des prétentions que ce dernier élevait sur l'église de St-Apollinaire et de St-Martin. Il en fit une autre, en 1168, avec Silvion de Miribel, concernant l'église de St-Martin-d'Onay. Il donna à l'église de St-Barnard un encensoir d'argent du poids de sept marcs. Une rue et une fontaine, au quartier de la Prêle, portent le nom de Rochefort.

de cette assemblée et d'y faire amende honorable de son crime (l'incendie de l'église). Guigues vient à Romans, s'avoue coupable, se soumet et reçoit l'absolution. En expiation, le pèlerinage de Saint-Jacques de Compostelle lui est imposé. Il le fit avec le bourdon et le roquet.

La reconstruction de l'église de Saint-Barnard eut lieu immédiatement. Il en reste aujourd'hui les parties inférieures de la nef.

1137. — Plusieurs otages qui avaient pris la croix n'ayant pas été remplacés et Lambert-François n'ayant pas non plus acquitté la rente annuelle de cinq sétiers de froment à laquelle il s'était engagé, l'archevêque et les chanoines mirent le château de Pisançon avec ses munitions sous la garde de Gontard, qui s'obligea sur otage à le rendre à la première réquisition. Ils firent avec ce seigneur une alliance offensive et défensive contre le comte Guigues, surnommé Dauphin, qui avait fait des entreprises pour s'emparer de ce château (1).

1150. — Il y avait une querelle entre les chanoines et Silvion de Clérieu, qui accusait les hommes de Romans d'avoir incendié le bois du Voirasier. Hugues, archevêque de Vienne (2), termina le différend. Silvion et Mételine, sa femme, ratifièrent la permission donnée à la communauté par Guillaume de Clérieu, sacristain, de prendre son affouage dans le bois du Voirasier.

1157. *Décembre 25*. — L'empereur Frédéric

---

(1) *Cart. de St-Barnard*, chap. 291.

(2) Chartreux, était évêque de Grenoble quand le pape Eugène III le tranféra à Vienne, en 1148. Frédéric Barberousse lui confirma les privilèges de son église, le 7 juin 1153. Il se retira peu après à la Chartreuse de Portes, où il mourut le 6 mai 1155.

Barberousse, par une bulle datée de Besançon, met sous sa protection les biens du Chapitre, confirme les droits et revenus dont il jouissait sur les marchés, les foires et les ports.

1160. — Des contestations s'étant élevées de nouveau entre Silvion de Clérieu et les chanoines, elles sont terminées par la médiation d'Etienne, archevêque de Vienne (1), et de Guillaume, frère de Silvion. Ce dernier promet de payer à l'avenir, à la fête de la Toussaint, le cens de trois sols, deux sétiers de froment et une saumée de vin pour le manse de la Bouverie.

Raynaud-François, seigneur de Peyrins, fait avec les chanoines et les habitants de Romans une convention, par laquelle il leur permet de faire la clôture de leur ville ainsi que toutes les fortifications qu'ils jugeraient à propos. Il est en outre convenu que les deux tiers des eaux venant de Peyrins seraient toujours dirigés vers les usines de Romans, et que l'autre tiers serait réservé pour l'arrosage des prés de Peyrins, et que lorsque les prés seraient fauchés, la totalité de l'eau appartiendrait à la ville (2).

1178. — En présence de Robert, archevê-

---

(1) Archichancelier de l'empereur Frédéric, il lui rendit hommage à Besançon et reçut un diplôme confirmatif des précédents, le 27 octobre 1157. Il accompagna l'empereur en 1161 et mourut le 26 février 1163.

(2) Ce sont les moines de St-Barnard qui creusèrent de leurs propres mains les canaux pour amener, de Peyrins à Romans, les eaux de la grande et de la petite Chorache, appelées aujourd'hui la *Martinette*, d'un martinet pour faire du papier établi sur son cours en 1456. Un volume ne suffirait pas pour contenir l'énumération des conventions, sentences, jugements auxquels a donné lieu cette eau de la Martinette, justement nommée *aqua contradictionis*. Au reste, il en sera plus d'une fois question dans la suite de ces *Annales*.

que de Vienne et légat du Saint-Siège (1), une convention est faite entre les chanoines de Romans et les frères de l'Hôpital de Saint-Paul, au sujet de la maison qu'ils possédaient dans le quartier de Pailherey, sous le cens de six écus. Il est dit qu'ils ne pourront point avoir de chapelle dans cette maison ni y exercer des fonctions paroissiales.

1196. *Octobre 29*. — Dans une assemblée tenue sous la présidence d'Aynard, archevêque de Vienne (2), assisté de vingt-cinq chanoines et de dix-sept choristes, Guillaume de Clérieu, qui s'était marié, fut condamné à cesser ses fonctions de sacristain et à abandonner ses bénéfices.

1209. *Janvier 24*. — Le lendemain de la fête de saint Barnard, Humbert, archevêque de Vienne (3), assisté du sacristain Pierre d'Arènes et de Guillaume, doyen de Vienne, réunit les chanoines en chapitre général et fait décider la réforme des statuts. Six des plus anciens sont chargés de refaire les vieux règlements et d'en rédiger de nouveaux (4).

Il est arrêté que les foires et marchés commenceront le mardi après le dimanche de la Passion et finiront le mardi après le dimanche des Rameaux. Le produit de la leyde sera distribué

---

(1) De la Tour, moine de la Chaise-Dieu, paraît comme archevêque en 1173. Archichancelier, il reçut Frédéric Iᵉʳ à Vienne en 1178 et le couronna à Milan le 27 janvier 1186. Il abdiqua sur la fin de sa vie et mourut le 17 ou le 25 juin 1195.

(2) De Moirans, élu l'année même de la mort de son prédécesseur, il décéda vers 1205.

(3) De la grande Chartreuse, archevêque en février 1206, il mourut le 19 novembre 1215.

(4) Voy. *Les statuts de l'église de St-Barnard de Romans*, dans *Bull. de la Soc. d'archéologie de la Drôme*, 1880, t. XIV, p. 280.

entre le Chapitre et l'abbé. Les habitants ne seront point tenus de payer le péage, tant par terre que par eau, pour leurs denrées, excepté quand ils en feraient commerce.

1209. *Septembre 14*. — Le pont de Romans est emporté par la grande inondation dite le *Déluge de Grenoble*. Il fut reconstruit pour la plus grande partie par les soins de Jean de Bernin, archevêque de Vienne (1), qui de concert avec Arbert de Chabeuil, sacristain de Saint-Barnard, fixa les droits d'entrée et de sortie (2).

1211. *Avril 19*. — Le pape Innocent III confirme à l'Abbaye de Saint-Barnard les droits de marché public, de foires et de pontonnage sur l'Isère.

1212. — L'archevêque Humbert (3) offre sa médiation aux habitants de Romans, qui étaient en querelle avec le Chapitre. Il compose sa cour de l'évêque de Viviers, de l'évêque de Genève, de l'abbé de Bonnevaux, du prieur de Sylve-Bénite, du prieur des Écouges et de l'archidiacre de Vienne. Il en sort un jugement qui fixe les droits respectifs de l'archevêque, du Chapitre et des habitants. Cette sorte de *Charte constitutionnelle*, plusieurs fois modifiée, a été en vigueur dans ses principales dispositions jusqu'à la Révolution de 1789 (4).

---

(1) *Pontem Romanensem super Isaram pro majori parte construi procuravit* (Épitaphe de Jean de Bernin). Voy. J. Le Lièvre, *Hist. de l'Antiquité et Saincteté de la Cité de Vienne*, p. 372. D'après cet auteur la reconstruction du pont aurait été terminée en 1252.

(2) Acte du 8 juillet 1240 (*Cart. de St-Barnard*, ch. 370).

(3) Le même dont il a été question plus haut.

(4) Voy. *Essai historique sur l'Abbaye de St-Barnard et sur la ville de Romans*, t. Ier, p. 254. L'éminent auteur fait remarquer que l'histoire de Romans proprement dite commence seulement à cet acte mémorable.

1213. *Novembre*. — Après la sanglante bataille de Muret, Eudes de Bourgogne, Simon de Montfort, les archevêques de Vienne et de Lyon se réunissent à Romans pour tenter un accommodement entre Simon et Aymar, comte de Valentinois, qui avait pris le parti de Raymond, comte de Toulouse, dont il était l'ami et le vassal, pendant la guerre des Albigeois. Sur la sommation du duc de Bourgogne, le comte consent à traiter, et, pour la sureté de ses engagements, il confie quelques-uns de ses châteaux à la garde du duc.

1214. *Décembre 25*. — Frédéric II, roi des Romains, par une bulle donnée à Bâle ratifie celle de son aïeul et permet en outre aux chanoines de percevoir quatre deniers par tête de gros bétail et deux deniers par tête de menu bétail qui passeraient sur le pont de Romans (1).

1219. *Août 27*. — Jean de Bernin, archevêque de Vienne (2), donne à Romans, dans le réfectoire de l'Abbaye, un mandement au sujet des détournements des biens et des revenus de l'église. Il ordonne à ceux qui les ont usurpés de les restituer à la mense commune, avec les fruits qu'ils en ont retirés.

1222. *Août 23*. — Sous la médiation de l'archevêque, du sacristain et de trois chanoines de Romans, un nouvel arrangement est conclu avec Raymond Bérenger, seigneur de Peyrins,

---

(1) Voy. notre *Notice sur le pont de Romans*, p. 4.

(2) Il siégeait dès 1218 : prélat éminent, légat du Saint-Siège, revêtu du pallium et, dit-on, de la pourpre, il prit part à beaucoup d'affaires de son temps. Il séjourna souvent à Romans, où il fit faire plusieurs édifices. Il se rendit en 1265 à Rome, où il mourut le 17 avril 1266.

et le chapitre de Saint-Barnard, au sujet des eaux, des moulins, des terres et des propriétés que le Chapitre possédait sur ce territoire. Ce dernier remet en retour à Bérenger 1,300 sols qu'il lui devait et lui en compte 1,000 autres, outre 10 livres d'étrennes aux deux conseillers rédacteurs de l'acte.

1228. *Décembre 23*. — L'archevêque de Vienne prononce une sentence au sujet des appentis ou avances sur la rue ; elle trace au bayle et au viguier l'espace dans lequel ils doivent renfermer l'exercice de leurs droits respectifs.

1233. *Octobre 8*. — L'archevêque d'Embrun et le prieur de la Chartreuse de Portes rendent une sentence arbitrale pour l'interprétation de la Charte de 1212 : elle ne satisfait ni le Chapitre ni les habitants.

1236. *Mars 4*. — Le dauphin André fait, par son testament, un legs de 100 sols aux Frères Mineurs de Romans, dont l'établissement avait été favorisé par Jean de Bernin (1).

1239. *Février 16*. — Bérard, vicaire de l'Empire, adresse de Romans à la comtesse d'Albon et au dauphin Guigues, son fils, des lettres de Frédéric II, leur prescrivant d'aider l'évêque de Grenoble.

1240. *Juillet 8*. — L'archevêque de Vienne, le sacristain Arbert de Chabeuil et les chanoines approuvent le tarif de la leyde, les droits de la porte du pont sur l'Isère, des entrées des marchandises, etc. On y fait l'énumération des châ-

---

(1) Ce premier établissement fit place au prieuré de Saint-Ruf.

teaux, monastères et villages, avec celle des redevances qu'ils payent pour s'exempter des droits de passage sur le pont (1).

1240. — Les emplois de la *famille* de l'abbé de Saint-Barnard sont : le bayle, procureur et gardien de sa maison et de ses terres, le maréchal, le panetier, le cuisinier et le portier.

L'archevêque rend un jugement dans lequel sont énumérés les privilèges et les devoirs des habitants de Romans.

1241. *Juillet 2*. — L'archevêque adjuge au Chapitre les dîmes de Saint-Pierre du Voirasier contre les prétentions de Pierre, archiprêtre, et de Guillaume d'Arlia.

1244. *Février 16*. — Sous la médiation de Jean de Bernin, archevêque de Vienne, et de Barral de Baux, un traité de paix est conclu entre Philippe de Savoie, élu de Valence, et Aymar de Poitiers ; trois jours après, la sentence des arbitres fut lue aux parties (2).

1246. *Novembre 18*. — A la stipulation de l'archevêque de Vienne, le comte d'Albon, Guigues dauphin, venu à Romans, confirme au Chapitre les possessions qu'il avait acquises sur le mandement de Peyrins, à la charge de 3,000 sols viennois pour le dauphin et de 20 livres pour ses conseillers.

1247. — A la suite d'une réclamation de François, fils de Lambert, seigneur de Peyrins, le Chapitre paie, par transaction, une somme de 13 livres viennoises.

---

(1) Cette charte, fort longue et fort curieuse, a été publiée par l'abbé Ulysse Chevalier dans la *Revue des Sociétés savantes*.

(2) L'acte original de ce jugement est imprimé dans la brochure de M. Jules Chevalier sur les évêques de Valence (1889), p. 53.

1250. — L'archevêque de Vienne se rend à
Romans et y siège en Cour de justice, au sujet
de la terre de Saint-Nazaire et de plusieurs autres
fiefs du Royanais, dont Aymar de Poitiers s'était
mis en possession sans daigner demander l'investiture au dauphin, ce qui avait occasionné une
guerre, suivie d'une suspension d'armes.

1252. *Juin 12*. — Aymar et Guillaume de
Poitiers, de l'ancienne maison de Saint-Vallier,
font venir deux religieux Franciscains du couvent
de Vienne et trois autres de celui de Moirans,
auxquels ils donnent, par un acte authentique,
une vigne et un vivier qu'ils avaient au levant
de la ville, proche de la première enceinte : ce fut
la fondation du couvent des Cordeliers (1).

1253. *Octobre 12*. — Bertrand de Venta-
dour, se trouvant à Romans, est pris pour arbitre d'un différend qui s'était élevé entre Philippe
de Savoie et le comte de Poitiers.

1255. *Mai 7*. — Dans l'assemblée capitulaire présidée par l'archevêque Jean de Bernin,
il est fait un règlement pour ramener l'ordre
et l'économie dans la maison de l'*Aumône*, fondée
au XIe siècle par l'archevêque-abbé Léger. Le
dom recteur fut astreint à rendre ses comptes tous
les ans au Chapitre, le lendemain de la fête de
saint Barnard. Il est dit qu'il ne pourra emprunter au delà de dix livres ni engager les
biens de l'hôpital sans le consentement du Chapitre (2).

1265. *Février 21*. — Raymond d'Hauterives,

---

(1) Voy. notre *Notice hist. sur le couvent des Cordeliers de
Romans ;* Valence, 1868, p. 3.
(2) Voy. nos *Essais hist. sur les hôpitaux de Romans,* p. 34.

doyen de Valence, et Etienne, prêtre de la même ville, font un règlement en 16 articles pour régler l'office de sacristain de l'église de Saint-Barnard.

1266. *Avril 17*. — L'archevêque Jean de Bernin meurt à Rome. Son corps, transporté à Romans, est déposé dans le chœur de l'église de Saint-Barnard et son cœur est donné au couvent des Frères Mineurs de Vienne.

Ce prélat habita souvent Romans, où il se plaisait. Il fit construire dans et sur la première pile du pont sur l'Isère une chapelle dédiée à Notre-Dame et un petit hôpital destiné aux femmes en couches, édifier le chœur et le transept de l'église, et la chapelle de Sainte-Catherine attenante à son palais archiépiscopal.

1274. *Mai 17*. — Les Romanais ayant à se plaindre de leur archevêque-abbé (1), Guy, évêque de Clermont, et Ponce Sablières, prieur du Bourg-lès-Valence, arbitres nommés par le pape Grégoire X (2), rendent une sentence interprétative de la Charte de 1212. Il est défendu aux clercs et aux laïques de faire l'élection d'un abbé le jour des Innocents ; les places vides qui sont entre les deux murailles de la ville ne pourront être occupées, mais demeureront à l'usage du public.

1278. *Mars 15*. — Amédée de Roussillon, évêque de Valence (3), administrateur du diocèse

---

(1) Gui d'Auvergne ou de Clermont, élu en 1266, mort en février 1278.

(2) Thédald, de la famille des Visconti ; élu le 1er septembre 1271, alors qu'il se trouvait en Palestine. Il ouvrit, au mois de mai 1274, un Concile général à Lyon. Il choisit Arezzo pour sa résidence et y mourut le 10 janvier 1276.

(3) Fils d'Artaud IV et frère d'Aymar, archevêque de Lyon, abbé de Savigny, élu en septembre 1275. Amédée de Genève, évêque de Die, étant mort le 22 janvier 1276, l'évêque de Valence gouverna les

de Vienne, le siège étant vacant, excommunie
Humbert de La Tour (1), qui détenait le château
de Pisançon comme donataire de Guy de la
Tour, archevêque de Vienne et abbé de Romans,
et héritier d'Alix, femme de Pierre du Peloux,
seigneur de Rochefort. Silvion de Clérieu, ayant
pris le parti de l'église de Romans, assiégea
vainement le château de son ennemi ; ses terres
mêmes furent ravagées ; c'est dans cette guerre
que le prieuré de Saint-Bardoux fut ruiné par
Humbert.

A la suite d'une trêve ménagée par plusieurs
seigneurs des environs, les châteaux qui étaient
le sujet du débat furent donnés en garde à l'archevêque Aymar et à Aymon, comte de Genève.
La décision définitive du litige fut déférée à
Robert, évêque de Genève, parent des deux
seigneurs contendants. En définitive, Humbert
et Silvion rentrèrent, en 1281, en possession de
leurs châteaux (2). C'est à partir de cette époque que les deux parties de la terre de Pisançon
furent nommées : l'une, *parerie delphinale*, et
l'autre, *parerie poitevine*.

1279. *Janvier 19*. — Richard Fallavel et
Richard de Chaussenc, chanoines de Saint-Barnard, concèdent, au nom du Chapitre, l'adminis-

---

deux diocèses. En 1278, il conclut avec Aymar de Poitiers un accord.
Il se rendit à Vienne pour régulariser l'administration de ce diocèse.
Il mourut à Die le 17 septembre 1281.

(1) Humbert, de la maison de La Tour-du-Pin, épousa, en 1273,
Anne, sœur de Jean, dauphin, auquel elle succéda. Après la mort de
sa femme, Humbert se retira dans la Chartreuse du Val-Sainte-
Marie, où il décéda en 1307.

(2) VALBONNAIS, *Reg. man.*, n° 7. — *Notice sur la seigneurie de
Pisançon*, p. 17.

tration viagère de la maladrerie de Voley à Jean, chapelain de Pisançon (1).

1279. *Mars 4*. — Les cens que Pierre de Quint avait le droit de percevoir dans Romans, en sa qualité de sacristain, consistaient en 46 articles, rapportant annuellement 40 sols, 6 sétiers et demi de froment et une émine de vin pur, la moitié d'un mouton et une poule.

1279. — Le pape Nicolas III (2) nomme gouverneur de Romans, sous le nom de viguier, Didier de Sassenage, abbé de Saint-Félix de Valence.

1280. — Par l'instigation et avec l'appui du duc de Bourgogne, les habitants de Romans se révoltent contre le Chapitre. Ils sont d'abord vainqueurs et commettent toutes sortes d'outrages sur les chanoines et leurs partisans. Ils sont ensuite vaincus par Amédée de Roussillon, évêque de Valence et de Die (3).

1282. *Juillet 29*. — Sous la médiation de Charles, prince de Salerne et fils du roi de Sicile, une sentence arbitrale est rendue à Brignoles : elle condamne les Romanais, pour révolte, incendie de l'église, démolition de maisons et injures envers les chanoines, à une amende de 4,000 livres pour les dégats, et 1,000 livres pour les réparations du pont et de l'hôpital des Jacinières (4).

---

(1) *Notice hist. sur la Maladrerie de Voley ;* Romans, 1870, p. 39 : pièce justific. n° 1.

(2) De la famille des Ursins. Elu à Viterbe le 25 novembre 1277, mort en 1280.

(3) Giraud, *Essai hist.*, IIᵉ partie, p. 90.

(4) Dans l'hiver de 1280 à 1281, Amédée, s'étant emparé de la tour qui était au milieu du pont, la fit miner et sauter dans l'Isère, avec une partie du pont et de l'hôpital, où il y avait alors vingt-trois fem-

Ils sont, en outre, obligés, à peine de 10,000 marcs
d'argent (500,000 fr. et 2,500,000 fr. en valeur
actuelle ?) à des soumissions envers le Chapitre,
qui est autorisé à construire sur la partie la plus
élevée de la ville (en payant la valeur du terrain) une forteresse pour lui servir de refuge, en
cas de rébellion de la part des habitants. On
donna à cette citadelle le nom significatif de
Mont-Ségur ou de sûreté, laquelle, après le
traité de pariage du 31 juillet 1344 avec le Dauphin, devint la prison publique (1).

1282. — Le seigneur Abbé a dans Romans le
mère et mixte empire. Il a droit à cinq sols sur
les obventions, et deux sols par livre sur les
criées. Il possède un hôtel et une cour situés près
de l'église, au levant du moulin des Grands Anniversaires.

1283. *Juillet 14.* — L'acte de promesse de
mariage entre le fils d'Aymar de Poitiers, comte
de Valentinois, et l'une des filles du dauphin
Humbert Ier, est dressé à Romans, dans la maison de Guillaume Bernard. Les témoins sont
Guillaume de Savasse, chevalier, Jacques Ber-
garel et Raynaud de Vaujany, jurisconsultes, Nicolas de Crémieu, chanoine de Valence, Guigues
Brunel, clerc, et plusieurs autres.

1283. *Novembre 13.* — Plusieurs habitants
de Romans se reconnaissent vassaux du dauphin,
sauf la fidélité qu'ils doivent à l'archevêque de

---

mes en couches : *quæ jacebant in puerperio seu partu.* Cet évêque,
après avoir fait enlever la statue de la Vierge, patronne de cet
hôpital, ordonna d'en expulser les pauvres *jacinières*, et ensuite livra
aux flammes les bâtiments, dont les débris tombèrent dans l'Isère.

(1) Jules Chevalier, *Amédée de Roussillon* (1890), p. 25 et suiv.

Vienne, et obtiennent sa protection, moyennant une pension d'une obole d'or.

1306. *Février 14*. — Les chanoines, assemsemblés en Chapitre, arrêtent plusieurs dispositions concernant l'administration de l'hôpital de Sainte-Foy, entre autres que les clercs de l'église malades ou infirmes auront droit d'être reçus et soignés dans cet établissement ou dans des chambres voisines (1).

1318. *Juin 17*. — Les dauphins jouissaient dans Romans de certains droits utiles qu'ils faisaient exercer par un des véhiers de leur châteaux voisins. On voit par le compte que Gilles Copier rendit de sa recette que, de 1313 à 1318, le tribut sur les *mariages des veuves* avait produit 6 livres 10 sols, et que celui sur les *écuelles de noces* était si minime qu'il en avait fait grâce. Ces droits, peu productifs et sans juridiction, avaient toutefois une importance politique, en donnant aux dauphins un accès dans une ville dont ils convoitaient la possession.

1320. *Décembre 10*. — Une bulle du pape Jean XXII (2) réunit la viguerie de Romans à la mense épiscopale, pour être exercée par commission, c'est-à-dire par un juge révocable.

1321. *Mars 19*. — Dans un acte d'échange entre l'abbaye de Saint-Ruf de Valence et le

---

(1) Voy. nos *Essais hist. sur les hôpitaux de Romans*, p. 32.

(2) Né à Cahors, nommé auparavant Jacques d'Euse, cardinal-évêque de Porto en 1312. Elu pape à Lyon, le 7 août 1316 : il était de petite taille et d'un grand courage. Il eut pour anti-pape Nicolas V, qui fit sa soumission le 12 mai 1328. Il mourut dans son palais d'Avignon, le 4 décembre 1334, âgé de plus de 90 ans. Il laissa dans ses coffres une somme considérable de florins d'or, qui a été réduite par les érudits de nos jours à son chiffre exact.

prieuré du même ordre situé à Romans, hors la porte de Saint-Nicolas, il est dit que ce prieuré était vulgairement appelé la maison des Frères Mineurs, où un couvent de cet ordre avait un moment existé, cent ans auparavant.

1323. *Novembre 23*. — Guigues VII, troisième dauphin de la maison de la Tour-du-Pin, du consentement de son oncle Henri, évêque de Metz, régent du Dauphiné, prête hommage au sacristain dans l'église de Saint-Barnard pour le château de Pisançon, en présence de nombreux témoins, entre autres Graton et Guichard de Clérieu. En considération de cette soumission, le Chapitre fit la remise du cens de 50 sols ; acte dressé par Bertrand d'Alixan, notaire (1).

1327. *Octobre 14*. — Ponce Pelaprat, chanoine de Viviers, vicaire de l'archevêque de Vienne à Romans, et en même temps juge de la Cour séculière, de concert avec le Chapitre, autorise la perception d'un tribut sur les denrées, les marchandises et les salaires pour la réparation des murs de la ville. Un clerc de l'église et trois bourgeois sont préposés à la perception de cet impôt, auquel sont assujétis l'archevêque et le Chapitre.

1337. — L'archevêque avait un hôtel des monnaies à Romans. Le Chapitre exigeait la dixième partie des émoluments. Humbert Clavet, chanoine, reçut cette année le compte des espèces qui avaient été fabriquées et qui montaient à 9.880 marcs.

1338. *Avril 29*. — Le dauphin Humbert II se

---

(1) Acte original de la Chambre des comptes : Pilati. H. L. n° 60.

trouvant à Romans, se rend, accompagné de tout le clergé et précédé de la croix, de la maison de Jacques Coyratier, où il avait pris logement, dans l'église de Saint-Barnard. Là, devant le grand autel, il prêta serment de fidélité au Chapitre et reçut le baiser du sacristain ; ensuite il fut fait chanoine et installé au haut chœur.

1339. — L'évêque de Grenoble se rencontre à Romans avec le dauphin et la dauphine : ils passent trois jours, du vendredi au dimanche, dans cette ville.

1341. *Mai 25*. — Le dauphin, pour châtier les Romanais qui faisaient des courses sur ses terres de Peyrins, fait avancer des troupes et cerner la ville. Des pourparlers d'accommodement suspendent les hostilités et un traité est signé à Peyrins. Les Romanais promettent de réparer les dommages qu'ils avaient faits sur les terres delphinales, de rétablir les piliers de justice qu'ils avaient brûlés, de démolir les fortifications commencées, et de livrer en garantie soixante otages de leur principaux citoyens.

1341. *Décembre 8*. — Le pape intervient dans cette querelle, en qualité de pacificateur. Il nomme pour arbitres Guy d'Auvergne, archevêque de Lyon, et Henri de Villars, évêque de Valence (1), qui proposent une suspension d'armes. Le dauphin refuse d'y acquiescer et continue ses préparatifs de guerre contre Romans.

1342. *Février 14*. — Les Romanais, ayant

---

(1) Il passa du siège de Viviers sur celui de Valence ; fut présent, le 21 juillet 1337, à une transaction entre l'archevêque de Vienne et le dauphin Humbert II, enfin, fut élevé à l'archevêché de Lyon le 7 novembre 1342.

pris le parti de l'archevêque de Vienne dans ses
démêlés avec Humbert II, qu'il avait excommunié,
insultent ce prince et font des incursions sur ses
terres. Le dauphin vient établir son camp devant
Romans. Les habitants effrayés envoyent six
députés à Peyrins pour offrir de capituler, si
dans six jours la place n'est pas secourue. Le
délai expiré, Humbert, accompagné seulement
de ses principaux officiers, prend possession de
la ville, le 21, et reçoit le surlendemain le serment
de fidélité des habitants.

1342. *Février 27*. — Les Romanais se réunissent, au nombre de deux mille, dans l'église
des Cordeliers. Amblard de Beaumont, chancelier du dauphin, leur lit, en langue vulgaire, une
longue énumération des griefs que son maître
reprochait aux Romanais, et termine en faisant
connaître le chiffre fabuleux de l'amende à
laquelle le vainqueur estimait la réparation de
ces injures. C'était 500.000 marcs d'argent pour
les offenses à sa personne, 100.000 florins d'or
pour les frais de la guerre, et 100.000 autres
pour les dommages. Les officiers et partisans du
dauphin, qui se trouvaient placés aux premiers
rangs de la foule, avouèrent les torts et promirent tout ce qu'on voulut (1).

Après cette déclaration, Humbert, moins irrité
qu'il venait de le montrer, accorde à ses nou-

---

(1) Cette contribution de guerre, énorme pour l'époque et pour une
petite ville de quelques milliers d'âmes, montait en valeur intrinsèque
à environ 27.000.000 de francs, et en valeur relative à plus de 100.000.000;
elle n'était pas sérieuse et ne fut jamais payée. Mais c'était un titre que le
dauphin se ménageait contre l'inconstance des Romanais, et plus
d'une fois l'autorité le rappela pour tenir la population dans l'obéissance.

veaux sujets, comme il l'avait promis à ses partisans, une charte de liberté rédigée par deux jurisconsultes, Rodolphe de Chevrières, et Gérenton Bayle. Le joie des Romanais fut grande, car le premier article rétablissait le consulat, et le deuxième supprimait le droit de ban vin : deux éternels sujets de discorde avec le Chapitre (1).

1342. *Mars 5.* — Le dauphin autorise Pierre Fabre (2) et les maîtres de la monnaie de Romans à frapper des pièces aux conditions stipulées par l'ordonnance.

1342. *Mars 7.* — Six consuls sont élus dans le château de Pisançon, en présence du dauphin, à qui ils prêtent serment de fidélité. C'étaient : Étienne Bourgoin, Garimon Dorier, Jacquemon Luce, Jean Torète, Bontoux Gibellin le *vieux*, et Pierre Gemme. On choisit ensuite seize conseillers pris parmi les bourgeois, les marchands, les artisans et les laboureurs.

1342. *Mars 28.* — Le pape Benoit XII (3) et Humbert II font, au sujet de la ville de Romans, un traité par lequel le dauphin s'engage à rendre cette ville avant la fête de l'Ascension, et donne pour garants le comte de Forez et autres seigneurs. A ces conditions, le pape suspend l'ex-

---

(1) Ces privilèges et libertés de la ville de Romans ont été en outre confirmés : par l'empereur Charles IV. le 25 janvier 1366 ; par le roi Charles V, en avril 1368 ; par Louis, dauphin, le 25 février 1450 ; par François Iᵉʳ, en juillet 1516 ; par Henri II, en juin 1547 ; par Henri III, en mai 1576 ; par Henri IV, en mars 1597 ; par Louis XIII, en juillet 1615. L'exécution en a été ordonnée par trois arrêts du Conseil delphinal, les 16 novembre 1381, 4 mars 1451 et 15 avril 1477.

(2) Il lui avait donné, le 17 octobre 1318, la mistralie et la châtellenie de Morestel et Goncelin, qu'il transmit à Eustache Pinel.

(3) Jacques Fournier, couronné à Avignon le 8 janvier 1335, mort le 25 avril 1342.

communication prononcée contre lui par l'archevêque de Vienne.

1342. *Mai 3*. — Le premier parlement général des ouvriers et monnayeurs du *Serment de l'Empire* se tient à Romans, dans « l'ostel des Frères Meneurs » (Cordeliers). On y fait la charte et les ordonnances de cette importante corporation (1).

1342. *Juin*. — Le pape Clément VI (2) commet Gérard de Marguerite pour gouverner en son nom la ville de Romans.

1342. *Septembre 7*. — Bernard, cardinal-prêtre de St-Cyriaque, commissaire pour le pape, fait un mandement par lequel il cite devers lui les habitants de Romans qui étaient entrés dans les terres du dauphin.

1343. *Juillet 19*. — Le pape concède à Pierre Andrald, clerc, l'office de greffier de la Cour séculière de Romans, pour l'exercer sous noble Marguerite, recteur de cette ville et député du pape.

Le même jour, Humbert II confie la garde de la bastide du pont de Romans, dite de *Beau-Secours*, au bâtard de Lucinge qu'il avait marié avec sa fille naturelle Catherine.

1344. *Juillet 31*. — Par le traité, dit de *Pariage*, confirmé par une bulle du 3 septembre, le pape Clément VI cède au dauphin, en échange de la terre de Visan, la moitié de la juridiction

---

(1) D'autres assemblées de ce parlement ont eu lieu dans la même ville, savoir : les 5 mai 1355, 4 mai 1368, 6 mai 1370, 6 mai 1384, 6 mai 1390, et 4 mai 1397.

(2) Pierre Roger, né près de Limoges, archevêque de Rouen, cardinal en 1337, élu pape le 7 mai 1342, mort à Avignon, le 19 décembre 1370, à 69 ans.

de Romans et 12.000 florins d'or pour la plus-value. L'administration de la justice et toutes les fonctions publiques doivent être exercées par un même juge et par les officiers que le dauphin et le Chapitre nomment alternativement, sans préjudice des appellations que le pape se réserve. Les criées seront faites au nom des co-seigneurs ; les sceaux et les drapeaux, les poids et les mesures seront marqués aux armes du dauphin, écartelées de celles de l'archevêque et du Chapitre.

1344. *Septembre 11*. — Accord et règlement faits entre Humbert, dauphin, l'archevêque de Vienne et le chapitre de Saint-Barnard touchant la juridiction commune de la ville de Romans.

1344. *Novembre 4*. — Le dauphin donne pouvoir à trois délégués de prendre possession de la co-seigneurie et d'établir des officiers en son nom. Ces délégués sont : François de Theys, Rodolphe de Commiers et Girard de Taniac.

1345. *Avril 16*. — A la veille de partir pour la croisade, Humbert II, par lettres datées de Romans, nomme Henri de Villars, archevêque de Lyon, son lieutenant en Dauphiné pendant son absence. Il lui assigne six florins d'or par jour et lui confirme les pouvoirs les plus étendus, le 13 juillet, près d'Avignon, dans le monastère de N.-D. de Bon-Repos. Le gouverneur fixa sa résidence à Romans et habita le couvent des Cordeliers, où il passa le carême de 1347, et l'hôtel de Claveyson ou des allées, qui était attenant au couvent.

1345. *Août 30*. — Bernard de Saint-Maurice, official du cardinal Bertrand, se présente au couvent des Cordeliers, domicile du dauphin ; il le demande partout, à trois reprises différentes, le citant à comparaître devant la Cour romaine.

1345. *Décembre 11.* — Henri de Villars, régent du Dauphiné, reçoit l'archevêque de Mitylène, envoyé du Dauphin, et lui fait délivrer une somme de dix-huit florins pour son voyage de Venise à Romans, et cent cinquante autres florins pour ses dépenses en Cour romaine.

1346. *Décembre 10.* — Le régent réunit à Romans les prélats et les barons, pour les consulter sur la réponse à faire à Charles de Bohême (1), qui demandait à être reconnu en qualité d'empereur d'Allemagne.

1347. *Février 8* — Isarde des Baux, parente de la Dauphine, est brûlée vive près des Ormes, sur la route de Romans à Saint-Paul, pour avoir assassiné, le 8 juin précédent, son mari, Pierre de Malvoisin, seigneur de Pennes.

1348. *Avril 12.* — Les chanoines de Saint-Barnard font signer au dauphin, à Beauvoir-en-Royans, une charte qui révoque · les libertés octroyées aux habitants de Romans, le 27 février 1342.

1348 *Novembre 30.* — Humbert II, assistant aux offices dans l'église de Saint-Barnard, monte en chaire pour reprocher aux hommes de porter des habits trop courts, et aux femmes de se couvrir la tête avec des capuces. Il dé-

---

(1) Charles IV, fils de Jean, roi de Bohême, duc de Luxembourg, marquis de Moravie, élu roi des Romains dans la diète de Rentz, le 19 juillet 1346. Les électeurs, qui n'avaient pas approuvé ce choix, lui opposèrent successivement quatre compétiteurs. Mais il fut sacré, l'an 1349, à Aix-la-Chapelle. Il fit un voyage à Paris et mourut à son retour, le 29 novembre 1378.

I

fend de s'habiller de la sorte sous peine de cent sols (1).

1348. *Décembre 1ᵉʳ·* — Le dauphin signifie aux envoyés du duc de Bourbon (2) qu'il renonce à son projet de mariage avec la fille de ce prince.

1349. *Janvier 12.* — Le duc de Bourbon se rend à Romans, pour renouer le mariage de sa fille aînée, Jeanne, avec le dauphin. On fait de nouvelles conventions. La dot, fixée à cent mille florins, devait être payée à Vienne, où la princesse devait se rendre.

1349 *Février 20.* — Après quelques conférences secrètes, le dauphin déclare publiquement le parti qu'il a pris de donner ses états à Charles, premier né du duc de Normandie, et de se vouer à un célibat perpétuel.

1349. *Mars 12.* — Les commissaires du roi de France viennent à Romans, pour continuer avec le dauphin les négociations relatives à la cession du Dauphiné à la France.

1349. *Mars 14.* — Le dauphin promulgue le *Statut Delphinal* dans son habitation située à Romans, près du pont (3).

---

(1) Pour expliquer une démonstration aussi étrange, un pareil oubli de sa dignité et des convenances, il faut se rappeler que d'abord le dauphin était chanoine de l'église, et qu'ensuite il avait alors des contrariétés au sujet de ses projets de mariage.

(2) Pierre Iᵉʳ, né l'an 1301, grand chambrier de France, commanda en Guyenne et combattit à Crécy. Il périt à la bataille de Poitiers, le 19 septembre 1356. Il avait épousé, en 1336, Isabelle, sœur du roi Philippe de Valois, dont il eut sept enfants.

(3) Cette habitation formait une île circonscrite par l'Isère, les rues du Pont, de la Pêcherie et de Rivail. Elle réunissait deux maisons acquises : l'une, le 9 octobre 1342, de Françoise de Moras, veuve de Guillaume de Chaussenc, au prix de 120 florins d'or ; et l'autre de Berton de Maloc.

1349. *Mars 21*. — Afin d'empêcher la conclusion d'un traité qu'ils regardaient comme attentatoire à leur liberté et à leur indépendance, quelques gentilhommes formèrent le hardi projet d'enlever Pierre de Laforest, chancelier du duc de Normandie, que le dauphin Humbert II constituait l'héritier de ses états.

Rebutel de Chabrillan, Artaud de Chabrillan, Reymond d'Eurre et quelques autres seigneurs du voisinage s'emparèrent de force du chancelier, qui se promenait dans la campagne de Pisançon. Ils le conduisirent dans un château du Valentinois, d'où il fut bientôt délivré. Les ravisseurs se réfugièrent dans le château de Livron. Ils y furent arrêtés par autorité de justice, mais presque aussitôt relaxés.

1349. *Mars 30*. — Le dauphin Humbert II, accompagné d'une foule de seigneurs, signe dans l'église de Saint-Barnard l'acte définitif du transport de ses états à la couronne de France (1),

---

(1) Le 16 juillet suivant, Humbert confirma, dans le couvent des Jacobins de Lyon, la cession qu'il avait faite et mit le duc Charles en possession de ses états par la tradition du sceptre, de l'anneau, de la bannière et de l'épée du Dauphiné. Le lendemain, il prit dans le même couvent l'habit de Saint-Dominique. Il se retira au château de Beauvoir et en 1350, le jour de Noël, à Avignon, le pape le promut aux ordres sacrés et le sacra ensuite patriarche d'Alexandrie et administrateur perpétuel de l'archevêché de Reims. Le 25 janvier 1354, le roi le nomma à l'archevêché de Paris. Il mourut, à l'âge de 42 ans, à Clermont en Auvergne, le 22 mai 1355. Il fut enseveli dans l'église des dominicains de Paris. Par son testament, fait la veille de sa mort, il laissa à la ville de Romans une somme de 10.000 florins d'or pour la fondation d'un couvent de Frères Servites. Mais ce legs n'eut pas plus de suites que d'autres dispositions faites antérieurement, telle, entre autres celle par laquelle il donnait à la dauphine le château-fort qu'il faisait construire à Romans sur le côteau de Chapelier.

Aux appréciations passionnées et injustes que, après l'abbé de moyennant le payement de ses dettes et la remise de certaines sommes.

1349. *Mars 31.* — Le lendemain, Philippe de Valois, roi de France, est à Romans.

1349. *Août 16.* — Le nouveau dauphin, fils du roi de France, établit sa résidence à Romans, dans le couvent des Frères Mineurs. Il y reçoit quatre-vingt-trois hommages de seigneurs et y signe les franchises de cinq communautés. La cérémonie se faisait ordinairement dans le verger du monastère (*in viridario FF. Minorum*).

VERTOT, plusieurs auteurs contemporains ont portées sur le dauphin Humbert, faisant de ce prince un pacha de comédie, un *Schaabaham* dauphinois, nous opposons un jugement appuyé des faits, titres et documents authentiques.

Malgré une imagination inquiète, apanage ordinaire des personnes fatalement destinées à une mort prématurée, Humbert II fut un prince remarquable pour son temps. Il fut, chose rare, aimé et regretté. Il sut dans les affaires montrer de l'adresse, de la patience, de la loyauté et de la résolution. Il réussit dans ses entreprises. Il se rendit maître des villes de Vienne et de Romans, malgré l'excommunication de l'archevêque et les censures du pape, et conquit le bourg de Miribel malgré le duc de Savoie. On s'est moqué de la croisade dont il fut le chef: c'est cependant la seule expédition de ce genre qui, après des succès honorables pour les armes chrétiennes, se soit terminée sans aucun désastre. Humbert affranchit ses peuples du servage, de la mainmorte et des guerres particulières des seigneurs; il prodigua les chartes de liberté aux communes et des bienfaits aux établissements charitables. Il créa le conseil delphinal et réorganisa l'université de Grenoble. Il introduisit de sages réformes dans la justice, dans les finances et dans la fabrication des monnaies, et mit un ordre parfait dans l'administration de sa maison. Après avoir refusé le titre de roi, que lui offrait l'empereur Louis de Bavière, il céda au puissant roi de France ses états, qu'il mit ainsi à l'abri d'un morcellement et auxquels il assura plusieurs siècles d'illustration et de prospérité. Mais auparavant, animé du vif désir de conserver et d'accroître les privilèges et les libertés de ses sujets, il en consacra le souvenir et les droits, comme un dernier témoignage d'affection, dans un acte solennel, connu sous le nom de Statut Delphinal.

Voy. *Le dauphin Humbert II et la ville de Romans; 1883, in-8°,* 44 p.

1349. *Août 21*. — Henri de Villars, archevêque de Lyon, publie dans l'église de Saint-Barnard les dispenses de mariage accordées par le
pape entre le dauphin Charles et Jeanne, fille du
duc de Bourbon.

1349. *Septembre 12*. — Le dauphin, arrivé
le 7 à Romans, y tombe malade de la dysenterie.
Il se fait transporter au château de Pisançon. Il
est de retour le 25 dans Romans, où il reçoit de
nouveaux hommages.

1350. *Avril 6*. — Le même prince traverse
cette ville, se rendant à Tain, où son mariage
avec la princesse Jeanne est célébré.

1350. *Mai 2*. — Le dauphin tient à Romans une
assemblée, composée du duc de Bourbon, de l'archevêque de Lyon, de l'évêque de Grenoble et de
plusieurs autres grands personnages. Il y avait
avec le prince une brillante cour et une suite
nombreuse. On y donna des fêtes à l'occasion
de son récent mariage.

1350. *Mai 9*. — Le même prince se trouvant
à Romans, les chanoines de Saint-Barnard, en
chapes d'or et de soie, et les clercs du Chapitre,
assemblés en procession avec les vertus et les
reliques, vont le prendre au couvent des Frères
Mineurs où il résidait et le conduisent, au son
des cloches, en chantant jusqu'au grand autel
de l'église. Là, le dauphin prêta hommage
au Chapitre pour le château de Pisançon, en
présence de plusieurs seigneurs. L'acte est
dressé par Humbert Pilati (1). Immédiatement

---

(1) Secrétaire ou notaire des dauphins de 1325 à 1370, membre de
plusieurs conseils de gouvernement, prévôt de l'église de St-André de
Grenoble, mort en 1373.

on lui confère la dignité de chanoine et il est installé au haut chœur, comme l'avait été son prédécesseur.

1350. *Mai 15*. — La veille de la Pentecôte, Charles et sa jeune femme quittent Romans et se rendent au château de Peyrins, d'où ils reviennent le 22 pour recevoir l'hommage de plusieurs seigneurs.

1351. *Octobre 19*. — Humbert Colonel (1), qui avait à bail les gabelles et tout le péage du Viennois sous le cens de 2,000 florins, s'étant trouvé en perte, le dauphin pour le dédommager lui abandonne la recette de tous les droits de la ville de Romans, pour en jouir sa vie durant, aux gages de 60 florins annuellement.

1354. *Septembre 18*. — Pour obéir aux cris de sa conscience, l'ancien dauphin donne des lettres patentes, datées du couvent des Frères Prêcheurs de Paris, pour déterminer le territoire à donner à la ville de Romans, à prendre sur les mandements de Clérieu et de Peyrins : soit 4,363 setérées de terres, prés ou vignes, et 555 setérées de bois ; ce qui eut lieu.

1355. *Mai 15*. — Guillaume Marchand, juge de la Cour séculière, approuve le règlement et les statuts pour la fabrique et le commerce de la draperie dans Romans.

---

(1) C'était un des principaux partisans du dauphin Humbert II qui, le jour de son entrée dans Romans, le fit son camérier et le gratifia d'une pension de cent florins d'or sur les grandes gabelles. Il devint châtelain de Pisançon et fut anobli avec le titre de seigneur de Carrière. Il présenta dix hommes d'armes de Saint-Nazaire à la revue qui eut lieu à Romans. Sa maison d'habitation, sur le bord de l'Isère, a été occupée successivement par le collège, la famille d'Hautefort, l'hôpital général et une caserne.

1355. — Les gens du comte de Valentinois ayant incendié le bourg d'Alixan, qui était à l'évêque de Valence, les épiscopaux se préparent à saccager Clérieu par représailles. Un grand nombre de bateaux sont rassemblés à Châteauneuf-d'Isère, pour faire passer la rivière aux troupes destinées à cette expédition. L'évêque de Grenoble, Jean de Chissé, se trouvant à Romans avec une partie du Conseil delphinal, donne, la nuit, l'ordre de sonner l'alarme et rassemble, au dire de Chorier, 30 hommes d'armes et 4,000 hommes de pied, prêts à repousser l'invasion : ce qui oblige l'ennemi à renoncer à son dessein.

1357. *Octobre 19.* — Lettres du gouverneur de la province, au nom du dauphin, réglant le poids et la loi des monnaies qu'on devait fabriquer à Romans.

1357. *Octobre 22.* — Le dauphin Charles signe à Romans plusieurs privilèges.

1358. *Février 27.* — Après une messe du Saint-Esprit, Bernard, évêque de Ferrare, délégué du pape, se rend processionnellement avec tout le clergé à la porte de Saint-Nicolas, où il pose la première pierre des murs de la seconde enceinte. Il y eut, à cette occasion, un repas au couvent des Cordeliers, où résidait le prélat. La dépense, payée par la ville, s'éleva à sept florins quatre gros (57 livres).

1358. *Octobre 26.* — Le dauphin ordonne de fortifier la ville, et que les ecclésiastiques et autres privilégiés paieraient leur part des frais de ces travaux.

1359. *Mars 31.* — Les habitants de Romans, au nombre de 400 chefs de famille, réunis dans le réfectoire du couvent des Cordeliers, défèrent à

Guillaume de Vergy, gouverneur du Dauphiné (1), pleins pouvoirs à l'effet de prononcer sur leurs différends avec le Chapitre, au sujet de la construction des remparts.

1359. *Avril 1er*. — Les chanoines, de leur côté, assemblés dans la chapelle capitulaire, choisissent six d'entre eux qui sont chargés d'offrir au gouverneur le rôle d'arbitre, à l'occasion de leurs contestations avec les habitants de la ville.

1359. *Avril 6*. — Le gouverneur, avant de rendre sa sentence, ordonne provisoirement que le Chapitre paiera dans un délai rapproché une somme de 400 florins d'or, imputables sur le prix de la chaux.

1359. *Octobre 8*. — Guillaume de Vergy prononce sa sentence arbitrale dans le couvent des Cordeliers, en présence des délégués des parties. Le Chapitre doit fournir la chaux et entretenir les portes, les ponts-levis, les degrés, etc. Les habitants doivent pourvoir au reste de la dépense. Quant aux réparations à faire au pont sur l'Isère, les clercs seront taxés au marc le franc comme les autres habitants, selon l'importance de leurs biens. Le lendemain, les fondés de pouvoir de la ville se rendirent chez le gouverneur pour ratifier sa sentence. Les chanoines refusèrent leur approbation.

---

(1) Seigneur de Mirebeau, pourvu de son commandement le 6 octobre 1356. Il appartenait à une des plus illustres familles des deux Bourgognes, qui s'est éteinte sous Louis XIII en la personne de Clériadus de Vergy, comte de Champlitte, gouverneur du comté de Bourgogne. Guillaume de Vergy avait reçu don de la terre de Falavier, le 15 février 1357. Il eut, entre autres enfants, Jeanne, qui épousa Aimon de Genève, sieur d'Anthon.

1361. *Février 23*. — Le même gouverneur, pour subvenir aux nécessités de la ville et à la construction des nouvelles murailles, concède la levée de divers tributs sur les denrées, les marchandises, les profits des personnes, « les chambrières », etc.

1361. *Juin 5*. — Guillaume de Vergy meurt à Romans. Il est inhumé le lendemain dans le chœur de l'église des Cordeliers (1).

Le 8, la ville paie pour ses funérailles 22 florins 9 gros, prix de 24 torches de cire du poids de 78 livres, et 2 gros et demi d'or pour la location de deux draps d'or prêtés par le couvent.

L'épitaphe de ce gouverneur est encore aujourd'hui conservée.

1362. *Février 21*. — Une ordonnance du gouverneur, Raoul de Louppy (2), oblige les chanoines à payer 1,000 florins d'or pour la construction de 2,200 toises de murs. La ville est autorisée à s'imposer pendant plusieurs années un octroi sur l'entrée du vin pour continuer la construction des remparts. Quelques jours auparavant, les consuls avaient fait un présent de 100 florins d'or à l'épouse du gouverneur, « pour le bien et l'utilité de la ville. »

---

(1) *Mystère des Trois Doms*, p. 709.

(2) Raoul de Vienne, seigneur de Boursault et de Louppy, nommé gouverneur du Dauphiné le 7 octobre 1361, séjourna souvent à Romans (voir son itinéraire en tête de l'édition de son *Compte*). Il aimait beaucoup cette ville et lui rendit d'importants services. Après s'être démis le 2 septembre 1369, il mourut à Louppy le 3 janvier 1388.

Voy. Edmond MAIGNIEN, *Raoul de Vienne, sire de Louppy ;* Grenoble, 1881, in-8°, 40 p. — Ulysse CHEVALIER, *Compte de Raoul de Louppy, gouverneur du Dauphiné de 1361 à 1369, publié d'après l'original, aux archives de la Préfecture de l'Isère ;* Romans, oct. 1886, gr. in-8°, viij-74 p.

1363. *Août 20.* — Le roi de France séjourne à Romans. La ville paie 110 florins pour deux bœufs, trente moutons et plusieurs saumées de vin qui avaient été fournis à S. M.

1363. — Raoul de Louppy, gouverneur du Dauphiné, vint établir à Romans le centre de ses préparatifs militaires, afin d'être plus à proximité pour défendre la province contre les invasions des *Tards-Venus*, des Anglais et des Provençaux (1). Après avoir fait fortifier la ville, il en partit à la tête de ses hommes d'armes, parmi lesquels on comptait plusieurs Romanais, tels que Jacques Artaud, Rénier Coppe, Raoul de Chevrières.

Le juge du Viennois et du Valentinois avait aussi transporté le siège de son administration à Romans ; quand il retourna à Saint-Marcellin, cette ville s'obligea, comme dédommagement, au payement d'une composition de 200 florins envers Romans, qui voulait conserver le baillage.

1365. *Mai et juin.* — L'empereur Charles IV, se rendant à Avignon pour conférer avec le pape, séjourne à Romans. La ville, pour subvenir aux frais de cette « heureuse arrivée », vote un subside ou taille qui produisit 436 florins (2).

1366. *Janvier 25.* — Par lettres patentes délivrées à Prague, le même empereur, à la sollicitation de Raoul de Louppy, accorde aux habitants de Romans, pour leurs biens et marchandises, l'affranchissement de toute espèce de tributs. Cette bulle

---

(1) Le conseil delphinal, qui avait suivi le gouverneur à Romans, tenait ses réunions dans la maison d'Audise de Curson, à qui on payait pour cette location 46 florins 10 gros.

(2) *Mystère des Trois Doms*, p. cxx-cxxiv.

était munie d'un sceau d'or aux armes de l'empire, qui fut dérobé, en 1586, pendant la peste, chez le premier consul, Barbier de Champlong.

1366. *Février 14.* — Le même souverain concède aux mêmes habitants, sous le bon plaisir du roi dauphin, les droits de s'assembler, d'élire des consuls et d'avoir des revenus communs.

1366. *Février 24.* — Le grand maître d'hôtel de l'empereur reçoit à son passage à Romans des confitures, du vin et des torches de cire.

1366. *Juin 12.* — Par lettres données à Paris, le roi de France Charles V confirme les privilèges accordés par l'empereur et ordonne qu'ils seront observés, à peine de 100 marcs d'or. Le chancelier du roi, Amédée de Lamotte, qui avait conduit cette négociation, est gratifié d'une somme de 100 francs d'or (1).

1366. *Juillet 9.* — En vertu de ces mêmes lettres royales, les habitants de Romans, convoqués à son de trompe, se réunissent dans la salle du réfectoire des Cordeliers. Ils délèguent à quinze d'entre eux le pouvoir d'élire cinq consuls pour un an. Ceux-ci devaient, à leur tour, choisir dix notables pour former le conseil de la ville.

1366. *Juillet 10.* — Les consuls, de l'avis des conseillers, font avec le gouverneur Raoul de Louppy un traité par lequel la ville s'engage à payer au trésorier delphinal 1.000 florins, à titre d'indemnité pour l'exemption des droits de péage, et pour la conservation et sauvegarde des privilèges octroyés à la ville.

---

(1) Voy. *Les présents de la ville de Romans*, 1882.

1367. *Mai 13*. — Sur cette somme de 1,000 florins, 200 sont employés à payer les dépenses faites pendant les trois jours que passèrent à Romans plusieurs membres du Conseil du roi : le comte d'Etampes, le seigneur de Vinay, Pierre de Villars et Guillaume de Dormans, chancelier du Dauphiné, à qui la ville fit présent de plusieurs écuelles d'argent du poids de 25 marcs, ayant coûté 148 florins 10 gros.

1367. *Octobre*. — Le cardinal de Thérouanne (1) étant de passage à Romans, les consuls lui offrent quatre torches de cire et vingt-deux livres de confitures.

1368. *Avril*. — Par lettres données à Paris, le roi dauphin ordonne que la ville de Romans jouira de toutes les immunités accordées aux habitants du Dauphiné. Il confirme pour la seconde fois les privilèges émanés de son oncle l'empereur, et enjoint au gouverneur et autres officiers de la province de veiller à ce qu'aucun obstacle ne soit mis à l'exécution des lettres impériales et royales.

1368. *Octobre 6*. — Les consuls représentent au gouverneur qu'il serait plus honorable et plus utile à l'Etat de convertir le capital de 800 florins en une pension perpétuelle de 50 florins, payables chaque fête de Toussaint. Le gouverneur accepte cette proposition et s'engage à la faire approuver par le roi.

Cette rente, évaluée à 46 ducats et demi, le 26 novembre 1442, par Raoul de Gaucourt,

----

(1) Gilles Aycelin de Montaigu, d'abord évêque de Lavaur, chancelier de France, promu cardinal en 1361, ensuite évêque de Frascati, mort en 1378.

gouverneur du Dauphiné, et à 157 livres 18 sols, le 9 juillet 1770, a été payée jusqu'à la Révolution au prince de Monaco, comte de Valentinois.

1370. — Des lettres du roi dauphin déclarent que les habitants de Romans sont exempts du vingtain de Peyrins et qu'ils ne doivent pas contribuer aux réparations des murs du château.

1371. *Mars*. — Jacques de Vienne, gouverneur du Dauphiné (1), à son entrée à Romans, est reçu avec les plus grands honneurs par la ville, qui lui offre du vin, des flambeaux et des confitures, ainsi qu'à Louis de Villars, administrateur de l'église de Vienne, qui l'accompagnait.

1371. *Août 31*. — Le vi-bailli de Saint-Marcellin délivre, pour être publiées dans les châtellenies, des lettres exécutoires des privilèges et exemptions de péages dont jouissaient les habitants de Romans à Peyrins, Saint-Marcellin, Saint-Nazaire, Pisançon, Beaumont, Saint-Lattier, Clérieu, Saint-Donat, Vinay.

1372. *Décembre 10*. — Charles de Bouville, gouverneur du Dauphiné (2), vient à Romans. Les chanoines lui renouvellent leurs plaintes contre le consulat et revendiquent les droits de co-seigneurs. Il commence par intenter contre les Romanais une action en payement de la dette exorbitante imposée lors de la prise de la ville

---

(1) Seigneur de Saint-Georges, en Bourgogne, pourvu le 17 mars 1367. Il fut commis, par lettres du 3 mai 1377, pour recevoir les hommages qui étaient dus au roi dans cette province.

(2) Nommé en 1372, mort à la Côte-Saint-André le 8 août 1385, inhumé dans l'église de Saint-André de Grenoble. Il était picard et chambellan du roi.

par Humbert II. Il fait ensuite procéder à une saisie de tous les biens et revenus des habitants, et met la ville en séquestre. Ces derniers en appellent au pape et lui députent Ponce Rodulphe et autres citoyens, qui, après un séjour de deux mois et demi à Avignon, reviennent sans avoir rien obtenu.

1373. *Mars 1ᵉʳ*. — Le roi Charles V, étant à Romans, fait défense de faire ni admettre aucune composition pécuniaire en fait de crime, sans l'avis du gouverneur.

1373. *Mai 8*. — A la requête du gouverneur de la province, la ville de Romans, par ses représentants, prête hommage et serment de fidélité au dauphin.

1373. *Août 20*. — Par une charte donnée à Paris, le roi Charles V accorde aux habitants de Romans le pouvoir d'augmenter le tribut du vin commun et du vin étranger pour les nécessités de la communauté et pour la construction des murs.

1374. *Juillet 27*. — Perrot de Verdun (1), riche marchand de Romans, fait les consuls ses exécuteurs testamentaires, et leur lègue les maisons qu'il possède dans la rue *Vallouse*, toutes ses rentes en blé et en argent, à la charge de distri-

---

(1) Né au commencement du XIVᵉ siècle. Il avait son magasin de drapier à l'angle de la rue Vallouse, dans laquelle il possédait en outre trois maisons, qui furent converties en Hôtel-de-ville et servirent aux assemblées municipales de 1382 jusqu'à la révolution ; elles furent vendues le 20 février 1791, pour le prix de 9.015 livres. Il mourut vers la fin de l'année 1374, ne laissant pas de postérité de Catherine Auberjon et de Jacquemette Garcin, ses deux femmes. Il fut inhumé dans une chapelle du couvent des Cordeliers. D'après les renseignements fournis par son testament, sa fortune montait à plus de 6.000 florins.

buer chaque année, le dimanche après l'Ascension, le produit de ces revenus, en pain cuit, dans une distribution publique aux pauvres de la ville : c'est ce qu'on nomma la *Donne de Perrot de Verdun*. Il laisse aussi des sommes importantes pour des œuvres pies dans les monastères, pour marier des jeunes filles et pour la reconstuction du pont.

1374. *Septembre 13.* — Jean d'Hauterive, bourgeois de Romans, lègue, par son testament, reçu Mᵉ Gayte, notaire, une maison sise place des *Clercs*, où se tient la Cour commune, pour y établir une maison consulaire. Il charge les consuls de faire vendre ses autres biens et ses meubles, et d'en distribuer le produit aux pauvres de la ville, après toutefois le décès de sa femme.

1375. *Janvier 8.* — Le duc de Bourgogne (1), assisté du gouverneur Ch. de Bouville, préside à Romans les états du Dauphiné, composés des députés de toutes les villes de la province. Le but était d'obtenir des subsides pour soutenir la guerre contre les Anglais (2).

1375. *Juin 1ᵉʳ.* — Dans l'appréhension des compagnies bretonnes et des Anglais, le gouverneur nomme capitaine général de Romans Aymon d'Amaysin. Il le charge de présider aux fortifications de la ville et met sous ses ordres tous les habitants, qu'il réunira en armes quand bon lui semblera. Cette nomination est approuvée

---

(1) Philippe, 4ᵉ fils du roi Jean. En 1364, il remit à son frère Charles V, devenu roi de France, le duché de Touraine et lui fit hommage de celui de Bourgogne, dont il prit le titre, et fut surnommé le Hardi ; mort le 27 avril 1404.

(2) Voy. *Les Etats du Dauphiné* ; Grenoble, 1869.

par l'évêque de Valence, administrateur du diocèse de Vienne (1).

1376. *Mars 15.* — Des contestations existaient entre le Chapitre et les habitants au sujet des corvées, des dîmes, sur le consulat, l'entrée du vin, etc. Dix chanoines et quatre cent quatre chefs de famille (2), réunis dans la salle du réfectoire de l'église de Saint-Barnard, conviennent de remettre leur différend à l'arbitrage du cardinal Anglicus, évêque d'Albano (3).

1376. *Décembre 9.* — Le dauphin Charles renvoie à son lieutenant le placet du Chapitre concernant les libertés de la ville de Romans. Il lui ordonne, après avoir entendu les parties, de casser les privilèges obtenus par les habitants, comme *obreptices* et *subreptices*.

1377. *Mars 26.* — A Avignon, en présence de nombreux témoins, le cardinal Anglicus promulgue sa sentence arbitrale : un octroi sur le vin sera établi pendant vingt ans. Son produit sera exclusivement appliqué à l'œuvre des fortifications. Les habitants feront annuellement, à leurs frais, pendant vingt ans, cent cannes ou toises de murs de l'enceinte. Le tribut du vinage, du focage et des corvées est aboli. Le Chapitre

---

(1) Louis de Villars, doyen de l'église de Lyon, porta longtemps le titre d'*élu* de Valence, en vertu d'une permission d'Innocent VI du 1er juillet 1354. Il mourut, à ce que l'on croit, le 3 septembre 1376.

(2) Dans ce nombre nous avons relevé : 2 jurisconsultes, 11 notaires, 14 bourgeois, 10 drapiers, 4 marchands, 5 apothicaires, 3 orfèvres, 15 tisseurs, 9 tanneurs, 6 mégissiers, 9 bouchers, 17 agriculteurs, 4 maréchaux, 5 couturiers, 9 charpentiers, 5 meuniers, 3 boulangers, 3 tondeurs de draps, 1 barbier, 2 serruriers, etc.

(3) Ange de Grimoard de Grisac, frère du pape, chanoine de Saint-Ruf, évêque d'Avignon, cardinal en 1366, mort en 1387.

et les chanoines fourniront, pendant vingt ans, une somme de 80 florins pour être employée aux fortifications. La vendange continuera à être soumise à la dîme.

1378. *Mars 13.* — Le gouverneur C. de Bouville, assisté de douze juges, prononce un jugement par lequel il confirme, en faveur du Chapitre, la charte du 12 avril 1348, casse et annule les lettres impériales et royales relatives au consulat, à l'impôt du commun du vin, enfin défend d'en observer les dispositions, à peine de 500 marcs d'argent.

1378. *Avril 30.* — L'expédition de cet arrêt est adressé au juge et au courrier de Romans, ainsi qu'au juge mage du Viennois et du Valentinois, avec ordre de le faire exécuter sans retard.

1378. *Novembre 4.* — Les habitants de Romans sont maintenus en la possession de la franchise et exemption de la leyde de Tain, et successivement de celles de Saint-Marcellin (1394), de Crest (1500), de Tèze et de Domène (1521), de Grenoble (1534), de la Buissière (1546).

1379. *Juin 5.* — Suivant l'ordre du gouverneur et sous la direction du juge de la cour commune, la nomination des syndics de Romans a lieu dans les formes prescrites.

1380. — Une sentence déclare que les habitants de Romans ont le droit de vendanger quand bon leur semble sur leurs terres situées sur le mandement de Peyrins.

1383. — Dans l'état des feux du domaine delphinal, Romans est compris pour 659 feux, réduit à 420 en 1410. L'année suivante, la cotisation s'éleva à 542 florins, et à 455 en 1475.

1385. *Mai 4*. — Une lettre de l'archevêque de Vienne décide que les *grands logis* ne doivent pas être exempts du tribut sur le vin commun et étranger. Le Chapitre fait la même déclaration.

1385. *Juin 17*. — Les co-seigneurs de Romans achètent de Bernard Armanon, bourgeois, héritier d'Armanon Dorier, son oncle, pour le prix de 160 francs d'or, une maison située à la place des Clercs, entre la maison de l'église et celle de Jean d'Hauterive, probablement pour y placer la cour commune.

1386. *Mai 20*. — Les États de la province sont tenus à Romans par le duc de Bourgogne, Philippe le Hardi, qui avait déjà présidé ceux de 1375. Il s'y trouva des prélats, des bannerets et des châtelains.

1388. *Mars 11*. — On commence la reconstruction en pierre de la deuxième arche du pont sur l'Isère. Les travaux durent six ans et coûtent la somme de 2,997 florins 6 gros, fournis par les autorités et les particuliers (1).

1388. *Août 17*. — Siffred, évêque de V...... (2) consacre la chapelle ou crypte de Notre-Dame-des-Os, qui servait d'ossuaire aux cimetières entourant l'église de Saint-Barnard La dotation de cette chapelle est faite par le chanoine François Bourguignon, au moyen d'une somme de 80 florins

---

(1) Voy. notre *Notice historique sur le pont de Romans* ; Valence, 1867, p. 10.

(2) *Siffredus, episcopus Vivastinensis*. On ne sait à quelle ville correspond l'évêché désigné par ce nom. Cet évêque paraît avoir été un prélat étranger, peut-être d'Allemagne, où le nom Siffredus était assez commun. Il était de passage à Romans, pour se rendre, sans doute, à la cour pontificale d'Avignon.

et d'une rente de 6 florins, outre des ornements pour la célébration du service divin. Ces faits sont gravés sur une pierre qui existe encore (1).

1388. *Octobre 24*. — Le duc d'Orléans est à Romans; il y est de nouveau le 3 février suivant.

1389. *Octobre 23 et 24*. — Le roi de France Charles VI séjourne à Romans.

1390. *Juin 7*. — Le gouverneur Enguerrand d'Eudin (2), assisté de Jean de Mareuil et d'André Garin, auditeurs des comptes, donne décharge à tous les receveurs de Romans qui ont perçu les deniers de la ville depuis l'année 1367 jusqu'au 1er décembre 1388.

1393. — Les bandes de Raymond de Turenne, neveu des papes Clément VI et Grégoire XI et de la comtesse Major, veuve d'Aymar de Poitiers, infestaient le Valentinois. Le gouverneur prescrit aux consuls de Romans certains travaux de défense pour garder le passage du pont, entre autres la construction d'une porte surmontée d'une tour : ce qui donna lieu à la levée d'une taille moyenne.

1394. — Jacques de Montmaur, gouverneur du Dauphiné (3), décide que les habitants de Pey-

---

(1) Voy. *La chapelle de Saint-Michel de Romans;* Grenoble, 1868, p. 9.

(2) Nommé par lettres royales du 17 octobre 1385. Le 4 décembre suivant, il commit Robert Cordelier, conseiller delphinal, pour gouverner en son absence ; le 20 du même mois, il commit encore pour le même sujet plusieurs conseillers. Il mourut en 1390, et le roi, par lettres du 11 mars, chargea le conseil delphinal de gouverner par *intérim*.

(3) Pourvu par lettres du 1er avril 1391, destitué en 1399, sur la plainte des Etats de la province. Il fut rétabli en 1406, mais il mourut la même année.

rins et de Romans contribueront, au marc le franc, aux réparations du château de Peyrins.

1394. — Les Etats de la province se réunissent à Romans.

1396. *Août 11*. — La ville de Romans est taxée à la somme de 500 florins pour le don gratuit, à l'occasion du mariage d'Isabelle, fille du roi Charles VI, avec le roi d'Angleterre. Jean de Villers, receveur général des finances, donne quittance de cette somme

1398. *Février 12*. — Le Chapitre donne son consentement pour l'imposition d'un octroi, dont le produit est destiné aux fortifications de la ville et aux réparations du pont. Il reconnaît l'urgence de l'impôt et y soumet pendant dix ans les ecclésiastiques La ferme de cet octroi est adjugée aux enchères publiques à Guillaume et Jacques de Sainte-Croix, pour le prix de 760 florins annuellement.

1398. *Juillet 29*. — Une transaction est passée à Avignon, sous la médiation des officiers du Pape, avec le recteur de l'hôpital de Sainte-Foy concernant les lits et les linceuls qui étaient dus après le décès de chaque chef de famille. La ville est astreinte à une rente de 47 florins et demi pour l'entretien des lits de l'hôpital, et il sera dû deux linceuls au décès de chaque personne morte en âge de puberté, les pauvres exceptés (1).

1398. *Novembre 16*. — Le gouverneur Jacques de Montmaur, siégeant en conseil, rend un arrêt qui maintient le Chapitre de Saint-Barnard dans le droit d'établir un bac sur l'Isère, lorsque

---

(1) Voy. *Essais hist. sur les hôpitaux de Romans*, p. 35.

le pont est impraticable, et de percevoir les droits
de passage (1).

1400. *Décembre 2.* — Geoffroy le Meingre,
gouverneur du Dauphiné (2), préside à Romans
les Etats de la province, où l'on impose une taille
de quatre gros par feu. Il rend une ordonnance
au sujet du mesurage des draps, des poids, des
protocoles des notaires et de l'observation des
libertés delphinales.

1402. *Février 9.* — L'auditeur de la Chambre apostolique détermine que le Chapitre de
Saint-Barnard et la communauté de Romans
continueront à jouir de l'exemption de la juridiction de l'archevêque de Vienne, moyennant
une somme de 200 florins d'or (3).

1404. *Février 6.* — Jean de Gottafred et
Artaud Allemand, chanoines, Guillaume de Ban-
nassac et Pierre Blache, curés, rendent une sentence arbitrale par laquelle il est arrêté et convenu que le clergé, pour se rédimer des linceuls
dus à l'hôpital de Sainte-Foy, paiera au décès
d'un chanoine deux florins, d'un prêtre habitué
un florin et demi et d'un esclaffard un florin:
quant aux petits clercs, ils seront exempts.

1404. *Avril 2.* — Gonet Seren, notaire et
secrétaire de la ville, fait don du terrain de *Palle-*

---

(1) Voy. *Notice hist. sur le pont de Romans*, p. 14.

(2) Fils de Jean le Meingre, dit Boucicaut, maréchal de France, et
de Florie de Linières : pourvu de son gouvernement le 1er avril 1399,
rappelé sur la plainte des Etats, il fut rétabli par lettres du 13 septembre 1406. Il avait épousé Isabelle de Poitiers, fille de Louis, seigneur de Saint-Vallier, et de Catherine de Giac.

(3) Plusieurs sentences sont intervenues à ce sujet avec des chances
diverses, suivant le caractère des prélats en jeu. On en trouvera plusieurs exemples dans le cours de ces annales.

tour, situé à Bourg-de-Péage. Il l'avait albergé, le 2 décembre 1391, sous le cens de douze deniers, de noble Artaud de Mornans, héritier de Pierre de l'Esparvière (1).

1404. *Août 2.* — Le roi dauphin demande aux habitants de Romans une aide de 50.000 fr. pour concourir au payement de la terre de Louis de Poitiers, comte de Valentinois, dont le prix était de 100.000 écus, plus 20.000 francs pour Charles de Saint-Vallier, son oncle.

1404. — Les officiers delphinaux de Romans envoyent au dauphin un rapport concernant les émoluments de cette ville, dont la moitié devait revenir à ce prince en qualité de co-seigneur.

Le rédacteur anonyme de ce rapport dénonce sans ménagement les mœurs relâchées et même les crimes de certains chanoines, la partialité et la vénalité du juge et du courrier (2).

1405. *Mars 3.* — Jean Forest dit Coppe (3) donne quittance de la somme de 2,302 florins pour la reconstruction de la quatrième arche du pont sur l'Isère, dont il avait l'entreprise.

1406. *Mai 3.* — Le roi Charles VI fixe à 361 les feux de Romans et à 3 gros par feu les quoteparts de la taille. Il y avait en plus des solvables, 360 misérables et 23 nobles.

1409. — La ville obtient un octroi pour seize ans, dont le produit, estimé annuellement 566

---

(1) Voy. *Notice hist. sur le pont de Romans*, p. 11.

(2) GIRAUD, *Essais hist.*, t. II, p. 388. — DOCHIER, *Mémoires sur Romans*, p. 110.

(3) En 1384, il succéda à son père dans la maîtrise de la monnaie de Romans. Il figura en cette qualité à plusieurs parlements du serment de l'empire. En outre, comme les autres membres de sa famille, il s'occupait d'affaires financières.

florins, était destiné aux réparations à faire à la première arche du pont et à la tour de la Prêle, dite de l'*Oche*.

1413. *Septembre 9*. — Le juge, le courrier, les consuls et les notables de Romans visitent les bords de l'Isère pour aviser les fortifications à faire pour défendre et clore cette rivière.

1415. *Août 4*. — L'empereur Sigismond (1) dîne à Romans, où l'attendait l'archevêque de Tours. Le même jour, il alla en pèlerinage à Saint-Antoine et revint à Romans le lendemain (2).

1416. *Janvier 31*. — L'empereur Sigismond donne à Lyon une bulle par laquelle il confirme les franchises octroyées par Charles IV, son père, aux habitants de Romans

1417. *Février 5*. — Un acte du concile de Constance porte absolution à la ville de Romans, qui avait été censurée à la poursuite de Jean de Poitiers, évêque de Valence (3), pour raison de quelques péages dus au monastère de Valcroissant.

1417. *Mai 4*. — Jean Bouet, juge mage du Viennois et du Valentinois, confirme les privilèges de la ville de Romans concernant l'exemption du péage de Pisançon. Il fait restituer les marchandises et les bestiaux qui avaient été saisis

---

(1) Fils de l'empereur Charles IV et d'Elisabeth, né le 28 juin 1368, roi de Hongrie en 1386, élu empereur le 20 septembre 1410. Il fit, en 1415, un voyage en France ; il mourut le 9 décembre 1437, à Znaïm.

(2) *Mystère des Trois Doms*, p. cxxix-cxxxvij.

(3) Créé évêque de Valence et de Die le 7 septembre 1390, à peine âgé de 22 ans. Il assista au concile de Paris en 1394 ; il gouverna le Comtat Venaissin pendant seize ans et passa à l'archevêché de Vienne en 1448.

contrairement à ces privilèges. Le 4 mai 1419, le roi recommanda à Louis de Poitiers, co-seigneur de Pisançon, de faire opérer une semblable restitution.

1420. *Mars 18*. — Les syndics de la ville, Antoine Bourguignon et Jean de Manissieu, achètent de Guillaume Barbier, au prix de 24 florins, une vigne de la contenance d'une éminée, située hors la porte de Clérieu. Ce lieu, appelé les *Nais*, servit de réunion pour le tir de l'Arbalète. Il fut vendu, à l'époque de la Révolution, au sieur Romieu, qui en 1804 y établit des bains publics.

1421. *Juin 13*. — Didier de Villars, dit *Rebatte*, marchand de Romans, présente une requête au Chapitre pour faire approuver la fondation qu'il se proposait de faire d'un hôpital dans le quartier de Pailherey, non loin de l'Isère et de l'église de Saint-Nicolas.

Il le dote d'une rente de 200 florins et s'en réserve l'administration. Vitalis, abbé de Saint-Ruf et commissaire du pape, ratifie tout ce qui a été fait pour l'utilité de cet établissement (1).

1422. *Mars 5*. — Les Etats de la province sont assemblés à Romans.

1422. *Mai 22*. — La ville achète le mandement, le territoire et la juridiction de Beaumont-Monteux aux commissaires du roi, pour le prix de 1,200 écus d'or de 64 au marc (14,620 fr.). Cette acquisition, jugée « utile et honorable » pour la communauté, est arrentée aux enchères, le 14 juin 1424, pour quatre années, moyennant

---

(1) Voy. *Essais hist. sur les hôpitaux de Romans*, p. 88.

270 florins, à noble Pierre Odoard, qui paya comptant (1).

1424. *Octobre 14*. — La ville donne un secours de 20 florins et de 20 muids de chaux pour aider à la construction du pont Mallet, qui était faite au moyen d'une cotisation des habitants de ce quartier (2). Une porte fortifiée fut bâtie en même temps pour défendre l'entrée de ce pont.

1424. *Novembre 22*. — Pierre Gaspard, juge de Romans, ordonne que le fermier du greffe ne pourra pas exiger des habitants au-delà de 60 sols pour les publications des testament et 20 sols pour le sceau des actes de tutelle.

1425. *Novembre*. — Pierre Cudrifin, artiste de Fribourg, chargé de la construction de l'horloge publique, écrit aux bourgeois de Romans pour leur demander 50 écus d'or (605 fr.), qu'ils devaient lui envoyer à Genève, à la foire de Saint-Simon. Il en a grand besoin, dit-il, et ajoute qu'il travaille à force à leur horloge (3).

1426. *Juillet 10*. — Le Chapitre permet l'établissement d'un octroi pour la restauration du pont et la construction d'une horloge publique. Le 16 décembre 1427, il consent à contribuer à cette dépense et, le 27 janvier suivant, un arrêt de Raoul de Gaucourt, gouverneur du Dau-

---

(1) Maître de la monnaie de Crémieu. Le gouverneur et le Conseil delphinal lui inféodèrent les mines de fer et de plomb dans le mandement d'Allevard. D'après Chorier, il eut deux fils : Jean, conseiller au parlement de Paris, et Pons, conseiller à celui de Rouen, tige des Hazé et des Boismillon.

(2) Appelé de Chapelier ou des Orphelines, démoli et reconstruit en 1880.

(3) Voy. *Le Jacquemart de Romans*, dans *Revue du Dauphiné*, 1878, p. 193.

phiné (1), condamne la communauté de Romans à payer la somme de 500 florins d'or à Pierre Cudrifin, bourgeois de Fribourg, maître en fait de bombardes et d'horloges, pour le prix d'une horloge faite pour la ville de Romans. Le 16 juillet 1431, Jean Cudrifin, frère et héritier de Pierre, reçut des consuls le solde du prix fait de la dite horloge, c'est-à-dire 500 florins ou 300 écus d'or. La quittance fut passée dans la boutique de draperie d'Antoine Manissy, l'un des consuls.

1427. *Mars 6.* — Le Conseil delphinal se tient à Romans.

1428. *Mars 25.* — Au commencement de l'année (jour de l'Annonciation, époque où se faisaient les élections municipales), les consuls sortants se font délivrer leurs honoraires annuels, qui sont pour les deux premiers de 20 florins et de 10 pour les deux autres. Les gages du receveur sont aussi de 10 florins.

1428. *Août.* — Le gouverneur ordonne que les monnayeurs paieront la taille pour les réparations des murailles de la ville ; en 1445, ils protestent, mais le dauphin les oblige aux contributions, comme l'avait déjà fait un arrêt du Conseil delphinal du 5 décembre 1433.

1436 *v. st. Janvier 28.* — Le roi Charles VII étant à Romans, à l'occasion de la tenue des Etats de la province, ordonne aux châtelains de Pey-

---

(1) Il fut nommé le 1er novembre 1428. Il pourvut à des charges de lieutenant, de baillis et de sénéchaux. Pendant une absence, il fut remplacé par Gabriel de Bernes. Il était de Normandie, fils d'un autre Raoul. Après avoir vaillamment défendu Orléans contre les Anglais, il sauva le Dauphiné de l'invasion du prince d'Orange et des Bourguignons, par la victoire d'Anthon, en juin 1430.

rins et de Monteux d'appeler les officiers de
Romans pour visiter les chemins qu'il conviendrait de réparer. Il confirme le traité intervenu
en 1368 entre Raoul de Louppy et les habitants de Romans.

1438. *Mars 18*. — Les Etats du Dauphiné
sont réunis à Romans, dans le réfectoire des Cordeliers, sous la présidence de Guillaume Le
Tur. Il est accordé au roi un subside de 35,000
florins.

1440. *Novembre 18*. — Geoffroy, archevêque
de Vienne (1), prend possession, en qualité d'abbé,
de l'église de Saint-Barnard. On voit dans le procès-verbal que le nouvel abbé n'était reconnu et
installé par le Chapitre qu'après avoir juré, à
trois reprises différentes, d'observer les privilèges, immunités et libertés de l'église. Les
mêmes formalités furent observées par les successeurs de Geoffroy.

1442. *Avril*. — La reine de France, Marie
d'Anjou, est à Romans.

1442. *Juillet 10*. — Le dauphin, depuis
Louis XI (2), accorde à la ville un octroi pendant
quinze ans pour réparer les murs, le pont et les
fontaines.

---

(1) Vassali, nommé au commencement de 1439, ne **prit possession**
que le 20 octobre 1440; il passa à l'archevêché de **Lyon** en 1444 et
mourut à Tours en 1446.

(2) Pendant son séjour dans son apanage de Dauphiné, le dauphin
Louis résida le plus habituellement autour de Romans, dans ses châteaux de Moras, de Chalaire et de Peyrins. Dans cette ville, il n'avait
point d'habitation; il descendait bourgeoisement dans un **logis** tenu
par Michel Aymar et Matheline Botonnier, sa femme. Pour reconnaître les soins qu'il avait reçus de ces époux, il les **affranchit** de
toutes tailles, aides, subsides, entrées, etc. Mais, comme en leur qualité de débitants, une si large exemption entraînait **des** abus, les

1444. *Février 23*. — Il est interdit aux greffiers de la cour de faire aucun inventaire des biens des décédés sans avoir été requis par les héritiers. Les greffiers seront payés à raison d'un liard par florin, de deux gros au-dessus de trente florins et de quatorze gros au-dessus de cette somme.

1444. — Le parlement de Grenoble déclare que les habitants de Romans doivent jouir des mêmes libertés que ceux de Grenoble.

1446. *Février 4*. — Le dauphin convoque les Etats de la province à Romans. Il se fait donner 46,000 florins.

1448 *Juin 11*. — Des lettres patentes du roi, consenties par l'archevêque de Vienne et le chapitre de Saint-Barnard, permettent aux habitants de Romans de passer sur le pont avec des chars ferrés et d'y lever les droits accoutumés sur l'étranger, à la charge d'entretenir le pont, de le réparer et même de le réédifier s'il venait à tomber : concession qui devint fort onéreuse (1).

1448. *Septembre 30*. — Les habitants de Romans contribuent pour une somme de 150 florins d'or à la reconstruction de la maison du dauphin dans le château de Peyrins, soit les deux cinquièmes de la dépense.

----

consuls obtinrent, par lettres patentes données à Valence, les 9 mars et 22 décembre 1452, qu'elle ne porterait que sur les denrées consommées par la famille desdits époux. Matheline, devenue veuve, fut même déchue de ce droit par le juge des appels, le 20 juin 1456. Toutefois, le roi la maintint en possession de cet affranchissement.

Sur les nombreux séjours du dauphin Louis à Romans, voy. son *Itinéraire* par M. l'abbé Ulysse Chevalier, dans la *Petite Revue Dauphinoise*, 1886 ; à part, 8 p. in-8°.

(1) Voy. *Notice hist. sur le pont de Romans*, p. 16.

1449. *Mars.* — Les Etats de la province s'assemblent à Romans, en présence du dauphin.

1450. *Janvier 24.* — Par lettres patentes données à Peyrins, le dauphin accorde aux habitants de Romans la liberté d'élire des consuls et la faculté de s'imposer pour leurs affaires communes Il renouvelle l'exemption des péages, des gabelles, du vingtain, etc.

1450. *Mai 6.* — Jean de Poitiers, archevêque de Vienne (1), en sa qualité de co-seigneur de Romans, confirme les privilèges des habitants.

1450. *Novembre 23.* — Le Chapitre, qui n'avait pas jusqu'alors reconnu le dauphin pour suzerain, soumet à Louis (XI) et à ses successeurs tout son temporel, et s'oblige à relever entièrement de lui et à lui rendre foi et hommage. Le dauphin s'engage de son côté à lui assurer la jouissance de tous les biens, privilèges et libertés dont il est en possession. Il est dit dans le même acte que les habitants de la ville de Romans ne pourront être tirés en jugement hors de ladite ville pour quelque cause que ce soit, sinon en cas d'appel.

1451. *Novembre 21.* — Des lettres patentes du dauphin, datées de Pont-d'Ain en Bresse, ordonnent que les cent marcs d'argent (5.000 fr.) donnés par la ville de Romans à la dauphine (2) pour son joyeux avènement, seront répartis sur les privilégiés comme sur les non-privilégiés.

---

(1) Evêque de Valence et de Die, transféré à Vienne par le Dauphin, y fit son entrée le 15 août 1448. Il fut dépouillé d'une partie de ses privilèges et mourut vers 1452.

(2) Charlotte, fille du duc de Savoie, qu'il avait épousée en 1451 contre la volonté de son père.

Par transaction arbitrale du 4 janvier 1452, le Chapitre consentit à payer sur cette somme cent florins et cent écus d'or (1.500 fr.).

1452. *Mars 9.* — Par lettres données à Valence, le dauphin déclare que les immunités qu'il a accordées à Michel Aymar et à Matheline, sa femme, ne doivent pas s'étendre à l'exemption des tailles.

1452. *Septembre 12.* — Le dauphin emprunte par billet une somme de cent écus aux habitants de Romans, promettant de leur faire rabattre cette somme sur le premier aide qui leur sera demandé.

1453. *Mars.* — La peste s'étant déclarée à Grenoble, le parlement vient à Romans.

1453. *Juin 14.* — Les habitants protestent contre le banvin du Chapitre. Ils renouvellent cette protestation le 16 juin 1456. Cette contestation est apaisée par les transactions du 30 mars 1463, 12 mars 1513, 17 mars 1608. Elle recommença plus vive que jamais au milieu du XVIII° siècle et n'était pas encore terminée à l'époque de la révolution.

1456. *Mars 30.* — Louis de Laval, gouverneur du Dauphiné (1), rend un jugement qui institue le Chapitre dans la possession des eaux du torrent de la Savasse.

1460. — Une ordonnance du châtelain de Peyrins défend aux meuniers d'arrêter le cours des eaux et aux fermiers de Chalaire de les prendre, si ce n'est le samedi à soleil couchant

---

(1) Seigneur de Châtillon, il fut pourvu en 1448. Il était fils de Jean de Montfort, seigneur de Kerley, et d'Anne, héritière de la maison de Laval.

jusqu'au lundi à soleil levant, et non au-delà : ce qui fut confirmé par une sentence du vi-bailli de Saint-Marcellin, du 26 juillet 1474. Ces dispositions s'observent encore.

1467. *Mai 2*. — Sur la demande du Chapitre et des habitants, le pape Paul II (1) commet Jean Fautrier, précenteur de l'église de Valence, prévôt de Vaison, doyen juge de Montélimar, pour examiner les bulles de ses prédécesseurs données en faveur de l'église de Saint-Barnard et contenant ses privilèges, et, dans le cas où elles lui paraîtraient authentiques, il lui donne pouvoir de confirmer de nouveau ces privilèges en son nom. Le précenteur vient à Romans pour s'acquitter de la commission apostolique. Le Chapitre, accompagné des consuls et des principaux habitants, lui présente quatre bulles : d'Eugène II, d'Alexandre III, de Clément IV et de Clément VI : celle de Victor II manquait. Ces bulles étaient la reproduction et la confirmation des privilèges primitifs. En conséquence, le précenteur de Valence, au nom de Paul II, n'hésite pas à les confirmer et à en prescrire le maintien, sous peine d'excommunication.

1470. *Juillet 2*. — Un règlement de police de la boucherie interdit de mater les animaux, de vendre et d'acheter de la viande ailleurs que dans la boucherie publique. Les bancs et les étaux appartenaient à des particuliers qui les louaient aux bouchers et payaient une redevance au sacristain du Chapitre.

1471. *Octobre 13*. — Une transaction entre

---

(1) Pierre Barbo, vénitien, élu pape le 31 août 1464 ; en 1470, il réduisit le jubilé à 25 ans. Il mourut d'apoplexie le 28 juillet 1471.

le Chapitre et la ville règle plusieurs points litigieux relatifs à la valeur du florin, aux abus commis par les esclaffards, à la juridiction civile, aux prêtres habitués, etc.

1472. *Mars 12*. — Les parties intéressées acceptent les statuts du Chapitre de Saint-Barnard, compilés et rédigés en 189 articles par Lyatard, chanoine et chantre de Vienne, Thomas Têtenoire, juge ecclésiastique de la même ville, Jean de Peyrins, chanoine de Valence, et Pierre Celat, prieur de Tullins. Ces statuts ont été en usage jusqu'à la révolution, c'est-à-dire jusqu'à la suppression du Chapitre; ils n'ont pas été imprimés (1).

1477. *Avril 15*. — Un arrêt du parlement, considérant que les libertés et franchises des habitants de Romans n'avaient point été gratuitement octroyées, ordonne qu'ils seront exempts de péages et de gabelles pour toutes sortes de marchandises.

1479. *Janvier 27*. — Les chanoines et les consuls font un accord concernant les appentis, les talapins et les fossés. Ils conviennent de faire un réservoir à frais communs, pour recueillir toutes les eaux de la Garenne et du Tortorel destinées à l'usage du public.

1479. *Mai 20*. — Le duc de Savoie, Philibert le *Chasseur*, arrive à Romans où il séjourne jusqu'au 13 juillet. Il va chasser dans le bois de Peyrins. Le seigneur de Sassenage lui envoie un limier et six chiens courants et l'archevêque de Vienne lui fait présent d'un cerf. Ce prince fait

---

(1) Voy. *Statuts de l'église de Saint-Barnard de Romans*, dans *Bulletin de la Soc. d'archéologie de la Drôme*, t. XIV, p. 278.

donner aux clergeons de Saint-Barnard un floriu d'or, parce qu'il était entré dans le chœur de cette église avec des éperons : ce qui était défendu par les règlements.

1481. *Octobre 21.* — Nicolas Gaymard, religieux cordelier, vend à Aubert Berger la maison en laquelle fut depuis la maison du B....., près du verger du commandeur de Saint-Paul, sous la pension de huit sols, au profit du couvent des Cordeliers. Le 13 mars 1485, la ville, qui avait acquis ladite maison, acheta ledit cens. Enfin il est dit dans l'acte : *Quod ipsi incolæ in eadem domo fecerunt domum prostibulariam seu bordellum, pro servicio reipublicæ ejusdem villæ* (1). Le 7 mai 1487, frère Gaymard vendit à la ville les trois sols de cens qu'il s'était réservés, et dix deniers annuels que lui devait Nicolas Gordon sur son jardin qui joignait ladite maison.

La rue, aujourd'hui dite du *Chapitre*, a porté dans le cadastre jusqu'en 1821, le nom de cette maison de prostitution, dont la police jadis était confiée à des *banniers* qui exigeaient, au profit du Chapitre, de ceux qui fréquentaient ces lieux défendus (*loci vetiti*) une amende de 3 sols 6 deniers le jour et 7 sols pendant la nuit. L'adultère payait 60 sols, à moins qu'il fût prouvé que le délinquant ignorait que la femme fût engagée dans les liens

---

(1) De même à Grenoble, au XVIe siècle, les filles publiques réclamèrent de la ville une maison à loyer. Les consuls consultèrent, à ce sujet, le juge commun. Le procureur général du roi répondit qu'il était besoin d'avoir une maison commune pour tenir le b..... commun (30 octobre 1545). De leur côté les gens du roi requérirent la ville de fournir un lieu et maison propices pour tenir les filles impudiques (15 janvier 1546).

du mariage (1). L'article xxviii des privilèges accordés par le dauphin Humbert II aux habitants de Romans, le 27 février 1342, édicte d'une manière très détaillée les peines encourues par ceux qui commettaient des attentats aux mœurs.

Les consuls vendirent cette maison mal famée, le 8 juin 1489, sous une rente qui fut cédée, le 15 juin 1615, à l'Aumône générale : sans doute en expiation des outrages qu'on y avait fait aux bonnes mœurs.

1481. *Novembre 26*. — Le torrent de la Savasse avait endommagé des terres aux environs de Romans. Sur le refus du Chapitre, qui cependant s'attribuait la propriété de ces eaux, de contribuer aux travaux de défense, les consuls donnèrent à Jean Forton le prix fait pour construire une digue en pierre de taille.

1483. *Mai*. — D'après Guy Allard eut lieu à Romans, aux fêtes de la Pentecôte, un tournoi, à l'occasion du mariage d'Antoine de Montchenu avec Louise de Clermont (2).

1484. *Décembre 19*. — Sur l'ordre de Jean Fléard, député par le parlement, le juge Guillaume Faysan réforme les règlements et procédures de la cour séculière, ensemble les taxations et émoluments.

1488. *Novembre 11*. — Le roi Charles VIII est à Romans, où il signe des lettres en faveur des consuls de Grenoble.

1489. *Décembre 28*. — Un arrêt du parlement adjuge au Chapitre de Saint-Barnard le

---

(1) Dochier, *Mémoires sur la ville de Romans*, p. 122.
(2) *Zizimi, prince des Ottomans;* Grenoble, 1672.

revenu de l'abbaye pendant la vacance de l'archevêché.

1490. *Juin 18*. — Les consuls de Romans, Girard Mercier (1), Jean Dorier et Bertrand Rochas, achètent la moitié de la seigneurie et du patronage de la maladrerie de Voley, de Gaspard de Gottafred (2), au prix de 30 écus d'or (3).

1492. *Octobre 6*. — Jacques de Miolans, gouverneur du Dauphiné (4), accorde la continuation des tributs durant vingt-huit années, avec le tarif de l'impôt sur les bestiaux, les draps, le fer, le fromage, la mercerie, l'épicerie, les toiles, le chanvre, l'huile, le poisson, le lard et les métaux.

Le 25 avril 1508, le tribut est continué pour vingt-huit années par le comte d'Etampes, gouverneur du Dauphiné ;

Le 3 juillet 1547, pour vingt-huit années par le duc d'Aumale, gouverneur du Dauphiné ;

Le 11 avril 1576, pour vingt-huit années par Henri III ;

Le 28 juin 1606, pour neuf années par Henri IV.

1492. *Octobre 16*. — Le Chapitre et la ville font une convention, aux termes de laquelle le florin vaudra 16 gros et chaque gros 4 liards, l'écu d'or, 35 gros ou de 72 au marc ; ce qui

---

(1) Courrier de la cour en 1444, marié à Alaysie de Brou. Il avait deux sœurs qui furent ses héritières : Jeanne, qui fut mariée à Jean de Gillier, maître de la monnaie, et Isabelle, qui épousa Humbert Odoard.

(2) Sieur du Mollard, d'une très ancienne et noble famille de Romans.

(3) Voy. notre *Notice hist. sur la maladrerie de Voley*, p. 46.

(4) Seigneur d'Anjou, promu au mois de juin 1482 et le 7 octobre 1491. Il était de la Savoie.

établit : l'écu à 10 fr. 29, le florin à 4 fr. 68 et le gros à 29 cent. 1/3.

1493. *Avril 24*. — Un arrêt du parlement oblige Guillaume d'Arzac, juge de Romans, à prêter serment aux libertés de la ville, et suspend la procédure des assises jusqu'à ce qu'il ait rempli cette formalité.

1493. *Août 28*. — Le Chapitre de Saint-Barnard alberge à Guillaume Robert le pré de l'ancien prieuré de Saint-Ruf, que l'abbé de cet ordre avait vendu audit Chapitre.

1495. *Avril 25*. — Les consuls achètent de Jean Veilheu, chanoine (1), deux sétérées de terres, près de la porte de Saint-Nicolas, au nord du chemin de Saint-Paul et au levant de la ville, au prix de 35 florins. Les mêmes acquièrent ensuite un terrain de Jean Buissonnet, où ils prennent un chemin de quinze pieds de largeur pour aller de la porte de Saint-Nicolas à celle de la Bistour.

1497. *Juin 28*. — Les consuls sont chargés de faire dresser par Simon de Grange, notaire, et sous la direction de Jean Odoard (2), un inventaire des Archives de la mairie ; ce document existe encore.

1499. *Mai 6*. — Claude Paquellet, chevalier de l'Arquebuse à Lyon, écrit aux chevaliers et autres de même jeu de Romans, pour les inviter à venir concourir aux exercices qui doivent avoir lieu à Lyon, les trois jours de la Pentecôte.

---

(1) Curé de Saint-Nicolas en 1491 ; chanoine de Saint-Barnard en 1506 ; il laissa un florin de rente à la maladrerie de Voley.

(2) Marchand, laissa au même établissement quatre livres d'huile annuellement. Il possédait le tènement de la *Martinette*, qui fut vendu après sa mort, le 24 août 1499.

1499. — L'abbaye ou corporation des Sauniers (marchands de sel) applique les deniers qu'elle avait en réserve à la réparation de la maison consulaire.

1506. *Janvier 20.* — Par acte reçu Jean de St-Martin, notaire, les consuls achètent de Gaspard Milhard (1) un verger près de la porte de la Bistour, au levant de l'hôpital du Colombier (2), pour servir de cimetière aux victimes de la peste. Cette vente fut faite sous le cens d'un sol tournois et pour le prix de 84 florins.

1506. *Février 15.* — A la suite d'un long procès entre Jean de Solignac, sieur de Veaunes, et les consuls de Romans, le parlement rendit un arrêt sur l'ordre et la forme que la ville doit observer pour la création et l'établissement des consuls.

1507. — Le Chapitre se retire à Chalaire, dans la maison du chanoine du Plastre.

1508. *Mai 1er.* — Règlement pour le poids, la qualité et le prix du pain fabriqué par les boulangers.

1508. *Mai 16.* — Le conseil de la ville décide qu'il enverra, à ses frais, un député aux Etats de la province afin d'obtenir que l'atelier monétaire de Romans ne soit pas supprimé, « pour ce que » la monoye est ung des membres spéciaux de la » dicte ville, et chose moult honorable et profic- » table pour icelle » (3).

---

(1) Il était qualifié de marchand. Il légua aux pauvres, en 1551, une rente de 4 florins. Il avait une fille qui fut désignée pour remplir le rôle de *Sapho* à l'entrée de la reine à Romans, en 1533.

(2) Voy. *Essais hist. sur les hôpitaux de Romans*, p. 84.

(3) Voy. *L'atelier monétaire de Romans* (1888), p. 19.

1509. *Mai 27-9.* — Les habitants, aidés par le Chapitre et par les autorités, représentent le *Mystère des trois Doms* ou martyrs Séverin, Exupère et Félicien, durant les trois jours de la Pentecôte, dans la cour du couvent des Cordeliers, à l'occasion de la cessation de la peste, qui avait régné deux ans auparavant. La troisième représentation, dont le prix d'entrée avait été réduit à deux sols, réunit jusqu'à 4.947 spectateurs. Les dépenses s'élevèrent à 1.737 florins (14.920 fr.) et les recettes à 680 florins 11 sols 9 deniers, et après la vente des débris du théâtre à 731 florins 1 sol 3 deniers, soit un déficit de 998 florins 10 sols 11 deniers, à la charge du Chapitre (1).

1511. *Juin 27.* — Le roi Louis XII et la reine sa femme, accompagnés des ducs d'Angoulême, de Lorraine, de Vendôme et de La Trémouille, des cardinaux de Saint-Séverin, de Prie, de Ferrare, et du chancelier de France, venant de Grenoble, arrivent à Romans vers deux heures, descendant l'Isère sur quatre bateaux. Ils sont reçus au pont de la rivière, à l'entrée duquel on avait érigé une porte triomphale surmontée des armes du roi. La réception a lieu sous des dais, au son des instruments de musique et des cloches. Les augustes hôtes sont conduits à leurs logements, préparés dans les maisons d'Antoine

---

(1) Voy. GIRAUD, *Composition, mise en scène et représentation du Mystère des Trois Doms* ; Lyon, 1848, gr. in-8°, 131 p. et 2 planches. — Paul-Emile GIRAUD et Ulysse CHEVALIER, *Le Mystère des Trois Doms, joué à Romans en MDIX, publié d'après le manuscrit original, avec le compte de sa composition, mise en scène et représentation, et des documents relatifs aux représentations théâtrales en Dauphiné du XIV° au XVI° siècle* ; Lyon, 1887, in-4° de cxlviij-928 p.

Berger, marchand, de Claude Conton, prêtre, et
d'Antoine Mulet (1). Pendant son séjour, le roi
entendit la messe, le samedi, sous un pavillon
près du grand autel, le dimanche une grand'messe
célébrée solennellement avec chantres, orgues et
instruments mélodieux, le lundi dans la chapelle
de Notre-Dame sur le pont et le mardi dans la
chapelle du Saint-Esprit. Le même jour, après
dîner, le roi et sa suite partirent sur des bateaux
pour se rendre à Valence. Le duc d'Angoulême,
malade d'une fièvre tierce, demeura jusqu'au 5
juillet. On fit présent à Louis XII d'une tasse
d'argent doré avec dix pièces d'or à ses armes
et à celles de la ville. Un pareil cadeau fut donné
à la reine, et le dauphin reçut sept ou huit arba-
lètes, le tout non compris les vins d'honneur,
les bougies et les confitures qu'on offrait en
semblables circonstances (2).

1511. *Juillet 9.* — Mathurin Richard, commissaire du roi, vient à Romans avec l'ordre de
faire abattre les auvents, poiles, appentis, gale-
ries qui font saillie, et même de faire démolir les
bâtiments qui surplombent la voie publique.

1512. *Juin 18.* — L'assemblée de la ville
désigne deux maçons, deux charpentiers et deux
bouchers pour veiller à la reconstruction de la
grande boucherie.

1512. *Juillet 5.* — « Vu le temps présent »,
les quatre portes de la ville (les trois autres ayant
été murées) sont placées sous la garde d'un capitaine. On fait ferrer des piques, fabriquer de la

---

(1) Consul, nommé président au parlement de Provence. Son fils,
Théodore, fut avocat général en 1540.

(2) *Mystère des Trois Doms,* p. 812-4.

poudre et préparer des pierres pour les pierriers : défense est faite aux étrangers de circuler dans la ville avec des bâtons ferrés.

1513. *Mars 4*. — Jean de Poitiers, lieutenant du gouverneur (1), autorise l'établissement d'une meulière près de la tour de l'Acque de Saint-Nicolas, à la chûte du Gueybier, pour fourbir des armes et des harnais de guerre.

1513. *Mars 12*. — Un traité ordonne que les mesures seront étalonnées et déposées à l'hôtel de ville, et que les meuniers ne pourront prendre qu'une pugnère ou la vingt-quatrième partie du setier pour leur mouture.

1513. *Mars*. — Une transaction entre les chanoines et les consuls a lieu sur le différend du banvin, les dispenses de mariage, la réparation du vivier, la contribution du don gratuit et des subsides du pays, les mesures du moulinage, etc.

1513. *Juillet 1ᵉʳ*. — Jean de Poitiers rend une ordonnance pour fortifier Romans du côté de l'Isère, le long de la rue *Fusterie*, et y rétablir les trois ports.

1515. *Janvier 7*. La Cour du parlement écrit aux consuls de Romans pour leur annoncer la mort du roi (Louis XII) et leur recommander de faire bon guet de jour et de nuit.

1515. *Janvier 10*. — Les commis des Etats invitent par lettres les consuls à envoyer, pour le 17 du présent mois, à Grenoble « certains bons » et grands notables pour conclure au plus grand

---

(1) Pourvu le 1ᵉʳ mai 1512, capitaine de 500 gentilshommes de la porte du roi. Il avait épousé Jeanne de Baternay, fille d'Imbert, dont il eut la fameuse Diane. Condamné pour avoir pris le parti du connétable de Bourbon, il reçut des lettres d'abolition.

» soulagement de la chose publique et demander
» confirmation des privilèges et libertés de la
» province à l'occasion du nouveau roi dauphin ».

1515. *Août 30.* — Les consuls achètent de
Jean Chonet, pour le prix de 18 florins, l'aqueduc
de la *font du Gueybier*, passant dans le jardin
dudit Chonet, près du cimetière de Saint-Nicolas,
pour conduire l'eau à la meulière de la ville nouvellement construite.

1515. — Romanet Boffin, dit *Richard*, marchand de Romans (1), fait ériger un calvaire avec
sept piliers en pierre, au lieu dit les *Rampeaux*.
On pose solennellement la première pierre de
l'église le 1ᵉʳ mai 1517. Par acte du 2 octobre
1519, le fondateur donne à la ville, qui accepte,
l'oratoire du Calvaire, possessions et édifices,
s'engageant à employer à leur entretien les aumônes qui seraient données. Le 28 novembre 1548,
le couvent fut spolié et incendié. Le lendemain
des Rameaux 1562, les calvinistes mirent le feu
aux trois croix du Calvaire. Le couvent ayant été
restauré, on y établit, le 27 novembre 1612, des
religieux Récollets qui l'habitèrent jusqu'en 1791.
Donné aux hospices par des chartreux, qui l'a-
vaient acquis le 31 mars de cette année, il fut
cédé au diocèse de Valence en 1822. C'est à
présent le grand séminaire. Le Calvaire servit de
cimetière de 1792 à 1812.

1516. — La ville fait dresser un cadastre. On
y réunit et inscrit le territoire assigné par Humbert II, soit environ 5.000 setérées, dont 555 en
bois.

---

(1) *Généalogie de la famille Boffin,* suivie de la *Bibliographie du
Calvaire,* dans le *Bull. de la Soc. d'Archéologie de la Drôme.* t. XV,
p. 224.

1516. *Juillet*. — Par lettres données à Lyon, François Ier confirme les privilèges et libertés des habitants de Romans. Il renouvelle cette approbation, le 16 octobre 1527, à Saint-Just près Lyon.

1517. *Mai 5*. — La peste qui, à diverses reprises, avait exercé ses ravages à Romans, se montre de nouveau. Les consuls demandent au juge de faire interdire les jeux de paume, de boules « et aultres jeux qui sont d'échauffe- » ment » (1).

1518. *Février 16*. — Le Conseil de la ville alberge à Pierre Duport et à Catherine de Metz, sa femme, la faculté de trouer le mur de l'ancien portail qui est à l'entrée de la rue de Pailherey, et d'y faire construire un arc de boutique.

1518. *Août 26*. — Pour implorer la miséricorde de Dieu, il est ordonné que l'on fera sept processions et que l'on célèbrera ensuite une grand'messe des Cinq Plaies : on y portera cinq flambeaux allumés.

1522. *Avril 6*. — Le Chapitre tient son assemblée à Peyrins, à cause de la peste ; il est de retour le 30.

1522. *Décembre 31*. — On avait placé les pestiférés dans l'hôpital de Pailherey. Sur la plainte des habitants du quartier de Saint-Nicolas, le Parlement ordonne de choisir un autre local. Les consuls achètent deux tènements de terre et de vigne, sur la rive droite de l'Isère, au mas des Hors. On y construit un hôpital et une chapelle, qui est bénite l'année suivante avec le cimetière.

---

(1) Voy. *Recherches sur les pestes de Romans du XIVe au XVIIe siècle* (Valence, Chenevier, 1879), p. 10.

Cet hôpital, dit des Infects, servit principalement pendant les épidémies de 1584, de 1630 et de 1720 (1).

1523. *Juin 21*. — Un arrêt du Parlement déboute Claude Thomé, juge de Romans, de la prétention qu'il avait d'assister aux comptes des consuls.

1523. *Juillet 29*. — Pour remédier aux fraudes commises par les meuniers, Guillaume de Gouffier, gouverneur de la province (2), permet d'établir un poids public pour les farines, et de percevoir le salaire d'une maille par quartal de blé. Par lettres du 21 février 1524, la régente approuve cet établissement et dit que le clergé ne sera pas obligé d'y faire peser ses farines.

1524. *Janvier 23*. — Dans une procession revenant de l'église des Cordeliers à celle de Saint-Barnard, les trois châsses des saints martyrs Séverin, Exupère et Félicien, portées par quatre jeunes gens laïques, bourgeois ou marchands de Romans, tombèrent dans la rue de la Saunerie et se brisèrent. Les reliques ou os, presque en poussière, se répandirent sur la terre. Cet accident fut attribué, non à la méchanceté, mais à la faiblesse des porteurs, trop jeunes pour ce fardeau. Les reliques furent précieusement recueillies et rétablies derrière le grand autel, près du vestiaire, du côté de l'Isère, où elles étaient auparavant.

---

(1) Ibidem, p. 11.

(2) Seigneur de Bonnivet, amiral de France, succéda à son fils Artus, le 27 septembre 1519. Il était fils d'Emeric et de Madeleine de La Fayette, fille de Gilbert, précédent gouverneur. Il fut aussi gouverneur du Languedoc, chambellan de Charles VIII et sénéchal de Saintonge. Tué devant Pavie le 24 février 1524.

1524. *Juin 26*. — Une montre ou revue des gentilshommes du Graisivaudan est passée à Romans par le vicomte de Clermont.

1525. *Février 7*. — Par un traité intervenu entre les consuls et les propriétaires des usines, au nombre de sept, le salaire des meuniers est fixé à six et sept livres par setier, c'est-à-dire à la vingt-quatrième de la Saint-Michel à l'Annonciation, et à la vingt-deuxième de l'Annonciation à la Saint-Michel.

1526. *Janvier 25*. — Une assemblée, réunie dans le couvent des Cordeliers et composée de 779 chefs de famille, vote la conservation du poids des farines, à la pluralité des suffrages. On commença, le 4 avril de cette année, la construction de la maison où fut placé le poids.

1526. *Décembre 22*. — Un arrêt du parlement permet aux consuls de Romans de visiter et de marquer les draps fabriqués dans la ville et de percevoir quatre deniers pour chaque pièce de drap.

1533. *Novembre 20*. — Sur l'annonce de la venue prochaine à Romans du roi de France, François Ier (1), des princes et d'une suite nombreuse, le conseil de la ville s'occupe sans retard d'arrêter le programme du cérémonial qu'on devra observer et des fêtes qu'on devra donner pour recevoir dignement ces hôtes illustres. L'exécution de ces dispositions est confiée à plusieurs commissaires : le juge Thomé (2) et le

---

(1) Il revenait de Marseille, où il avait été conclure le mariage de son fils aîné avec Catherine de Médicis, nièce du pape Clément VII.

(2) Claude, fils de Romain, docteur ès-lois, juge royal de Romans en 1509. Il eut ordre de François Ier, le 17 avril 1530, de poursuivre les Calvinistes qui s'assemblaient dans les environs de Romans. Il

médecin Roux sont chargés de haranguer le
roi et le dauphin, et Mᵉ Adam, régent des écoles,
de composer les inscriptions, devises et scènes
en vers.

Le programme fut exécuté de point en point,
à l'exception de ce qui concernait la reine et le
chancelier Duprat, qui se rendirent de Valence
à Tain, sans passer par Romans.

Les rues furent sablées, couvertes de tentes et
de guirlandes, les maisons tapissées ; à l'entrée
de chaque place il y avait des arcs de triomphe en
verdure ; sur la grande place, des estrades et un
château. L'artillerie tirait, les cloches sonnaient
en signe de réjouissance. On fit faire trois bâtons
couverts de velours pour présenter les clefs de
la ville au roi, et des dais pour conduire les
princes à leur logement, chez M. le doyen.

Le dauphin entra en ville le jeudi 20 novembre, à dix heures du matin. A son arrivée à la
porte du pont, il y eut une représentation composée d'un personnage (Apollon) tenant une
sphère et pronostiquant au prince qu'il comman-
derait aux trois parties du monde, lesquelles
étaient représentées par des dames de la ville,
savoir : l'*Asie*, par la femme de Jacques Conton,
accoutrée à la *turquoise* ; l'*Afrique*, par Jehanne
Paterne, accoutrée à l'espagnole ; et l'*Europe*,
par l'Anglancière, habillée à la française. Cha-

---

vendit sa charge à Antoine Guérin et devint conseiller au parlement
de Chambéry. Il fut marié, par contrat du 18 septembre 1513, avec
Louise Chastaing, fille de Girard, seigneur de la Sizeranne, et
d'Ennemonde Bermond. Il testa, en 1552, en faveur des hôpitaux de
sa ville natale et de Barbe Thomé, sa fille, qui fut la femme de
Joseph de Ventes, sieur de la maison forte de Montpensant.

cune, après une révérence, débita au dauphin le serment suivant.

ASIE.

Tant que le monde ci après durera
A lui, sans autre, l'Asie obéira.

EUROPE.

Si fera bien aussi semblablement
Toute l'Europe perpétuellement.

AFRIQUE.

L'Afrique aussi humblement lui présente
Tous corps et biens, comme pauvre servante (1).

Il y avait eu une autre représentation, celle d'une tour dans laquelle étaient des enfants habillés en maures et d'autres enfants placés en dehors qui donnaient l'assaut à ladite tour. Enfin une troisième série se composait de trois fées, nommées Mentho, Eglée et Ocyroë, représentées par les femmes de François Merlin, d'Antoine Bernard et de Nicolas Cloet, qui étaient habillées en bergères avec des chapeaux de pervenche et tenaient en main : la première, une branche de laurier, la deuxième, une palme, et la troisième, un rameau d'olivier.

Pour l'entrée du roi, qui eut lieu le même jour, à quatre heures du soir, on voyait Romus, représenté par Jacques Merlin, et Romans, par la Monier, fille de Symonet. La deuxième scène se composait de quatre personnages : *Eglise* (Jean Phelippote), *noblesse* (Jean Gontier), *marchandise* (Claude Deleusse) et *labeur* (Barthélemy Hastier).

---

(1) Le prince, à qui s'adressaient de si beaux pronostics et compliments, mourut le 10 août 1536, à Tournon, à l'âge de dix-neuf ans.

Le roi et les princes partirent le surlendemain, 22, pour « courre la saulvagine » dans les bois de Peyrins ; ils dînèrent à Montmirail et couchèrent à Saint-Antoine.

A l'occasion de ce séjour du roi de France à Romans, les habitants firent frapper une grande médaille en argent en l'honneur de François Ier et du dauphin (1).

1533. *Novembre 23*. — La duchesse d'Urbin, femme du duc d'Orléans, avec deux filles du roi et d'autres dames de la cour, arrivent à Romans, d'où elles repartent le lendemain pour aller rejoindre le roi. Elles étaient accompagnées du cardinal de Tournon et de M. de Grignan, chevalier d'honneur de ces dames.

1533. *Novembre 28*. — Le gouverneur du Dauphiné, François de Bourbon (2), vient à Romans pour y présider les Etats de la province. A son arrivée, il est complimenté, à la porte de Jacquemart, par une jeune fille (Claude Gastellet) qui sortait d'une rose. A la place de la Fontaine-Couverte, on voyait un homme (François Delacour) représentant le *Dauphiné*, et une jeune fille (Louise Mahé) faisant le personnage de *Liesse*, qui dirent des « dictons ». Aux coins des rues parcourues par le cortège, on avait placé de grands écussons aux armes des comtes de Saint-Pol.

La ville fit présent au gouverneur de six pièces

---

(1) Voy. GIRAUD, *Entrée de François Ier à Romans en M. D. XXXIII;* Valence, Chenevier et Chavet, 1873, in-8° ; et G. VALLIER, *Médailles historiques frappées en Dauphiné* (Bull. de la Soc. d'archéol. de la Drôme, t. VIII, p. 257).

(2) Comte de Saint-Paul, pourvu le 7 mai 1526, marié à Louise de Savoie.

de vin blanc et claret, de flacons d'hypocras, de six boîtes de dragées, chacune pesant deux livres, de douze torches de cire et de sept pièces d'or dans un filet d'argent, chacune de la valeur de 46 francs 75 c.

Aux Etats généraux se trouvèrent : l'évêque de Grenoble, plusieurs seigneurs et barons du Dauphiné, le président et quatre conseillers du parlement. Ces Etats durèrent quatre jours et prirent fin le 2 décembre.

1534. *Juillet 18*. — En vertu des lettres patentes données par François Ier, à Saint-Germain-en-Laye, le cardinal Leveneur, grand aumônier du roi (1), informé des abus et malversations commis dans les hôpitaux de Romans, donne pouvoir spécial au vi-bailli de Saint-Marcellin et aux deux premiers consuls de vérifier les titres de fondation desdits hôpitaux, de s'assurer si les statuts sont suivis, d'examiner les comptes depuis dix ans, de faire renouveler les inventaires. Les commissaires accompagnés du juge firent la visite des hôpitaux (2).

1538. *Décembre 17*. — François Ier, se trouvant à Romans (3), confirme l'arrêt du Conseil d'état entre cette ville et celle de Saint-Marcellin concernant le bailliage du Viennois.

1540. *Janvier 23*. — Une transaction est passée au château de Saint-Paul-lès-Romans

---

(1) Tous les hôpitaux du royaume relevaient en dernier ressort du grand aumônier du roi, François Leveneur, évêque de Lisieux, cardinal en 1533, mort en 1543.

(2) Voy. *Essais hist. sur les hôpitaux de Romans*, p. 48.

(3) M. Gustave VALLIER a décrit, dans le *Bull. de la Soc. d'Archéologie de la Drôme* (t. VIII, p. 267), une médaille de ce même roi frappée à Romans et qui porte le millésime de 1537.

entre Pierre Palmier, archevêque de Vienne (1)
et plusieurs habitants de Romans, terminant le
différend survenu entre le Chapitre, les consuls
et l'archevêque pour sa juridiction dans la ville.
Il y est dit qu'à l'avenir le prélat jouira, à son
passage, des droits attribués par la constitution
du pape Clément IV faite au concile de Vienne,
dans les lieux exempts de son diocèse, sauf pour
la première entrée, qu'il aura dans le chœur la
stalle la plus élevée et voix active et passive,
qu'il donnera la dispense des bans, que les chanoines, les prêtres habitués, et leurs officiers et
serviteurs seront exempts de sa juridiction.

1541. *Mai 19*. — Les habitants de Romans,
divisés en deux partis au sujet du consulat, en
viennent aux mains. Le parlement est obligé
d'interposer son autorité pour faire cesser ces
désordres. Il envoie M. Mulet, conseiller, en qualité de commissaire. Le 14 août, il compose le
conseil municipal de quatre consuls et de quarante notables. Il défend à tous autres de s'im-
miscer dans l'administration et, pour écarter les
perturbateurs étrangers, il permet de fermer les
portes de la ville lors de l'élection des consuls :
précaution qu'on a conservée jusqu'à la révolution de 1789.

1542. *Janvier 19*. — Le Chapitre hommage
à la Chambre des comptes, et déclare vouloir
tenir du dauphin la directe seigneurie du château et mandement de Pisançon.

---

(1) Pierre IV, doyen du chapitre, fit son entrée le 28 octobre 1528 ;
il montra du zèle pour le rétablissement de la discipline, l'extinction
de l'hérésie et l'impression des livres liturgiques ; il mourut le
2 décembre 1560.

1542. *Juin 23*. — Les consuls, à bout de ressources, s'adressent au Chapitre, lui demandant pour le soulagement des pauvres le quart de ses revenus ecclésiastiques. Après de longues plaidoiries, le parlement ordonne que les chanoines feront *aparoir* des charges ordinaires de leur église et que, par provision, ils fourniront tous les ans aux pauvres la somme de cent livres, à la distribution de laquelle somme les consuls seront appelés.

1542. *Juillet 5*. — Un arrêt du parlement réglemente la tenue des assemblées consulaires et générales de la ville de Romans et nomme M. Ennemond Mulet de Saint-Marcel, conseiller, pour faire exécuter cet arrêt (1).

1542. *Novembre 9*. — Afin de faire cesser tous procès, les consuls achètent de François du Puy (2) le *poids des marchands* au prix de : 1° 200 écus d'or, 2° une pension de 8 écus envers Nicolas Mistral, chanoine de Valence, 3° une autre pension de 10 écus au profit du recteur de la chapelle de Sainte-Catherine de Moras.

1542. — Les nouvelles doctrines religieuses venues d'Allemagne, adoptées à Genève, prêchées par Calvin, communiquées en secret dans nos contrées, commencent à se manifester au dehors par le mépris des choses saintes. La population s'émeut de ces scandales et force l'autorité à les réprimer (3).

---

(1) Voy. nos *Institutions municipales de la ville de Romans*, 1873, p. 13.

(2) *De Podio*. On trouve cette famille possessionnée à Peyrins dès le XIᵉ siècle. Elle avait acquis du Chapitre le monopole du poids des marchands.

(3) Voy. nos *Annales de la ville de Romans pendant les guerres de religion de 1549 à 1599*; Valence, Chenevier, 1875.

1543. *Avril 28*. — Le duc d'Estouteville, gouverneur du Dauphiné (1), mande au juge de Romans de mettre à exécution les privilèges de cette ville en ce qui regarde l'exaction des personnes et de ne point donner des lettres de *pareatis*.

1546. *Juin 7*. — Une sentence arbitrale règle, après de longs débats, l'administration de l'hôpital de Sainte-Foy. Elle se composera à l'avenir d'un recteur, de deux commis nommés par le Chapitre, de deux notables députés par la ville et d'un procureur des pauvres élu par le conseil. Cette organisation s'est maintenue jusqu'en 1792 (2).

1547. *Avril 13*. — Les consuls de Romans donnent procuration à deux avocats de soutenir devant le vicaire général de Valence un monitoire contre les chenilles, verpillières, rats et autres animaux nuisibles, et de demander contre ces bêtes des lettres de malédictions, en leur offrant, pour s'y retirer, un champ de 30 setérées, près du Chasse (3).

1547. *Octobre 15*. — Les consuls Bernardin Guigou, Antoine Bourguignon, Augustin Lorette et Jean Manègre, en présence du juge royal et du procureur du roi, vendent aux enchères l'ancien hôpital du Colombier, situé à la Villeneuve, alors en ruines. Hector Fromel dit Ranez, drapier, demeure acquéreur moyennant 34 florins

---

(1) François, comte de Saint-Paul, originaire de Normandie, fut nommé en 1537.

(2) Voy. *Essais hist. sur les hôpitaux de Romans*, p. 50.

(3) Voy. GIRAUD, *Procédure contre les chenilles et autres animaux nuisibles*, dans le *Bull. de la Soc. d'Archéol. de la Drôme*, t. Ier, p. 100.

de pension, laquelle fut cédée, le 19 mai 1577, à l'Aumône générale (1).

1549. *Août 20.* — Sur l'avis donné par les Pères Cordeliers et par les consuls Gaspard Coste, François-Raymond Merlin, Jean Thomé et Jean Besson, que l'hérésie se glissait parmi les habitants de Romans, le parlement commet Jean Baronnat, conseiller, pour informer contre les nouveaux contempteurs de la foi catholique qui pourraient se trouver dans les villes de Romans et de Montélimar.

1549. *Décembre 3.* — Lorsque le conseiller Baronnat vint à Romans, la femme Colombier, qui lui avait été dénoncée, se réfugia à Genève, d'où elle écrivit plusieurs lettres contenant des propositions hérétiques. Le parlement la condamna à être brûlée vive sur la place publique de Romans, un jour de marché. L'exécution eut lieu en effigie.

1549. *Décembre 6.* — En vertu de sa commission, le conseiller Baronnat fait prendre au corps Antoine Tavernal et Jeanne Malhète, mariés. Des consuls et des habitants de la ville se joignent au procureur général et se portent partie civile contre les inculpés. On avait trouvé dans leur maison d'habitation le *Catéchisme de Genève*, par Calvin, et le livre dit la *Forme des prières ecclésiastiques avec la manière d'administrer les sacrements*, etc., livres réprouvés comme renfermant des maximes hérétiques. En conséquence, la cour a condamné Jeanne Malhète

---

(1) L'emplacement de cet hôpital avait été prêté à la ville, au XIVᵉ siècle, par le recteur de l'hôpital de Sainte-Foy, pour y placer des pestiférés.

à suivre, pieds nus et tenant une torche ardente du poids de trois livres, la procession déjà ordonnée par un arrêt précédent contre Loyse Arnaude, dite Gavanette. Cette procession part de l'église de Saint-Barnard et se rend au Mont-Calvaire. Jeanne Malhète doit assister à la messe qui là se dira et à l'amende honorable de la dite Gavanette, et mettre ensuite le feu à un fagot de bois sur lequel seront brûlés lesdits livres, disant qu'elle demande pardon au roi et justice, et lui a défendu ladite cour de dorénavant tenir semblables livres et autres réprouvés, et d'enseigner, aucunes filles, sous peine de la hart.

Par le même arrêt, ledit Tavernal est condamné à la même peine, à dix livres d'amende et aux frais, ainsi que Jean Convers dit Chanat, meunier, pour « avoir follement, témérairement et indiscrètement parlé des images faictes pour la représentation des saincts et sainctes du paradis. »

1550. *Février 20*. — Le prédicateur de la ville déclare à l'assemblée municipale qu'il se tient beaucoup de discours contre la foi. Il appelle sur ce danger toute la vigilance de l'autorité.

1551. *Octobre 1er*. — Quelques ecclésiastiques s'étant fait payer des salaires extraordinaires pour l'administration des sacrements, la ville est dans l'obligation d'avoir recours au gouverneur, au roi même et à son conseil pour réprimer cet abus.

1551. *Décembre 15*. — Le prédicateur de la ville est accusé d'avoir avancé en chaire quelques propositions qui étaient contre la foi. On se saisit de sa personne et il est mis entre les mains du vi-bailli de Saint-Marcellin, pour en informer.

1555. *Mai 23*. — Une assemblée générale

tenue à l'Hôtel-de-Ville aprouve la commutation de l'aumône annuelle en une aumône de chaque dimanche, en respectant celle de Perrot de Verdun. On réunit à cette œuvre charitable la *donne* de Saint-Romain, le revenu de l'hôpital de Pailherey, celui de l'abbaye de Bongouvert et des confréries. L'aumône ainsi arrêtée commença le dimanche suivant dans la chapelle de l'hôpital (1).

1555. *Octobre*. — L'archevêque de Vienne, Pierre Palmier, assemble le Chapitre et lui demande si quelques-uns de ses sujets, dans la ville de Romans, sont enclins aux idées de l'hérésie nouvelle. Les chanoines répondent qu'ils n'en savent rien, mais que les curés, qui administrent les sacrements aux habitants, pourront lui donner les renseignements dont il a besoin.

1556. *Mars 17*. — Le baron de Clermont, lieutenant du Dauphiné (2), vient à Romans. La ville lui offre, suivant un antique usage, un tonneau de vin claret et un tonneau de vin blanc.

1556. *Mars 24*. — La ville fait don au roi de 40 quintaux de salpêtre.

1556. *Avril 12*. — Par un édit de mars 1554. Henri II avait supprimé la monnaie de Romans. Des commissaires viennent dans cette ville et y procèdent à la clôture de l'hôtel des monnaies, en présence du juge royal et des consuls, de Soffrey Clot, garde, Jean Chabert, essayeur, et

---

(1) Voy. *Essais hist. sur les hôpitaux de Romans*, p. 220.

(2) Antoine, grand maître des eaux et forêts, pourvu le 10 février 1554 ; il fut aussi gouverneur de la Savoie. Marié à Françoise de Poitiers.

François Delacour, prévôt. Ils ordonnent aux
consuls de faire briser les instruments servant à
la fabrication et de veiller à ce qu'il ne se
fabrique plus à Romans, ni pièces d'or ni pièces
d'argent ni de billion.

1556. *Octobre 8.* — Les religieux de la
Grande-Chartreuse offrent aux consuls de Romans
de leur prêter une somme de 2,000 écus, à raison
d'une rente à 5 pour cent.

1558. *Avril 23.* — Les commissaires du roi
vendent à Humbert Bertrand, seigneur de Vati-
lieu, les 46 ducats et 1/2 de la pension due au roi
pour les libertés de la ville de Romans.

1558. *Octobre.* — On avait fait plainte à
M. de Thiers, grand vicaire de l'archevêque de
Vienne, de ce que deux habitants de Romans,
s'étant trouvés à Beaurepaire, avaient tenu des
discours contre la foi. Le grand vicaire prie les
autorités de la ville d'engager ces habitants et
autres à s'abstenir de semblables discours. Les
inculpés ayant été appelés au conseil, dirent
n'avoir point tenu les propos qu'on leur reprochait.

1559. *Mars 25.* — Le juge de Romans,
Charles Veilheu (1), fait connaître à l'assemblée
que « certains séducteurs et dogmatisants parcourent la ville avec des arquebuses, pistolets et
longs bois ». Il a fait, en conséquence, interdire
le port d'armes.

---

(1) Charles Veilheu, juge ordinaire à la part du Chapitre, d'une
famille originaire de Clérieu, anoblie en 1546 en la personne de
Claude Veilheu, lieutenant au bailliage de Saint-Marcellin, ensuite
conseiller au parlement. Il fut emprisonné le 18 mars 1575, à cause
du retard de la ville dans le paiement des tailles, dont il était respon-
sable.

1559. *Avril 22*. — Le parlement écrit aux consuls pour leur annoncer la conclusion de la paix (de Cateau-Cambrésis). Il les invite à célébrer cette heureuse nouvelle par une procession générale et un feu de joie.

1560. *Mars 16*. — Les consuls, « voyant les progrès, les insolences et les débordements hérétiques », envoient un député au parlement de Grenoble pour donner avis de séditions qui troublent la ville, et afin qu'il lui plaise d'y mettre ordre par son autorité.

1560. *Mars 25*. — Suivant l'usage, on élit ce jour-là les nouveaux consuls. Le choix se porte sur Jean de Solignac, sieur de Veaunes (1), Jean Berger, Augustin Lorette et François Varlet. A la fin de la séance, le juge Veilheu, qui présidait, remontre « qu'on ne pouvait pas ignorer le trouble qui estoit dans la ville, provenant de certains séditieux qui se bandoient contre l'autorité du roi et de sa justice, faisant la nuit des assemblées pour faire prescher une nouvelle doctrine, contre les défenses du roi et du parlement publiées à son de trompe, sous peine de punition corporelle et de confiscation des biens : partant « requiert et somme les membres de « l'assemblée de se déclarer et de dire s'ils

---

(1) Jean de Fay de Solignac, sieur de Veaunes, écuyer, descendait d'une ancienne famille du Vivarais qui se fixa dans les environs de Romans au XIVᵉ siècle. Il fut plusieurs fois consul, en septembre 1572 gouverneur de Romans, et député aux Etats de la province et auprès des gouverneurs pour les affaires de la ville. Il était très zélé catholique, et se plaignit aux autorités des violences exercées par les protestants. Il eut, de Françoise Payn trois enfants, savoir : 1° Antoine, qui sera mentionné ; 2° Justine, qui épousa Antoine-Pierre d'Alpignac ; et 3° Jean, sieur de Charmes et de Veaunes.

« entendent demeurer bons et loyaux serviteurs
« du roi et obéir à justice, prestant main forte
« pour punir les rebelles et contrevenants. »

Ce discours et cette sommation ouïs, toute
l'assemblée répondit d'un commun accord que,
pour l'honneur de Dieu et le service du prince,
ils étaient prêts à exposer leurs personnes et
leurs biens : en foi de quoi tous lèvent la main.

1560. *Avril 1er*. — L'assemblée de la ville,
instruite que « des étrangers rebelles et sédi-
« tieux se jactaient de vouloir saisir des églises
« de la ville pour y faire prescher publiquement
« leurs ministres, qu'ils ont fait venir de Genève,
« et davantage de mettre des forces dans la
« ville par eau et par terre, pour les favoriser
« et les faire forts ; » il est décidé qu'on parlera
aux principaux auteurs de la sédition pour les
engager à se retirer ; que cependant on atta-
chera tous les bateaux, à moitié pleins d'eau, le
long du quai de Saint-Barnard, et qu'on dépê-
chera vers le gouverneur et le parlement pour
obtenir aide et conseil, ainsi que l'autorisation
de porter des armes.

1560. *Avril 11.* — Le comte de Clermont
envoie le baron de Vinay à Romans « pour commander et gouverner la ville durant les troubles
qui se font aujourd'hui sous prétexte de la religion. » Dès son arrivée, M. de Vinay met des
gardes aux portes de la ville, pose des senti-
nelles dans les tours et s'assure de sa compagnie
de soldats pour, en cas d'émeute, arrêter les
rebelles. Suivant la demande du gouverneur, la
ville accorde à son commandant et à sa suite le
logement, les vivres et les ustensiles.

1560. *Avril 17.* — François de Saint-Paul,

venu de Montélimar, prêche le premier dans Romans les nouvelles doctrines. Il est appuyé par Michel et Jacques de Fay de Changy, et par la noblesse des environs.

Il se loge au couvent des Cordeliers, dont il occupe la chaire « avec des applaudissements presque universels. » Les Calvinistes se rendent aussi maîtres de l'église de Saint-Romain. Ils y firent depuis l'exercice de leur religion, et ils s'assemblaient publiquement et armés.

1560. *Avril 18*. — Dans une assemblée tenue en présence de M. de Vinay, de M. de Fabri, conseiller au parlement, et de M. Garagnol, juge royal (1), M. de Vinay dit qu'il s'est efforcé de tout son pouvoir de faire cesser le trouble qui est aujourd'hui dans la ville. Des réunions nocturnes avec port d'armes ont eu lieu, malgré les défenses du roi. Les séditieux n'ont pas voulu se retirer, quelques prières et remontrances qu'il leur ait faites ; tellement que, pour sa décharge, il est d'avis d'envoyer un gentilhomme au comte de Clermont et au parlement pour demander aide et conseil. L'assemblée désigne M de Solignac de Veaunes, premier consul, pour se transporter à Grenoble avec le gentilhomme que choisira M. le baron de Vinay.

1560. *Avril 20*. — Le roi, étant averti de ce qui se passait à Romans, envoie aux consuls une lettre dans laquelle il fait entendre à son

---

(1) Antoine de Garagnol, licencié en droit, juge royal de Roman en 1546. Ayant été guéri miraculeusement, il fit reconstruire à ses frais, en 1583, le sépulcre du Calvaire, qui avait été ruiné par les Calvinistes. Il laissa : 1° Antoine, qui fut bailli de Saint-Marcellin et anobli en 1605 2° ; Françoise, qui fut la femme d'Antoine Guérin ; 3° Sébastienne, mariée à Alexandre de Valernod.

peuple le déplaisir qu'il a de voir qu'il a fait des entreprises et élevé des armes contre lui et sa maison, sous prétexte de religion, déclarant que, pour faire cesser la rébellion qui se présente aujourd'hui contre sa majesté, il veut qu'on coure sus aux séditieux comme ennemis de l'Etat et perturbateurs du repos public. L'assemblée décide que, pour obéir au roi, on empruntera telle somme nécessaire pour couvrir les dépenses, et qu'on priera M. de Thiers, qui a prêché le carême, de continuer ses exhortations « grandement nécessaires pour calmer les esprits. »

1561. *Avril 25*. — Trois batelées des plus séditieux descendent à Valence pour rejoindre le baron des Adrets.

1561. *Avril 30*. — Les consuls rappellent les grandes dépenses que nécessite la fourniture des vivres pour M. le baron de Vinay, sa nombreuse suite et les garnisons qu'il a mises aux portes et dans les tours de la ville. Ils ajoutent qu'ils ont reçu des commis du pays avis que M. de Clermont demande la somme de 4,000 livres pour mettre sur pied sa compagnie.

Sur les réclamations des consuls, M. de la Motte-Gondrin, qui résidait à Valence, les déchargea des deux tiers de la compagnie de M. de Clermont, et leur enjoignit de tenir la main à ce que les séditieux ne fissent aucune assemblée ni prêche, et que, s'ils désobéissaient, on les punit « en les jetant à l'eau. »

1561. *Juin 1er*. — Une commission du parlement, composée de M. Truchon, premier président, et des conseillers Laurent Rabot, Jean du Vache, Fabri, André Ponat, Aimar Rivail,

Dugua, Laubépine et Rostaing, fut envoyée pour faire le procès à des séditieux arrêtés à Valence et à Montélimar. Après avoir prononcé plusieurs condamnations capitales dans la première de ces villes, les commissaires se rendent à Romans, où ils font arrêter une soixantaine de personnes qui avaient facilité l'entrée de la ville par des échelles à ceux qui venaient au prêche. Ils condamnèrent les ministres Soulas et Lancelot à être décapités comme chefs de la sédition ; Marquet, blanchier, et le châtelain de Soyons à être pendus, ainsi que Robert, qui avait logé le ministre, et Mathieu Rebours, pour avoir gardé le temple avec des armes. Un portefaix nommé Chevillon fut fustigé et envoyé aux galères. Les autres furent mis en liberté, après avoir passé quelques jours en prison

1561. *Août 31.* — Le juge Veilheu, voyant la négligence des consuls, les somme de faire exécuter les règlements. Alors on commit Bernardin Guigou (1) et Antoine Gontier (2), capitaines de la ville, pour y tenir la main ; et, comme les soldats de la compagnie de M. de Vinay manquaient d'armes, la ville leur fournit trente piques. Elle avança aussi de l'argent pour leur paye et fit réparer les tours et les murailles.

1561. *Octobre.* — On s'aperçut qu'il se glis-

---

(1) D'une très ancienne famille de Romans, qui a fourni la branche de Chapolay, dont plusieurs membres ont été auditeurs des comptes et trésoriers de France. Bernardin Guigou, marchand, deux fois consul, n'eut qu'une fille, qui épousa, le 22 mars 1589, Jean Collet d'Anglefort, avocat.

(2) Antoine Gontier, consul et capitaine de la ville, était un riche marchand qui, sans enfant de Félise de Poterlat, laissa, par testament du 4 janvier 1564, tous ses biens à l'Aumône générale.

sait insensiblement des étrangers dans la ville, sous prétexte de passage. Ce danger obligea de renouveler les gardes des portes et de sommer les hôteliers de faire rapport de la quantité et de la qualité des personnes qu'ils logeaient.Néanmoins toutes ces précautions ne contenaient point les rebelles : quand ils ne pouvaient pas s'assembler dans la ville, ils le faisaient dehors.

La Motte-Gondrin, ayant eu avis que les Huguenots se réunissaient à Romans, avec la tolérance des autorités, passe l'Isère à Châteauneuf, avec une compagnie de gens à cheval, et se rend au Mont-Calvaire. Il fait appeler Antoine Guérin, lieutenant du juge royal (1), qui lui apprend que les hérétiques sont au prêche. Ce seigneur se fait conduire à la maison où se tient l'assemblée, dans le dessein d'y mettre le feu ; mais, avertis, les disciples de Calvin s'évadent par une porte secrète. La maison fut ruinée et La Motte-Gondrin retourna à Valence

La chambre des vacations du parlement écrit aux consuls d'empêcher les assemblées, à peine de leur propre vie. Ils représentèrent que, n'ayant pas la permission de porter les armes, on voulut bien leur prescrire la conduite qu'ils avaient à tenir.

1561. *Novembre 11.* — La Motte-Gondrin vient à Romans, où il est reçu avec tous les honneurs dus à son rang de lieutenant-général

---

(1) Antoine Guérin, docteur-ès-lois, lieutenant en la judicature en 1559, juge royal en 1562, en remplacement d'Antoine Garagnol, son beau-père, fut anobli par Henri III en octobre 1581. Il laissa trois enfants : 1° Henri-Antoine, qui lui succéda ; 2° Laurence, religieuse à Montfleury ; 3° Justine, qui fut mariée à Pierre Bochard. Cette famille devint plus tard célèbre sous le nom de Guérin de Tencin.

de la province (1). Il séjourne dans cette ville jusqu'au mois de janvier.

1562. *Janvier 21*. — Le F. Antoine Tasche, gardien du couvent des Cordeliers, écrit aux consuls pour les avertir qu'il a été menacé par « certains séditieux, turbulents, gens de bas état et infâme condition, » que, cette nuit, ils s'empareraient du couvent, que l'on mettrait dehors lui et les frères religieux ; qu'ils avaient frappé un nommé Jean, frère lai, et troublé les offices en venant dans l'église battre du tambourin. Il requiert MM. les consuls de leur vouloir envoyer des gens pour les garder, et fournir des armes pour résister aux entreprises dont ils étaient menacés, et de tenir en sûreté leurs meubles et joyaux.

Le conseil conclut que le sieur Servonnet, consul (2), se retirera par devers le gardien et lui fera réponse qu'il prendra volontiers, comme consul, les meubles et joyaux et lui en baillera acquit pour en après être remis céans. Quant à lui fournir des armes, que par les édits le port des armes est prohibé à toutes manières de gens, n'empêchant que pour sa sûreté ledit gardien ne se fasse fort de tels personnages qu'il voudra élire et choisir.

1562. *Janvier 23*. — La hardiesse des rebelles en vint au point d'aller assaillir le lieutenant général au logement qu'il occupait dans la maison habitée par M. de Vinay, gouverneur

---

(1) Hector de Pardaillan, seigneur de Gondrin, pourvu en 1561. Il était fils d'Hector de Pardaillan et de Paule d'Espagne, dame de Montespan.

(2) Pierre Servonnet, marchand, marié à Elisabeth du Soleil.

de la ville. Voici le récit d'un contemporain (1).

« M. de La Motte-Gondrin fit appeler un jour quelques-uns de ceux qu'on soupçonnoit avoir du pouvoir sur le peuple pour l'ameuter. Aussitôt le bruit courut dans la ville qu'on avait de mauvais desseins contre eux. En peu de temps il s'assemble, autour de la maison de M. de La Motte-Gondrin, cinq à six cents huguenots, faisant un grand tumulte. Ce seigneur sortit et demanda ce qu'ils désiraient. Quelqu'un de la troupe commença à tirer des pierres contre lui et ses gens. Ces premières pierres furent suivies d'une infinité d'autres, qui blessèrent quelques gentilshommes de la suite de M. de Gondrin. Lui-même fut rudement frappé..... Il s'ôte promptement de l'émotion et se resserre quelques temps dans son logis, et puis, le même jour, monte à cheval avec ses gens et s'en retourne à Valence. »

Le corps de la ville, immédiatement assemblé, déclare qu'il est « grandement déplaisant et marri des troubles, scandale et désordre advenus dans la ville. » Il requiert le procureur du roi d'en faire information et poursuite, pour la vérification et punition dudit délit. Il prie M. de Veaunes d'aller faire les excuses de la ville audit seigneur, et de lui faire entendre que les turbulents ne sont ni domiciliés ni connus.

1562. *Janvier 26.* — Le capitaine Boulogne, gentilhomme de la maison de M. de La Motte-Gondrin, vient, de la part de celui-ci, donner

---

(1) M. de Beauséjour, qui possédait à Romans la propriété sur laquelle a été construite l'abbaye de Saint-Just, occupée depuis 1804 par la Congrégation du Saint-Sacrement.

l'assurance qu'il veut « traiter la ville humainement et faire rendre justice, garder les bons de l'oppression des mauvais, pourvu que la ville se mette en devoir de prendre des informations de l'émotion, agression et sédition commise et faire punir les délinquants. »

Il est répondu que la ville remerciait très humblement ledit seigneur de sa bonne volonté, et qu'elle ferait tout son possible pour connaître et faire punir les coupables. Elle nomme, pour en informer, MM. Antoine Guérin, lieutenant du juge, et Michel Thomé, procureur du roi (1).

1562. *Février 3*. — Le procureur du roi fait connaître à l'assemblée de la ville le rapport qu'il a adressé à Grenoble. Il annonce que le parlement a envoyé une commission pour informer sur le fait de la sédition qui a eu lieu le 23 janvier dernier. Il prévient que la ville fera les frais sauf à les répéter contre ceux qui seraient reconnus coupables. Enfin, sur la proposition du juge royal, l'assemblée désigne Michel Thomé pour aller en toute diligence défendre, auprès du roi et de son conseil, l'innocence de la ville de Romans.

1562. *Mars 22*. — Les calvinistes, avant

---

(1) La famille Thomé est une des plus anciennes maisons de Romans. Elle s'est établie à Grenoble, à Lyon, à Paris et dans le midi du Dauphiné. Elle a fourni des hommes distingués dans la magistrature. Michel Thomé, fils de Romain, notaire et greffier de la cour commune, était seigneur de Sablière et coseigneur de Barcelonne, docteur en droit. Il montra beaucoup de fermeté dans ses fonctions de procureur du roi pendant des moments fort difficiles. Il occupa ensuite le siège de procureur du roi à Saint-Marcellin. Devenu conseiller au parlement par lettres du 30 novembre 1569, il vint à Romans le 12 mai 1579, au nom de Maugiron, lieutenant général. Il décéda en 1586.

d'entrer au prêche, le jour des Rameaux, vont mettre le feu aux trois croix du Calvaire. La tradition rapporte qu'ils firent usage d'un feu « qui brûlait même la pierre. »

1562. *Mars 25.* — Le consul Servonnet informe le conseil que, conformément à la délibébération du 21 janvier dernier, « il a retiré du gardien du couvent des Cordeliers certains reliquaires et ornements d'église, desquels, comme consul, il s'est chargé et a baillé acquit audit gardien, et qu'il a remis au comptoir de la présente maison consulaire et dont il demande à être déchargé. »

1562. *Avril 9.* — Les consuls portent à la connaissance du conseil que le second jour de Pâques dernier, il s'est fait une assemblée de gens étrangers en la grange de Claude Mosnier, seigneur de Rochechinard (1), en laquelle prêcha un ministre conduit par le seigneur de Parnans. Ils concluent qu'il est urgent de mettre des gardes aux portes de la ville, pour en interdire l'entrée audit ministre, et de subroger, au lieu du sieur Gontier, l'un des quatre capitaines, Antoine Coste (2), qui choisira son lieutenant.

1562. *Avril.* — La Motte-Gondrin revient à Romans. Il fait trancher la tête au ministre

---

(1) Fils d'autre Claude, sergent a Rochechinard, qui acquit cette seigneurie en 1540. Il eut de Françoise Guérin un fils nommé Romain.

(2) La famille Coste, qualifiée noble dès le XIVe siècle, a fini par Jacques Coste, comte de Charmes, dont la sœur, Anne-Françoise, épousa Alexandre Béranger, seigneur du Gua. Antoine, fils d'autre Antoine et de Marguerite Merveilloux, fut envoyé par la ville à Grenoble pour y saluer d'abord Laurent de Maugiron et après le duc de Mayenne. Il fut inhumé dans une chapelle de l'église des Cordeliers qu'il avait fait réparer.

Duval. Il attire, par surprise, Louis Gay, châtelain de la Côte-Saint-André, le fait mourir et suspendre son cadavre aux fenêtres de son logis. Il rentre à Valence, où les soldats du baron des Adrets lui font subir la même mort, le 27 avril.

1562. *Avril 29*. — Le baron des Adrets dépêche un gentilhomme qui, quoique arrivé sur le tard, va directement à la maison du premier consul pour lui signifier les ordres dudit baron. Le conseil, n'ayant pu être réuni dans la soirée, fut assemblé le lendemain. Aussitôt parut le député du baron des Adrets, accompagné de plusieurs séditieux, qui, se prévalant de l'étonnement qu'il avait produit, prit une plume et du papier et écrivit ce qui suit :

« Je, Gabriel de Cassard, ay commandement de M. des Adrets, gentilhomme de la chambre et lieutenant de M. de Guise au gouvernement de Dauphiné, de faire mettre les reliquaires de Saint-Barnard et des autres églises de cette ville de Romans entre les mains de messieurs de la ville, pour en rendre compte toutes fois et quantes qu'ils en seront requis par commandement du roi, aux personnes qui seront déléguées par Sa Majesté, et commandement de prendre les armes qui seront trouvées aux maisons de ceux qui ne sont pas de l'église nouvellement réformée et autres armes que je trouverai, de m'en saisir pour le service du roi, comme la nécessité nous presse pour aller tirer notre roi et la reine-mère hors de prison, et que les clefs des portes de la ville soient baillées entre les mains de deux consuls, et qu'il veut qu'on fasse le prêche aux Cordeliers. »

Messieurs de la ville répondent que là où il

apparaîtrait en bonne forme de la commission de M. de Cassard et du pouvoir allégué du sieur des Adrets, l'on suivrait la volonté du roi en s'en tenant à ses édits.

A son tour, Michel Thomé, procureur du roi, remontre que, par les édits du roi et la police observée dans la ville de Romans, les gens de la religion prétendue, pour lesquels ledit sieur de Cassard dit parler, n'ont aucun sujet de se plaindre, lorsqu'il leur est loisible de s'assembler hors de la ville : Ce n'est pas à eux à faire de telles demandes, ajoute-t-il, et il somme ledit sieur de Cassard et ceux de sa suite d'observer les édits et commandements du roi, et de ne rien entreprendre sur les magistrats et officiers de Romans. A quoi ledit sieur de Cassard répondit qu'il ne voulait point diminuer l'autorité de la justice, mais qu'il fallait que ce qu'il avait proposé se fît. Le sieur Thomé et les gens de l'assemblée soutinrent, au contraire, qu'ils ne le feraient pas, et le conseil se retira.

1562. *Mai 1ᵉʳ*. — Considérant les troubles et désordres qui arrivent dans la ville par des hommes armés qui cherchent à intimider les gens de justice, et le départ de M. de Vinay, gouverneur de Romans, l'assemblée, sur la proposition de M. Thomé, procureur du roi, décide que M. Gaspard Jomaron (1), deuxième consul,

(1) Plusieurs fois consul et député de la ville vers le duc de Mayenne. Le 17 février 1580, il fut arrêté à Grenoble et enfermé à la Porte Traine, à la requête de M. de Blanier, comme caution d'une dette de 2,000 livres de la ville de Romans. Il fut mis en liberté sous la garantie de M. du Vache. Il devint, en juillet 1591, conseiller du roi, contrôleur des guerres et des finances en Dauphiné. Par lettres patentes du 24 novembre 1592, le roi lui accorda les mêmes exemp-

ira trouver M. Ennemond Odde (1), seigneur de de Triors, « voysin et singulier amy de la communauté, pour le prier de prendre la charge de la tuition de la ville et ordonner tel règlement de police qu'il conviendra pour le repos et la tranquillité du public, le tout sous le bon plaisir du roi et de la cour du parlement. »

1562. *Mai 2.* — M. de Triors vient à Romans et déclare à l'assemblée que de tout temps il a porté bonne volonté à ladite ville, et qu'il l'a défendra de tout son pouvoir, acceptant la charge qu'on lui a offerte.

Cette nomination fut approuvée par le baron des Adrets et homologuée par le parlement. La ville pourvut de tout son nouveau gouverneur et mit 300 hommes sous ses ordres.

1562. *Mai 4.* — M. de Triors informe les consuls qu'il lui a été commandé de se saisir des reliquaires des églises de cette ville, d'en faire faire inventaire et de les remettre sous la garde des autorités municipales (les gens d'église, dit-il, ayant peu de moyens de les garder) et jusqu'à ce qu'il en soit autrement ordonné par le roi.

Les consuls consentent dans ces termes à se charger des reliquaires des églises et à les déposer dans le *comptoir* de la maison consulaire.

---

tions que les nobles : au reste, il fut anobli par lettres patentes du mois d'août 1603. Il laissa de Suzanne du Chastel deux fils : Jean et Ennemond.

(1) La seigneurie de Triors fut achetée, le 2 octobre 1515, devant M⁰ Lacombe, notaire de Saint-Marcellin, par noble Jean Odde, de Charles de Chaste, moyennant 907 florins et 306 écus d'or. Ennemond était fils d'Abraham Odde. Il mourut en 1572, laissant à lui survivant Gabriel, Claude, Jean, Humbert, Marc-Antoine, Abraham, Daniel, Antoinette, Gabrielle et Charlotte, ses enfants, héritiers de feu noble Jean par portions égales. Cette succession comprenait des biens assez considérables à Saint-Nazaire.

1562. *Mai 7*. — Les consuls exposent que, suivant la conclusion des gens du conseil ordinaire de cette ville et commandement de par le roi qui leur a été fait, ils ont retiré en la maison consulaire les joyaux et reliquaires de l'église Saint-Barnard, exprimés dans l'inventaire qui en a été fait par le secrétaire du Chapitre et celui de la ville (1), en présence et assistance du sieur de Triors, des chanoines et autres habitués de l'église. L'assemblée approuve ce qu'ont fait les consuls.

1562. *Mai 16*. — Les religieux du couvent des Cordeliers et ceux du Mont-Calvaire ayant quitté leurs maisons, où ils étaient chaque jour molestés et menacés, l'assemblée décide que les consuls nommeront des personnes pour veiller à la conservation des biens desdits couvents et en feront faire un inventaire.

1562. *Mai 18*. — M. de Triors représente que ceux de l'église réformée de cette ville ont souffert, pour la poursuite de l'établissement de leur religion, de grands frais et d'insupportables charges, dont ils demandent à être remboursés.

L'assemblée municipale répond, que pour obéir aux ordres du roi, les habitants de cette

---

(1) Denis Mahé, notaire et secrétaire de la ville dès 1511, épousa Marguerite Anglancière, qui lui donna une fille et un fils : 1° Loïse, qui figura le personnage de *Liesse*, à l'occasion de l'arrivée à Romans, le 28 novembre 1533, de François de Bourbon, gouverneur du Dauphiné ; 2° Antoine, aussi notaire et secrétaire de la ville, dont la fille Denise, née le 16 février 1533, inspira « un amour pur, spirituel et platonique » à un gentilhomme charolais, Guillaume des Autelz, alors qu'il étudiait le droit dans l'université de Valence. Il célébra la personne qu'il adorait dans une centaine de sonnets, dont le dernier est un *Adieu à sa sainte et à ses amis de Romans* (Lyon, Jean Temporal, 1553, in-12).

ville, de l'une et l'autre religion, ne feront qu'un corps et supporteront les mêmes charges en commun ; que les consuls feront rembourser sur les premières tailles le prix des armes, à mesure que ceux de la religion en feront la remise dans l'arsenal de la ville, et que, quant aux autres pertes, comme chacun en a essuyé, il n'y a pas lieu à indemnité.

1562. *Mai 28*. — Dans l'assemblée générale de la ville, neuf députés du consistoire présentent les demandes suivantes :

« 1. Premièrement, qu'on mette sur tout le corps de la ville une cote générale pour satisfaire à ce qui sera nécessaire, tant pour la subvention promise au roi par ceux de ladite église, que pour l'entretènement des ministres, tant du passé que pour l'avenir. (Répondu : Il a été pourvu à cet article par l'assemblée.)

« 2. Item, pour payer le reste des armes que ceux de ladite religion ont fait venir de Lyon, et ce faisant, ils les bailleront à la ville. (R. comme précédemment.)

« 3. Item, que les sieurs consuls seront tenus incontinent de faire faire les bancs et autres choses nécessaires aux temples de Saint-Barnard et des Cordeliers, selon qu'il sera ordonné par le consistoire de ladite église. (R. : renvoyé à Messieurs les Chanoines.)

« 4. Item, qu'ils seront tenus de passer les contrats des fermes ou apprentissages des cordeliers qu'on a mis à maîtres pour apprendre un métier, et payer ce qui sera requis à ce. (R. qu'on leur baille argent pour se retirer.)

« 5. Item, qu'ils seront tenus fournir argent ce que sera nécessaire pour la nourriture des

petits enfants orphelins de feu Jean Solier, dit
Fusonat. (R. : accordé, pourvu qu'ils fassent du
revenu des hôpitaux Renvoyé au courrier.)

« 6. Item, qu'ils seront tenus payer les journées de ceux qui ont gardé la maison des Cordeliers, bailler le bien en arrentement, à la
charge que si aucune chose dépérit, ce sera à eux
de rendre compte. (R. : accordé, pourvu qu'il se
fasse du revenu dudit couvent.)

« 7. Item, qu'ils seront tenus payer au sieur
Jacques Guillaud ce qui lui est dû et qu'il a fourni
pour les affaires de ladite église. (Accordé, suivant la lettre dudit seigneur baron.)

« 8. Item, et pour satisfaire ce que dessus, ils
pourront vendre les meubles trouvés auxdits
temples, comme treillis, fer, plomb, cuivre et
autres choses ; prendre les deniers et revenus
des confréries qui sont dans la ville, comme
Saints-Etienne, Blaise, Crespin, Sébastien, Mathieu, Catherine, Notre-Dame-de-Mars, Saint-
Esprit, Saint-Nicolas, Sainte-Foy, Saint-Claude
et autres qui leur sont baillés par déclaration,
et cent livres qui sont dues aux Cordeliers par
le sieur Vallon, et retireront de Jacques Gordon et Séverin Poignard les treillis de fer qu'ils
ont pris, le tout suivant la permission donnée
pour ce faire par monseigneur le baron des
Adrets. (R. : l'article dépend de la volonté dudit
seigneur des Adrets et missive écrite à M. de
Triors.)

« 9. Item, qu'il seront tenus ôter de l'Aumône
générale aucuns qui ne méritent l'avoir et en y
mettre d'autres plus nécessiteux, qui veulent
vivre suivant l'évangile, et qu'en l'administration de ladite Aumône seront admis aucuns

de ladite église, tel qu'il plaira nommer au consistoire. (R. : renvoyé au commis de ladite Aumône.)

« 10. Item, seront tenus de mettre aux portes de la ville des portiers fidèles à l'évangile et ôter ceux qui y sont à présent. (R. : seront exhortés à faire leur devoir.)

« 11. Item, qu'il seront tenus admettre et adjoindre à leur conseil certain petit nombre de ceux de ladite église, outre ceux qui y sont, sans l'aveu desquels on ne pourra rien faire, déterminer et conclure. (R. : on ne peut rien innover au règlement de la cour.)

« 12. Item, semblablement qu'il sera loisible à ceux de ladite religion de bailler un d'eux, tel qu'il leur plaira élire, pour être adjoint à leur secrétaire, pour écrire ensemble ce que sera proposé et arrêté aux petit et grand conseils, puis signé par tous deux. (Néant.)

« 13. Item, que l'aumône sera par les diacres de ladite église demandée tous les dimanches aux portes des temples pour secourir les pauvres de la ville et les étrangers. (R. : accordé.)

« 14. Item, que les consuls demanderont à Messieurs de Saint-Barnard partie du revenu accoutumé bailler à leur manillier pour payer ceux qui sonnent les prêches et la retraite. (R. : accordé.)

« Seront avertis les sieurs consuls qu'il leur est permis, de la part de monseigneur le baron des Adrets, de faire contribuer aux choses susdites. »

1562. *Juin 5.* — M. de Changy, gouverneur pour le roi à Valence, invite les consuls et le consistoire de Romans à lever, armer et ache-

miner le plus grand nombre de gens de pied possible, pour résister à l'ennemi, qui veut entrer
dans ce pays du côté de la Provence. Une lettre
de M. Claude Annet, commissaire du baron des
Adrets, dit que la part de la ville dans l'impôt de
86 francs par feu, est de 9,870 livres. Les
consuls emprunteront 500 livres et lèveront cent
hommes.

1562. *Juin 9*. — Le baron des Adrets commande aux consuls de Romans de faire convertir
en espèces 231 marcs d'argent en vingt lingots,
provenant des reliquaires de Saint-Antoine et de
Saint-Marcellin. Il est répondu que la ville est
dans l'impossibilité de frapper de la monnaie,
l'atelier ayant été fermé par ordre du roi.

1562. *Juin 11* — Le baron des Adrets ayant
fait demander, pour l'entretien de ses troupes,
une contribution de 86 livres par feu, l'assemblée, considérant l'état de gêne où se trouve la
ville par suite des charges qu'elle a éprouvées,
nomme deux députés, Jean de Solignac et Louis
Armand, qui se rendent avec une lettre de
M. de Triors auprès du terrible baron pour le
prier d'exempter la ville de Romans de toute
contribution : ce fut inutilement.

1562. *Juin 12*. — André de Morges, commissaire du baron des Adrets, se présente à l'assemblée de la ville avec un ordre en date du 9 de ce
mois, pour réclamer les reliquaires de Saint-Barnard et autres églises de cette ville. Les consuls
déclarent qu'ils les détiennent par suite d'une
remise à eux faite après inventaire par M. de
Triors, commandant en cette place, et qu'ils
sont prêts à les rendre. Les chanoines, au nombre de cinq, MM. Ennemond Borrel, Séverin

Borrel (1), François de Gottafred (2), Jean Veilheu (3) et Pierre Guérin (4), assistés de Charles Ruffaud, notaire et secrétaire du Chapitre, disent qu'ils veulent obéir aux commandements du roi et de monseigneur le baron des Adrets, et qu'ils n'empêchent que ledit commissaire ne prenne lesdits reliquaires, suivant sa commission et pour le service du roi. Ces objets sont immédiatement remis et les consuls en sont déchargés (5).

1562. *Juin 15.* — Par ordre du baron des Adrets, M. de Suze, son commissaire à Saint-Marcellin, prescrit aux consuls de Romans de procéder à l'estimation et à la vente des biens

---

(1) C'est chez ce chanoine, dans sa maison de la rue *Fontaine-Couverte*, que les religieuses de Saint-Just-en-Royans vinrent se réfugier après la ruine de leur abbaye par les Huguenots.

(2) Il fut souvent employé auprès des autorités et du gouverneur pour les affaires du Chapitre.

La famille de Gottafred est une des plus anciennes et des plus riches de Romans et des plus considérables du pays. Elle s'allia aux Claveyson, aux Arces, aux Lapoype, aux Maugiron. Elle posséda les seigneuries du Molard, de Cognieu, de Mayolans, et s'éteignit vers la fin du XVI⁰ siècle.

(3) Il testa en 1566, laissant une rente d'un florin aux lépreux de la maladrerie de Voley. La famille Veilheu, originaire de Clérieu, a fourni à Romans des juges, des consuls et des chanoines.

(4) Il était frère d'Antoine Guérin, juge royal (voir p. 97, n. 1).

(5) N'ayant pas retrouvé l'inventaire des joyaux ravis aux églises et aux couvents de Romans par l'ordre du baron des Adrets, il est assez difficile d'apprécier la valeur exacte de cette spoliation. Nous savons seulement par une autre source que l'argenterie des couvents des Cordeliers et des Récollets montait, pour chacun d'eux, à environ 100 marcs. Quant à l'église de Saint-Barnard, outre les trois reliquaires ou châsses de saint Barnard, de saint Anitor et des Trois Martyrs, un inventaire plus ancien mentionne 39 articles donnant, pour les matières d'or 4 marcs 7 onces, et pour celles d'argent 163 marcs. Nous rappelons à ce sujet que le marc d'or valait 671 livres, et le marc d'argent 48 livres 13 sols, soit environ 11,000 francs.

ecclésiastiques et de ceux des Cordeliers de cette ville. On lui répond que la cour du parlement avait déjà remis ces biens aux mains des consuls, qui en étaient administrateurs et comptables et qui avaient nommé un receveur, Jacques Veilheu.

On publie à son de trompe que la recette des dîmes et revenus de l'église sera adjugée, moyennant bonne et suffisante caution, lesquelles dîmes devront être payées comme par le passé.

1562. *Juin 16*. — M. de Triors ayant demandé une maison particulière pour y établir sa femme et son ménage, et en outre la solde de ses trois gardes, il est résolu qu'on lui offrira la *Sacristie* (1) ou la maison de Georges Glaise, et qu'on donnera 10 sols par jour à chaque garde.

1562. *Juin 19*. — Sur l'ordre donné à M. de Manissieu (2) par le baron des Adrets, il est accordé à Ennemond Lacombe, « ministre de la parole de Dieu en cette ville, » une somme de 100 florins pour sa nourriture et son entretien.

1562. *Juin 22*. — Laurent de Maugiron (3)

---

(1) C'était une habitation d'agrément, avec jardin et fontaine, située dans les fossés de Saint-Nicolas, dont le sacristain de Saint-Barnard avait la jouissance. Le tout fut vendu, en 1797, pour 6,000 livres (en assignats) au profit de la nation.

(2) Par suite d'une alliance avec la famille Lodot de Peyrins, les de Manissieu devinrent co-seigneurs de la maladrerie de Voley. Connus à Romans dès le XIVe siècle, ils en disparaissent vers la fin du XVIe. Lors du passage, en 1533, de François Ier et du gouverneur de la province, Antoine de Manissieu, docteur en droit, prêta deux douzaines de plats d'étain pour le service de ces grands personnages.

(3) Pourvu par commission en 1562, puis titulairement par lettres du mois de mars 1578. Il était fils de Guy et mari de Jeanne, fille de Laurent et d'Agnès de Gottafred.

se présente devant Romans. Il ne peut entrer :
« il y trouve visage de bois, pieds de fer et de
feu. »

1562. *Juillet 11*. — Le baron des Adrets
écrit à messieurs de l'église réformée de faire
prendre les armes à tous ceux de l'une et l'autre
religion qui sont aptes, et de les acheminer vers
Montélimar avec leurs ministres. Les consuls
protestent contre cette levée et adressent leurs
plaintes à M. de Triors.

1562. *Juillet 17*. — François Rey, de Valence, écrit aux consuls de Romans pour réclamer le blé, ou sa valeur, qu'il avait laissé en
dépôt dans cette ville. Il lui est répondu que ce
blé avait été pris par ordre du baron des Adrets
pour la nourriture de son camp et de la gendarmerie de passage.

1562. *Juillet 22*. — Les membres du consistoire écrivent aux consuls pour demander
pourquoi on ne donne point au ministre Lacombe,
pour sa nourriture et son entretien, les deniers
provenant des confréries. Il est conclu que
M. de Triors et M. de Veaunes se rendront à
Valence pour prier M. le baron des Adrets
d'avoir égard aux foules de la ville de Romans
et de se contenter d'employer, suivant les ordonnances, les revenus de l'église de Saint-Barnard
pour l'entretien des ministres et de réserver
pour le soulagement des pauvres le bien des
confréries, dont l'Aumône générale ne peut se
dessaisir.

1562. *Août 1ᵉʳ*. — M. de Changy ordonne
d'envoyer à Valence, pour travailler aux fortifications, un manouvrier par feu et une charrette par
deux feux. Ce qui est refusé, parce que les hom-

mes disponibles de la ville sont occupés à la réparation des murailles, et que les charrettes sont employées au service de l'artillerie.

1562. *Août 4.* — Le roi Charles IX, se trouvant au château de Roussillon près de Saint-Vallier, promulgue un édit qui fit commencer à l'avenir l'année au 1er janvier.

1562. *Août 15.* — M. de Triors communique à l'assemblée la lettre suivante : « M. de Triors, pour ce que j'ai mandé l'arrière ban et qu'il n'y a beaucoup qui ne sont suffisants à porter les armes, vous les contraindrés à payer quelque somme d'argent pour payer d'autres. A cette cause, vous m'envoyerés un vingt hommes à cheval avec armes et en bon équipage, lesquels je payerai comme hommes d'armes ou archiers, selon leur qualité ; et en cet endroit, après mettre recommandé à votre bonne grâce, je prie Dieu, M. de Triors, vous augmenter les siennes.

« De Valence, ce 13 août 1562.

« Votre entièrement bon ami et frère.

« LES ADRETS.

« Je donne charge à M. du Poyle les conduire et vous prie les faire haster tant qu'il sera possible ou, à leur défaut, le capitaine Dugès.

« A M. M. de Triors, commandant pour le roi à Romans. »

1562. *Octobre 2.* — Après les rudes et nombreuses réquisitions levées par le baron des Adrets et d'autres chefs, et à l'occasion d'une nouvelle exigence de Montbrun, qui réclamait une fourniture de drap pour habiller sa troupe, les consuls rendent compte de la situation financière de la ville, qui, comme on s'y attendait, n'était pas brillante. Il n'y avait aucun denier en caisse ; les tailles n'étaient plus payées et l'on n'avait aucun moyen pour rembourser les emprunts échus. Ces magistrats demandent, pour partager le fardeau de la responsabilité, qu'il leur soit adjoint des commissaires. On nomme à ce titre Jean Berger, Humbert Duboys, Jean Thomé, Augustin Lorette et Pierre Barletier.

1563. *Janvier 1er*. — Le baron des Adrets convoque à Romans une assemblée de notables, à laquelle il veut faire accepter la paix. Les articles en sont écrits par le conseiller Rémi, sous le bon plaisir du prince de Condé. « Cette tentative n'aboutit pas, par l'influence des ministres, qui haïssaient la paix. »

1563. *Janvier 10*. — Devenu suspect à son parti, le terrible baron des Adrets, si impitoyable envers les prêtres et les prisonniers désarmés, est arrêté, sur l'ordre du prince de Condé, par Montbrun, Clerq et Mouvans, à Romans, dans la rue de Jacquemart, au moment où il sortait de l'hôpital de Sainte-Foy. Il se laisse saisir sans résistance par ses lieutenants, qui l'envoient à Valence et de là à Nîmes.

Rendu à la liberté peu de temps après, par le bénéfice de l'édit d'Amboise, il fit, le 21 juin suivant, réclamer par le sieur de Charbonnières, membre du conseil politique de Valence (1), « quelque restitution et récompense de certains deniers qu'il dict luy avoir esté prins de ses coffres, *lhors qu'il fust faict prisonnier au dict Romans durant les troubles*, avec armes et che-

----

(1) Conseil souverain pour la direction des affaires importantes et composé de douze conseillers : trois de la noblesse, sept de la ville et deux des villages.

vaulx que aussi il avoit. Laquelle restitution et récompense il demande sur les villes de Valence, Romans et Crest, et que, à ces fins, on lève un emprunt sur lesdites villes, sans en répéter sur l'universel du pays.

« Conclut unanimement qu'on ne doit consentir, comme aussi l'on ne consent à aucun impôt, emprunt ni levée de deniers, et que si quelque chose a esté prins audict sieur des Adrets, ce n'a esté par le faict, advis et consentement de la ville, et que ceulx qui auront manqué aulcune chose de luy, luy en rendront compte. Laquelle response et conclusion présente sera inthimée audict conseil politique par M. de Valence, et moy soussigné secrétaire (1). »

Un arrêt du parlement, en date du 11 mai 1565, ordonna au sieur de Changy de restituer au baron des Adrets une somme de 2,311 livres 17 sols 6 deniers, trouvée dans ses coffres, et relaxa les consuls de Romans de toute garantie.

1563. *Janvier 29*. — Le baron de Vinay vient à Romans, envoyé par le duc de Nemours, pour traiter d'un accommodement avec Jacques de Crussol, seigneur d'Acier, qui avait été élu par la noblesse et le peuple à la place du baron des Adrets (2).

1563. *Mars 23*. — De l'Estang et des Adrets, au nom du parti catholique, bloquent Romans. La paix ayant été publiée, Geyssans entre dans cette ville pour le baron de Gordes, lieutenant

---

(1) Ennemont Ricol, notaire et secrétaire de la ville, marié à Louise Odoard.

(2) Ces deux nominations n'ont jamais été reconnues officiellement.

général en Dauphiné (1). De Cardé et Saint-Romain en sortent avec leur troupe composée d'étrangers. Il fallut employer la menace contre ces mercenaires et leur promettre une gratification.

Pierre Chissé de la Marcouse fut nommé gouverneur de Romans, « nul n'ayant été jugé plus capable d'y rétablir le bon ordre. »

1563 *Mars 25.* — M. de Rochechinard réclame une indemnité pour le loyer de sa maison, qui avait été occupée par M. de Triors pendant qu'il commandait la ville, et pour les dégâts commis dans ladite maison, dont toutes les vitres avaient été brisées. Les consuls sont invités à lui « accorder une récompense honnête. »

1563. *Mars 29.* — Pierre Barletier (2), élu second consul le 25, n'étant point venu siéger en cette qualité, l'assemblée décida qu'il serait sommé de venir prêter serment et remplir sa charge de consul, et qu'en cas de refus il serait poursuivi par autorité de justice Il s'excusa en disant qu'il ne pouvait pas vaquer à la place de consul, parce qu'il devait faire un voyage en cour à la suite du comte de Beauvais, et que, en outre, ne faisant aucun commerce ni trafic de marchandises, il n'aurait pas dû être nommé deuxième consul. Néanmoins, il accepta et remplit sa charge avec zèle et dévouement.

---

(1) Bertrand Rambaud de Simiane, baron de Gordes, né en 1513, lieutenant général en 1564, mort à Montélimar le 21 février 1578. Voy. Guy ALLARD, *Généalogie de la famille Simiane* ; Jules TAULIER, *Notice historique sur … de Gordes*, 1859; Ad. ROCHAS, *Biographie du Dauphiné*, t. Ier, p. 423.

(2) D'une famille originaire de Miribel, où elle passait pour noble et ajouta à son nom celui de la Girarde. Pierre devint seigneur d'Arthemonay.

1563. *Mars 29*. — MM. le procureur Thomé
et Jean Boffin (1) rendent compte que, envoyés
à Valence pour représenter au conseil politique
que la ville de Romans ne pouvait supporter l'entretien de plusieurs compagnies de soldats, il a
été décidé que, en attendant de pouvoir payer
ces dépenses, on ferait dresser des étapes dans
les mandements et lieux de Montélier, Charpey,
Samson, Saint-Vincent, Combovin, Barbières et
Peyrins.

1563. *Avril 5*. — Le conseil de la ville, ayant
égard à la célébration du prochain mariage de
M. Jonathan Vannier, ministre de la religion
réformée, conclut de lui accorder la gratification
« d'une robe honneste, telle que MM. les consuls
« verront luy estre très duisante », et de le loger
à l'hôpital de Sainte-Foy, dans l'appartement du
dom recteur.

Sur la demande des commis de l'Aumône générale et la proposition des consuls, l'assemblée
décide que l'on affermera, par voie d'enchères,
l'hôpital du Colombier (2) et les droits accoutumés sur les mariés, revenant à l'abbaye de
Bongouvert (3).

---

(1) Frère de Romanet Boffin, le fondateur du Calvaire de Romans. Il
était sieur de la maison forte du Vivier, notaire et chargé de plusieurs
greffes; il fut deux fois consul et enfin substitut du procureur du roi.
Voy. sur la famille Boffin, le *Bull. de la Soc. d'Archéol. de la Drôme*,
t. XV, p. 224.

(2) C'est le recouvrement de 34 florins de rente, prix de la vente de
cet hôpital, qu'il s'agisait d'affermer.

(3) L'abbaye de Bongouvert — les plaisants disaient de Mal-
gouvert — était une société assez difficile à définir : à la fois religieuse et galante, bienfaisante et joyeuse, en tous cas plus sérieuse
qu'on ne l'a cru. Elle dotait des jeunes filles, venait au secours
des couvents et de la ville elle-même, payait le prédicateur de
Carême, distribuait des écharpes de soie aux dames les plus

1563. *Avril 9*. — Les anciens du consistoire de Valence écrivent à ceux de Romans la lettre suivante :

« Messieurs et frères, nous avons écrit à monseigneur de Crussol un mot de lettre contenant deux points : c'est que nous craignions que le sieur de Maugiron par le traité de la paix ne fut instalé en la lieutenance de ce païs et le parlement rétabli, et pour ce que l'un et l'autre seroient très pernicieux à tout le païs, et à mieux dire la ruine totale des églises, nous avons prié ledit seigneur, s'il le trouvait expédient, d'envoyer à la cour pour informer le roi et monseigneur le prince des choses susdites. Par quoi se approuverés ce qu'avons fait, nous vous prions de faire le semblable de votre part et le plus diligemment que sera possible, afin que nous soyons prévenus ; vous avertissant aussi que le sinode est signifié au quatorzième de ce mois, afin que vous le fassiez sçavoir à vos collègues, et, si le trouvés bon, prier un gentilhomme qui seroit élu de la noblesse le chacun colloque pour y assister. En cet endroit, Messieurs et frères, nous nous recommandons à vos bonnes grâces et saintes prières. A Valence, ce 5 avril 1563.

---

distinguées, et avec ses violons et ses tambours donnait des aubades aux autorités et aux nouveaux mariés, et faisait danser ses novices au bal des chambrières. Composée des plus notables de la ville, cette société était sous l'autorité des consuls, qui nommaient l'abbé et recevaient les comptes du trésorier ; les curés la favorisaient. Son but principal paraît avoir été de conserver la sainteté des liens du mariage. Elle percevait un tribut de deux pour cent sur les veurchères (dots) des veuves qui se remariaient. Ce revenu, que l'on se proposait de mettre à l'enchère, s'éleva en 1605 à 562 livres 11 sols, pour 75 mariages taxés. L'abbaye de Bongouvert fut supprimée en 1671. Voy. *Les abbayes laïques de Romans*, 1882.

Vos humbles frères, les anciens du consistoire de Valence, et au nom d'iceux.

« A. Crossard, *secrétaire.* »

« Il a été résolu que le consul François Joffrey se transporteroit à Valence, pour prier le comte de Crussol de demander au roi et à son conseil toutes choses requises pour le bien, repos, pacification et soulagement de cedit païs, et singulièrement l'administration de la justice. »

1563. *Avril 10.* — Sur la crainte qu'on enlevât les cloches des églises de Saint-Nicolas, de Saint-Romain et de Sainte-Foy, dont les battants avaient déjà été dérobés par des soldats, les consuls ordonnent de descendre ces cloches et de les mettre en sûreté.

1563. *Avril 17.* — Le comte de Crussol écrit aux consuls pour les informer que la paix étant faite, le roi a convoqué les Etats du pays pour leur faire connaître sa volonté, et que par conséquent ils doivent envoyer, pour le 20 de ce mois, des députés choisis parmi les plus suffisants et expérimentés (1).

Le conseil désigne pour cette mission MM. Guillaume Reynaud (2), premier consul, et Jean de Solignac.

1563. *Mai 9.* — M. de Changy, gouverneur de Valence, et M. de Charbonneau, accompagnés du capitaine Baron, commandant la ville de

______

(1) Voy. *Annales de la ville de Romans pendant les guerres de religion,* p. 36.

(2) Guillaume Reynaud était docteur en médecine. Il fut, comme on le voit, premier consul et député aux Etats convoqués à Montélimar, en 1563. Il devint, en 1567, procureur des pauvres, emploi alors fort honorable.

Romans, se présentent devant l'assemblée, se disant chargés par le conseil politique d'une lettre aux fins d'avertir les consuls de prendre garde et d'éviter toute surprise, et dans ce but d'entretenir une compagnie de 100 à 120 hommes, en attendant les ordres de la cour ou l'arrivée de M. le maréchal de Vieille-Ville. L'assemblée refuse de faire cette nouvelle dépense et décide que les gardes des portes seront faites par les habitants, et ajoute sa protestation banale et habituelle, qui, paraît-il, était de mise en toute circonstance, savoir : d'obéissance pour le service de Dieu et du roi, de respect pour le parlement, pour le gouverneur et pour les édits de pacification, etc

1563. *Mai 12*. — Antoine Garagnol ayant demandé à être exempté des tailles, à cause des charges et pertes qu'il a essuyées par suite d'emprunts et de logements des gens de guerre, il lui est répondu : « On ne le peult accorder, d'autant moins qu'il n'y a despuis le plus grand jusqu'au plus petit de la ville qui n'aye supporté foule insupportable, sans avoir reçu aucune récompense et ayant espérance d'icelle. »

1563. *Mai 13*. — Les consuls font connaître que le gouverneur a fait entrer dans la ville la compagnie du sieur de Charbonneau, pour laquelle il demande le logement. Il est conclu que ces soldats pourront loger dans les hôtelleries en payant et de manière qu'il n'en résulte aucun trouble ni perturbation de paix. M. le consul Barletier et M. Humbert Dubois sont priés de se rendre par devers le comte de Crussol pour lui peindre les foules et la pauvreté de la ville, et connaître sa volonté.

1563. *Mai 18*. — MM. de Changy, Charbonneau, Ducros et autres du conseil politique viennent de nouveau avertir les consuls qu'il est plus que jamais nécessaire de veiller à la garde de leur ville, d'autant qu'il y a un grand nombre d'Italiens près de Vienne et que, pour éviter toute surprise, il serait utile d'entretenir pendant quelques jours une compagnie de 200 à 250 hommes.

1563. *Mai 21*. — Sur les excitations des précédents, plusieurs mal intentionnés se réunissent en armes pour venir sommer le gouverneur de lever une compagnie aux dépens de la ville. Les consuls, pour éviter plus grand mal, consentent à mettre à la disposition du gouverneur une compagnie de 80 hommes, soldés à raison de trois livres par semaine.

1563. *Mai 26*. — Le comte de Crussol écrit aux consuls pour que la ville ait à obéir aux ordres du conseil politique de Valence et à lui porter respect.

1563. *Mai 30*. — Une délibération du consistoire reconnaît que quatre ministres de la parole de Dieu sont nécessaires pour le service de la ville (1). Jean Thiersand étant venu de Genève à Romans, avec sa femme et plusieurs enfants, le consistoire requiert la ville de lui fournir une habitation et quelques moyens d'entretien « sur les revenus de l'église romaine. » Il est en outre arrêté que la ville fournira le pain et le vin pour la Sainte-Cène.

---

(1) Ces ministres, tous étrangers à la localité, se nommaient : Ennemond Lacombe, Séverin Borel, Jonathas Vannier et Jean Thiersand.

M. de Triors, ancien gouverneur de Romans, demande l'arrêt de ses comptes. En reconnaissance des services rendus à la ville, il lui est accordé 60 livres par mois pour le temps de l'exercice de sa charge ; mais on ne lui permet pas d'enlever la table de marbre du grand autel de l'église de Saint-Barnard, à lui donnée, disait-il, par le baron des Adrets.

1563. *Juin 19*. — L'assemblée, au nom de la communauté de Romans, passe procuration à M. Michel Thomé, procureur du roi, et à ceux qui lui sont adjoints, « pour se présenter devant le roi, la reine sa mère et les seigneurs de son conseil privé, et faire déclaration que, pendant les troubles, les habitants n'ont fait aucune chose que pour le service de Sa Majesté, et qu'ils lui porteront l'honneur et l'obéissance que doivent de fidèles sujets ; et prier le roi, la reine et les seigneurs du conseil privé de vouloir bien, suivant la déclaration des édits de pacification, remettre et rétablir Mgr de Clermont en l'état de lieutenant général (1) dans ce pays, en l'absence de Mgr le prince de la Roche-sur-Yon, gouverneur du Dauphiné (2).

1563. *Juillet 1er*. — Une députation, composée des consuls et des élus du consistoire, est envoyée aux chanoines de Saint-Barnard, à présent rétablis, pour obtenir sur leurs revenus l'entretien des ministres de l'église réformée et

---

(1) **Nommé** le 10 février 1554, il avait été remplacé par le comte de Tavannes.

(2) Charles de Bourbon, pourvu le 16 janvier 1562. Le roi lui accorda, le 16 juin suivant, 4,000 ducats pour ses gages : ce qui a été continué depuis à tous les gouverneurs.

celui du maître d'école, suivant l'ordonnance d'Orléans.

1563. *Juillet 4*. — L'assemblée donne une procuration notariée, passée devant Mᵉ Antoine Guérin, lieutenant au siège royal, au premier consul, pour se présenter devant le roi, la reine sa mère et le maréchal de Vieille-Ville, lieutenant général pour Sa Majesté, à l'effet de requérir et faire octroyer aux habitants de Romans, « pour l'exercice de la religion selon la pureté de l'Evangile, deux des temples de leur ville pour y invoquer le nom de Dieu et prier pour l'entretènement de l'estat de Sa dite Majesté. »

1563. *Juillet 15*. — « M. le juge Guérin informe le conseil comme ce matin Mgr de Bressieu lui a commandé de faire remontrance de l'observation de l'édit de paix, espécialement en ce qui concerne la liberté de conscience. »

La même recommandation est faite aux prêtres et au Chapitre de Saint-Barnard, lesquels répondent qu'ils veulent obéir aux édits du roi et vivre en paix avec tout le monde.

Les consuls déclarent « qu'ils ne veulent aucunement prendre les prêtres en protection et sauvegarde, leur promettant toutefois toute dilection et fraternité affectueuse. »

1563. *Juillet 17*. — M. de Triors, qui a repris le commandement de la ville, demande que M. de Veaune lui soit adjoint et puisse le remplacer lorsqu'il s'absentera. Il réclame une maison pour se loger. Les consuls lui demandent les clefs de la ville, suivant leurs privilèges. Ils lui offrent un logis à l'hôtel des *Trois Rois*, pour le peu de temps qu'il va passer, et un traitement à raison de 60 livres par mois.

Dans la même séance on lit une lettre du baron des Adrets, par laquelle il prie MM. les consuls ou l'un d'eux de se trouver à la reddition de ses comptes, le 22 de ce mois.

1563. *Août 12*. — A l'occasion du passage du comte de Crussol, qui avait été élu à Valence, par l'assemblée des trois ordres, lieutenant général de la province, il est arrêté qu'on lui fera toutes les honnêtetés possibles, qu'on lui offrira le meilleur vin qu'on pourra trouver et qu'on le logera honorablement ainsi que sa suite.

1563. *Août 19*. — Les consuls reçoivent une lettre du greffier Boffin, annonçant l'arrivée prochaine à Romans des commissaires du roi chargés de faire observer les édits de pacification.

1563. *Août 22*. — « Proposé par MM. les consuls comme jeudy, après avoir receu quelques lettres et avertissements de Grenoble, comme bientôt Mgr de Bressieu et M. de La Madeleine, conseiller du roi en son grand conseil, étant audit Grenoble, y auroit fait dire la messe, suivant l'édit de Sa Majesté sur la pacification des troubles, et que bientôt ils doivent venir en cette ville pour faire observer ledit édit ; et que présupposant que de même en feront-ils et commanderont comme audit Grenoble, de même ils communiquent lesdites lettres à messieurs les ministres et consistoire dudit Romans, aux fins d'exhorter un chacun de se contenir en toute modestie, et que ledit cas advenant qu'on voulût faire dire la messe en cette ville, que n'y advint trouble, émotion et contravention auxdits édits ; à laquelle assemblée d'iceux dudit consistoire fut prise délibération qu'à ces fins étoit requis faire une générale assemblée céans, tant

des gens du conseil que des anciens et surveil-
lants dudit consistoire et église réformée, portant
sur la réponse et contenance nécessaire au cas
de l'introduction de ladite messe, prendre quelque bonne résolution et délibération et contenir
le peuple en paix, puisqu'il a plu à Dieu que la
liberté de conscience soit permise. »

1563. *Août 30*. — Le Chapitre de Saint-
Barnard présente à M. le baron de Bressieu
une requête tendant à se faire restituer les biens
et revenus des *Grands anniversaires* et de la
Table, détenus par quatre fermiers. Il ordonne
au juge et aux consuls de Romans, conformément
à l'édit de pacification, de faire restituer au
Chapitre les biens dont il jouissait avant les
troubles.

1563. *Septembre 30*. — En la maison consulaire de Romans, devant Mgr de Bressieu,
MM. de la Madeleine et de Bauquemare, conseillers du roi, commissaires députés par Sa
Majesté pour l'observation de l'édit de paix, se
sont réunis les consuls, les membres du conseil
général, ceux du consistoire et autres notables
de la ville. Lesdits commissaires ont remontré
que, conformément à l'édit, il est prescrit de restituer les temples et autres biens ayant appartenu à ceux de l'Église romaine, et qu'il convient de choisir « dans l'une et l'autre religion
six personnages notables et expérimentés, outre
les officiers de justice et consuls, pour ensemble-
ment convenir des affaires qu'ils pourraient
avoir à faire concernant l'une partie et l'autre. »

La pluralité des suffrages se porte sur Jean
de Solignac, écuyer, Ennemond Lacombe, mi-

nistre de la parole de Dieu (1), Jean de Gillier (2), François Reynaud (3) et François Soffrey, « auxquels ladite assemblée unanimement et par ce donne plein pouvoir et puissance de requérir, traiter, convenir, rapporter, accorder toutes les affaires et choses nécessaires concernant le service de Dieu et du roy, le repos, union, tranquillité, pacification du peuple et l'observation des édits de Sa Majesté, y procéder tout ainsi qu'ils verront. »

1563. *Octobre 11.* — Pour obvier aux querelles et débats qui surviennent journellement dans Romans, à l'occasion de l'exercice de l'une et l'autre religion, le maréchal de Vieille-Ville, lieutenant général pour le roi en Lyonnais, Dauphiné, Provence et Languedoc, enjoint aux juge et consuls de Romans de désigner trente personnes pour la pacification de ladite ville et pour l'exécution des édits du roi, et sur les

-----

(1) Ennemond Lacombe était un ancien religieux Carme, qui cherchait par des excès de zèle à faire oublier son passé. Ministre éloquent, chef actif et influent du parti de la Réforme dans Romans, il obligeait les autorités à compter avec lui. Cédant à sa passion pour la propagande armée, il suivit les bandes protestantes dans le midi. Fait prisonnier à Seyne (Basses-Alpes), il fut pendu à Seconner, par ordre du duc d'Epernon, en 1588.

(2) Il descendait de Philippe de Gillier, trésorier général du Dauphiné en 1350, et de Guyot, son fils, seigneur de Forges, général des finances, qui, le premier de la famille, vint, en 1389, se fixer à Romans, où il mourut. Jean de Gillier, bourgeois, fut plusieurs fois premier consul et député aux Etats de la province. Il logea dans sa maison de hauts personnages, au grand détriment de ses meubles ; ce dont il se plaignit, et ce qui lui valut comme dédommagement l'exemption des tailles. Il acquit, en 1576, de Claret, pour 336 florins, le molard de Luppé sur Genissieu, où plus tard la famille fit construire un château. Il avait épousé, le 13 octobre 1546, Madeleine Vachet.

(3) François Reynaud, docteur en droit, fut conseiller au parlement par lettres du 11 janvier 1574, et mourut en 1599.

plaintes contre le courrier, qui néglige ses fonctions, on désigne à sa place Jean du Poyle (1), auquel on donne vingt agents, stipendiés par la ville, pour exercer une exacte police.

1563. — *Octobre 15*. — Dans une assemblée à laquelle avaient été invités les membres du Chapitre restés à Romans, les administrateurs de la ville cherchent à se disculper des torts faits à l'église : « Il y avait deux ministres qui tenaient le haut bout, et des protestants en telle quantité que la chambre était plus que mi partie. »

1563. *Octobre 25*. — Le premier consul Reynaud fut envoyé vers M. de Bressieu, qui se trouvait à Lyon. Pendant qu'il présentait les lettres d'excuses de la ville, M. d'Eybens arriva avec une dépêche, où les chanoines de Romans se plaignaient des affronts faits aux prêtres par les huguenots, qui excitaient des tumultes lorsqu'ils voulaient faire le service divin. M. de Bressieu, qui avait bien accueilli M. Reynaud, en considération des bonnes nouvelles qu'il apportait, ayant lu la lettre des ecclésiastiques, changea de ton et fut sur le point de jouer un mauvais tour au consul. Il le menaça d'envoyer à Romans une forte garnison aux frais des habitants. A cette nouvelle, les consuls se hâtèrent d'envoyer MM. de Solignac et de Manissieu à Lyon, pour calmer la colère du lieutenant général. Le clergé fut aussi requis de continuer le service divin ; on lui offrit main forte et protection contre ceux qui les voudraient molester, et d'informer contre les

---

(1) Marchand, marié à Drevonne Delacroix. Cette famille a ajouté à son nom celui de Châtillon et à fourni des recteurs à l'Université de Valence.

auteurs des tumultes survenus les jours passés.

1563. *Octobre 26*. — Dans une nombreuse assemblée tenue à l'hôtel-de-ville, sous la présidence de Pierre Massis, docteur en droit, faisant les fonctions de juge, et l'assistance de Matthieu Arnaud, substitut du procureur du roi, de Jean du Poyle, courrier, et des membres représentant le conseil de la ville, étant convoqués au même lieu Séverin Borrel et Ennemond Lacombe, ministres de la parole de Dieu en l'église réformée ; aussi requis et appelés Guillaume Micha, maître de chœur, Guigues Veilheu, chanoine de l'église de Saint-Barnard, Jacques Menou et Charles Jomaron, prêtres habitués, Jérôme Barret, prêtre séculier ;

Le premier consul a requis et sommé les membres du clergé de faire et continuer, suivant l'édit du roi, le service divin, comme ils faisaient avant les troubles, leur promettant toute aide, assistance et main forte, leur demandant pourquoi ils avaient depuis quelque temps cessé leurs offices. Lesdits chanoines et prêtres déclarent avoir discontinué leur service à cause des troubles et tumultes faits par certains étrangers inconnus (1) et des enfants turbulents. Ils offrent de faire et continuer leur service, moyennant la promesse que leur fait la ville de les protéger et défendre. Et, sur le champ, lesdits chanoines et prêtres, accompagnés de toutes les personnes présentes, se rendent à l'église, où ils célèbrent paisiblement la

---

(1) Sans doute, comme dans toutes les révolutions, parmi les plus séditieux se trouvaient des étrangers, gens sans responsabilité, qui n'avaient moralement ni matériellement rien à perdre. Mais il est évident aussi que, dans leurs dépositions, les témoins n'osaient dénoncer des compatriotes coupables et bien connus.

messe. Plusieurs des assistants surveillent les portes et font des rondes autour de l'église pour empêcher aucun trouble de se produire.

1563. *Novembre 2.* — Sur une requête de Guillaume Micha, maître de chœur, et des autres chanoines du Chapitre de Saint-Barnard, le baron de Bressieu, lieutenant du maréchal de Vieille-Ville, commet et délègue Antoine Guérin, lieutenant du juge de Romans, pour « procéper aux informations et visitations des ruines, démolitions et pilleries faites dans les églises et hôpitaux de ladite ville depuis l'édit de pacification. »

Du 29 novembre 1563 jusqu'au 20 juillet de l'année suivante, ce magistrat, assisté de M. Ponson du Vache, substitut du procureur du roi, visita les lieux désignés, constata les actes dénoncés et entendit les dépositions de vingt témoins (1). Dans les procès-verbaux de cette

(1) Ces dépositions, sauf quelques variantes, portent sur les mêmes faits ; elles sont peu précises quant aux dates et pleines de réticences touchant les coupables. Nous nous bornons à reproduire celle qui paraît la plus complète :

« Du 2ᵉ jour de janvier 1564.

« Item, honorable homme Bernardin Guigou, marchand de Romans, âgé de 66 ans, enquis moyennant serment, dit et dépose avoir vu l'église de Saint-Barnard auparavant les troubles derniers pour le fait de la religion, fermant de bonnes portes et ferrures, étant dans icelle une *turbine* de marbre sur douze piliers, les uns de marbre, les autres de porphyre, avec un chœur joignant ladite turbine, bien dressé, garni de siéges et histoires en bois de noyer, et garni de pourpitres et plusieurs beaux et bons livres, et au-dessus dudit chœur un grand *treillis* de fer, et un peu plus haut un *grand autel* de marbre d'une grande structure ; et au-dessus du grand autel, avec des *châsses* couvertes d'argent, appelées l'une *Saint-Barnard*, l'autre les *Trois-Doms* et l'autre *Saint-Anitor* ; et, outre lesdits treillis, il a vu trois autres treillis de fer, l'un à la chapelle où l'on disait la première messe, l'autre à la chapelle de Saint-Denis et l'autre à une sépulture d'un évêque.

longue procédure on trouve en résumé les faits suivants :

Eglise de Saint-Barnard. — Trois reliquaires couverts d'argent, joyaux, argenterie, chapes d'or, de velours, de soie, deux jeux d'orgues, une horloge, des grilles et des treillis de fer, cinq grosses cloches, une turbine de marbre supportée par douze colonnes, le grand autel et tous les autels des chapelles (1), les fonts baptismaux, les bénitiers de marbre, portes, fenêtres, vitraux, stalles du chœur, toiture, croix dorée, serrures, archives, livres, papiers, le tout enlevé ou détruit.

Eglise de Saint-Romain. — Découverte et

« Davantage dit avoir vu en icelle église deux pièces d'*orgues*, une grande et les autres moyennes, étant sur deux chapelles voûtées, appelées l'une de Notre-Dame et l'autre de Saint-Eloy.

« Aussi a vu dans ladite église des *vitres historiées* par toutes les fenêtres.

« Le clocher de ladite église bien garni de plusieurs bonnes *cloches*, tant grosses, moyennes que petites ; avec aussi ladite église bien garnie de riches *habits*, comme chapes de velours, de damas et autres draps de soie.

« Pendant et durant lesquels troubles, les turbines, chœur, tour et autels de ladite église ont été rompus et démolis, tous les treillis de fer enlevés, vendus, pesés, puis débités dans la boutique de Jacques Guillaud, marchand.

« Et pour le regard des cloches et orgues, dit qu'elles ont été abattues et emportées, une partie en pièces et l'autre partie entière, en la maison consulaire.

« Et, dès le commencement du mois d'août dernier, dit bien sçavoir que les portes et vitres de ladite église furent enlevées, rompues et brisées, à sçavoir : les portes une nuit furent toutes jetées en la rivière de l'Isère, et les vitres en plein jour cassées et brisées, et le plomb enlevé.

« Et dit aussi avoir vu, au dessus de ladite église, deux éguilles appelées à l'*heure* neuve, à la plus haute desquelles sa croix était dorée...

« Ainsy ay déposé.   B. Guigou. »

(1) Ces chapelles étaient au nombre de neuf.

partie des murs renversés, maison de cure dévastée, jardin rasé, puits comblé, ferrements et serrures enlevés.

Eglise de Saint-Nicolas. — Entièrement ruinée, sans portes, sans fenêtres et sans cloches.

Eglise de Sainte-Foy. — Sans couverture ; portes, fenêtres, turbine, chapelle de Saint-Thomas démolies, cloches enlevées.

Chapelle de Notre-Dame sur le pont. — Autels des deux chapelles superposées abattus, portes et fenêtres brisées.

Hôpital de Sainte-Foy. — Armoiries du Chapitre partout enlevées, provisions pillées, autel renversé.

Hôpital de Rebatte. — Dans la chapelle, l'autel entièrement rasé. Dans les salles, tous les lits des pauvres dégarnis, hors quatre.

1563. *Novembre 26.* — Le baron de Bressieu, Jacques Philipeaux et Feysse de Beauquemare, commissaires du roi pour l'exécution de l'édit de paix, font une ordonnance pour la nomination des consuls et conseillers de l'assemblée de la ville de Romans et pour la tenue des séances. Les uns et les autres devaient être en nombre égal de l'une et l'autre religion.

1564. *Janvier 20.* — MM. de la Madeleine et de Bauquemare, conseillers du roi et commissaires pour l'édit de pacification, se rendent à Romans et ordonnent d'assembler les notables de la ville pour procéder à la nomination des administrateurs de l'hôpital et de l'Aumône générale. Ils enjoignent aux chanoines de désigner de leur côté deux députés pour faire un nouvel inventaire. Les protestants se plaignent de l'insuffisance de ces mesures.

1564. *Mai 4*. — Des lettres patentes de Charles IX maintiennent les chanoines de Saint-Barnard en la possession des droits de percevoir des dîmes, cens, pensions et rentes suivant l'ancienne coutume.

1564. *Juin 7*. — L'église des Cordeliers ayant été rendue au culte catholique, les Calvinistes établissent leur temple au quartier de la Ville-Neuve ; mais ce local était incommode et insuffisant. Sur la demande de leur syndic, Jean Magnat (1), ils obtinrent, pour la construction d'un nouveau temple, un emplacement communal situé aux vieux fossés des Terreaux, près de la place de Jacquemart.

1564. *Juillet 2*. — La peste s'étant déclarée et ayant fait des victimes à Lyon, Vienne, Chantemerle, Mercurol et autres lieux circonvoisins, il est prescrit d'exercer une grande surveillance aux portes de la ville, où des citoyens seront de garde, à tour de rôle et à peine de vingt sols d'amende. On nomme un capitaine de santé, un chirurgien, un apothicaire et des *galopins*, que l'on place à l'hôpital des infects ; et, le 7 août, il est fait un règlement conventionnel pour le service de deux chirurgiens, aux gages de 100 livres chacun (2).

1564. *Août 16*. — Le roi Charles IX, accompagné d'une suite nombreuse, y compris quatre

---

(1) C'était un des meneurs du parti protestant et un tripoteur d'affaires. Il était à la tête de toutes les démonstrations politiques ou religieuses, comme dans tous les emprunts et fournitures de la ville. Tout autre était Pierre Magnat, docteur en droit, premier consul en 1580 et 1591, plusieurs fois député aux États de la province et souvent délégué à Grenoble pour les affaires de la ville.

(2) Voy. *Les pestes de Romans*, p. 11.

médecins, arrive à Romans. Il y revient quatre jours après, le 21 ; ce prince repart le 22 pour aller coucher à Valence. La dépense faite à cette occasion, pour la nourriture et le personnel, s'éleva, le 17 août, à 158 livres 3 deniers, et le 21, à 173 livres 18 sols 2 deniers.

1566. *Mars 25* (1). — Dans l'assemblée générale pour l'élection des nouveaux consuls, le juge royal, Antoine Guérin, ouvre la séance par un discours dans lequel il exhorte l'assemblée à ne confier de mandat qu' « à des personnes ydoines et expérimentées des affaires de la communauté, à se dépouiller de toutes affections personnelles, à ne pas s'arrêter à la diversité de religion, ni à mettre les unes d'une et les autres d'autre religion, sans avoir égard s'ils sont suffisants, et aussi à songer aux édits de pacification, par lesquels tous doivent être unis les uns les autres et n'être plus que frères et concitoyens. »

1566. *Mai 15*. — Les Pères Cordeliers préviennent les consuls qu'ils ont envoyé une requête au parlement pour reprendre les reliquaires, joyaux, ornements et papiers qu'ils avaient placés durant les troubles dans la maison consulaire.

Les consuls répondent aux Pères qu'on aurait pour eux « toute aide, faveur et assistance, mais que l'argenterie a été convertie et utilisée par la crainte et la mollesse des consuls qui étaient alors (2). »

----

(1) Par suite de l'édit de Roussillon.

(2) Le 8 septembre 1611, la ville donna aux Pères Cordeliers une somme de 1,000 livres, pour être employée aux travaux de réparation du couvent, comme indemnité de la perte de leur argenterie.

1566. *Décembre 28.* — Le président Truchon vient à Romans et, trouvant la ville tranquille, il invite les consuls à convoquer une assemblée de notables, composée de 40 membres de l'une et l'autre religion, pour s'occuper des affaires de la communauté et prêter main-forte à la justice. Les dizainiers de cette compagnie furent : 1° Barletier, sieur d'Arthemonay, 2° Antoine Coste, 3° Bonaventure Guigou et 4° Mathelin Thomé.

1567. *Juin 21.* — La maison consulaire étant tombée en ruines, faute d'entretien, les archives de la ville furent déposées chez Jean de Gillier et la fameuse bulle d'or confiée à Pierre Massis, docteur en droit. Les assemblées se tinrent provisoirement dans la maison de Jean Guigou, marchand, puis dans l'hôtel de l'archevêque. Pour le louage de ce local, Jacques Reynaud, rentier du prélat, demanda trois écus d'or, que la ville paya.

1567. *Septembre 30.* — Pierre de Chaste, seigneur de Geyssans et de Saint-Muris, « venu avec quelques-uns de ses voisins », s'empare de Romans par surprise un vendredi matin. Après avoir mis de fortes gardes aux portes de la ville, il se présente, en compagnie de François de Veilheu, de Curson, devant l'assemblée, où se trouvaient le juge et les autres officiers de justice ; il dit que « pour les affaires survenues à Sa Majesté, il aurait été commandé par des plus grands princes et seigneurs du conseil de venir en icelle ville lui garder et conserver, et lui tenir la main à ce que, suivant les édits, le peuple fût contenu en paix, liberté de conscience et exercice de sa religion ». Il priait les consuls de lui livrer les clefs des portes de la ville, leur assurant qu'il ne

serait fait aucune violence ni empêchement à
chacun d'exercer sa religion, ainsi qu'au juge de
rendre la justice ; s'offrant de le protéger et de
mettre dans la ville ses enfants comme otages. Il
termine en exhortant les assistants et les autres
personnes à s'embrasser les uns les autres en
une ferme amitié pour le service de Sa Majesté
et la conservation de la ville.

MM. de Geyssans et Veilheu s'étant retirés,
l'assemblée conclut unanimement de jurer amitié fraternelle et concorde entre tous les habitants de l'une et l'autre religion, sous l'entière
obéissance de Sa Majesté et l'observation de ses
édits. Quand à la demande des clefs, on en avi-
sera incontinent Mgr de Gordes, lieutenant général pour le roi en ce pays (1), et les membres du
parlement, pour entendre leur bon plaisir et ensuite obéir à leurs commandements et avis. A
ces fins, on prie M. de Bruyère (2) de se rendre
à Grenoble pour les avertir de tout et recevoir
leurs ordres. Cette délibération est homologuée
par le juge, du consentement du procureur du
roi.

1567. *Octobre 3.* — M. de Geyssans fait
garder par des troupes étrangères les portes de
la ville et demander les clefs de la tour sur le
pont, dans laquelle il y a des poudres à feu et des

---

(1) Bertrand Raimbaud de Simiane, baron de Gordes, né le 18
octobre 1513, lieutenant général en Dauphiné en 1564, mort à Montélimar le 21 février 1578. C'était un homme juste, modéré, humain,
caractère fort rare à cette époque, où les plus violentes passions
étaient déchaînées.

(2) Jean-Paul Bruyère, ou mieux Bruère, docteur en droit, avocat,
lieutenant en la judicature en 1591, plusieurs fois premier consul ;
son nom figure en cette qualité au bas du portrait de Perrot de
Verdun.

munitions qui appartenaient à Pierre Barletier, d'Arthemonay. Il requiert, en outre, des billets de logement pour ses soldats. Le conseil invite le sieur Barletier à livrer ses poudres, dont on le satisfera. Au sujet des billets de logement, M. de Geyssans est prié de patienter jusqu'à ce qu'on ait reçu une réponse du lieutenant général ; en attendant, il pourra loger ses soldats dans les cabarets aux frais de la ville M. Jean de Valence et M. Humbert Duboys sont nommés « pour y avoir l'œil et y tenir la main. »

1567. *Octobre 6*. — Des lettres du baron de Gordes et de la cour du parlement prescrivent au juge et aux consuls « de tenir la main à ce que les armes prises soient laissées et tous étrangers se retirent, et que la ville soit remise en paix, sûreté et liberté de commerce et trafic, comme elle était auparavant, de manière que Sa Majesté en reçoive contentement ».

Sur l'invitation du juge, l'assemblée renouvelle le serment d'observer l'union, la concorde et la fraternité les uns envers les autres ; que cependant, eu égard aux troubles, on fasse garder les portes par les habitants de la ville, pour obvier aux surprises et accidents qui pourraient arriver ; et qu'enfin depuis ce matin la plupart des soldats qui étaient venus avec les sieurs de Geyssans et Veilheu étant sortis de la ville, on invitera les autres à retourner chez eux, sans crainte d'être offensés ni molestés.

1567. *Octobre 9*. — Miolans de Cardé, serré de près par l'armée du baron de Gordes et ne se trouvant pas en sûreté à Saint-Antoine, vient se réfugier dans Romans. Il envoie quérir, « à l'issue de son dîner », les consuls et les notables.

Il est venu en cette ville, leur dit-il, parce qu'il a
entendu dire qu'on n'y voulait pas reconnaître le
seigneur de Geyssans en qualité de gouverneur.
Il ordonne de faire mûrer quatre portes de la
ville et de préparer des vivres et des logements
pour ses troupes, qui ne devaient pas tarder
d'arriver ; enjoignant d'obéir au sieur de Geyssans, autrement il emploiera la force et la rigueur, quand il ne voudrait user que des voies
amiables.

Les conseillers de la ville, ainsi mis en demeure
et n'ayant aucun moyen de résister, concluent
que, « attendu le trouble et contrainte où l'on est
constitué, pour obvier la fâcherie qu'on pour-
rait faire aux sieurs consuls, on obéira à tous
les ordres donnés par le sieur de Cardé ».

1567. *Octobre 16*. — M. de Bruyère rend
compte de la mission dont il a été chargé par la
ville auprès du baron de Gordes et de la cour du
parlement, et du bon accueil qu'on a fait aux
lettres des consuls. Il ajoute qu'il avait reçu
desd. seigneurs, pour M. de Geyssans, un paquet
dans lequel il y avait une lettre pour les consuls.
Mais ledit sieur a gardé cette lettre, en disant
qu'il voulait la communiquer à M. de Cardé et
qu'il savait ce qu'il avait à faire. Les consuls
ayant supplié le sieur de Cardé et le sieur de
Geyssans de vouloir donner lesdites lettres,
ces derniers ont refusé, en disant que ceux de
Valence n'avaient eu les leurs non plus qu'eux,
et qu'on les leur montrerait quand il serait
besoin.

1567. *Octobre 19*. — Les consuls exposent à
l'assemblée générale que le sieur de Geyssans,
commandant en cette ville, leur demande de four-

nir « estat et entretènement pour le dégrever des dépenses qu'il a faites » ; qu'il convient de couvrir les fournitures occasionnées par les gardes de la ville, la construction de portes aux murs de l'Isère, le murement de celles de Bonnevaux et de la Bistour, le payement des manœuvres envoyés aux champs quérir des bois et autres munitions. Il est aussi arrêté qu'on donnera encore dix écus au sieur de Geyssans, en le priant de soulager la ville autant qu'il le pourra.

1567. *Octobre 23*. — Le juge royal fait une procédure pour constater les dégats commis dans l'église de Saint-Barnard, notamment dans la chambre des comptes et dans celle des archives, où les papiers du Chapitre ont été pillés, brûlés et jetés par la fenêtre, les livres et joyaux volés et enlevés.

1567. *Octobre 27*. — Fanatiques et indisciplinés, les soldats de Miolans de Cardé pillent les habitants, spolient et saccagent les églises et mettent le feu aux quatre coins du couvent des Cordeliers. Cet événement est ainsi relaté dans le registre des délibérations du conseil :

« Plus proposé, le bruslement comiz le jour d'hier (1) par les soldats au couvent des Corde-

---

(1) Le P. Pascal Cottin, dans son *Histoire du couvent des Cordeliers*, dit que cet événement eut lieu le lendemain de la fête de saint François, c'est-à-dire le 5 octobre. Cet historien n'aurait pas commis cette erreur s'il avait eu sous les yeux le registre supplémentaire et hors de série où se trouvent les procès-verbaux des délibérations de la commune, du 25 mars 1566 au 27 décembre 1567, comblant les lacunes qu'on remarque dans le registre ordinaire de 1564 à 1572, qui avait été quelque temps égaré : ce qui s'explique au milieu des troubles qui régnaient : et, de plus, l'hôtel-de-ville étant alors en ruine, les assemblées se tenaient dans une maison particulière, et les archives étaient entassées dans une autre.

liers, contre tout empeschement qu'on y aye
voulu et su mettre ; comme c'est qu'on y debvra
procéder et du soulagement desdits Cordeliers
qui sont en ville.

« Item, si l'on doit retenir les ferrements et
aultres choses qui sont audit couvent, lesquels
les soldats prennent et emportent, quelque
défense que le seigneur gouverneur leur fasse
faire.

« Conclu de faire informer dudit bruslement et
procédures pour le deschar de la ville et en
requérir Monsieur le juge, et qu'on ne retire rien
desdits ferrements et bois, attendu le désordre
qu'on y faict, à ce que la ville ne s'en trouve rien
chargée, desquels aussi par mesme moyen on
fera informer ; et quant auxdits Cordeliers, qu'on
les soulage, et prie les chefs chez lesquels ils sont
de les nourrir et entretenir, et qu'ils seront payés
de leur revenu. »

1567. *Octobre 28.* — Revenant à la charge,
M. de Geyssans demande pour lui un logement
commode, cent écus pour ses frais et pour l'entretien de ses officiers. Il informe que trois compagnies doivent arriver pour la garde de la ville,
et que, afin d'éviter des désordres, il importe
d'aviser à leur solde et à leur logement. La ville,
impuissante à résister et malgré les exigences du
capitaine Bourjat pour sa compagnie, accorde tout
ce que demande le sieur de Geyssans, à condition
qu'on utilisera les grains et les munitions qu'il a
fait apporter des villages voisins.

Ledit sieur de Geyssans ayant fait apporter
et remettre des choses ayant appartenu au
couvent des Cordeliers, on ne les recevra
qu'après due description, et l'on prie ledit sieur

d'ordonner de faire mûrer ledit couvent, « pour obvier à plus grand dégât et ruine. »

1567. *Novembre 10*. — M. de Geyssans contraint les consuls de nommer des commissaires pour la recette des munitions de blé, de vin, de viande, de foin qu'il faisait réquisitionner dans les villages des environs. Un jour, les fermiers du Val-Sainte-Marie vinrent réclamer les bœufs et les moutons que les soldats de la garnison de Romans leur avaient enlevés.

1567. *Novembre 15*. — Romanet Bollaz, fourrier de la ville, se plaint de la peine qu'il a pour le logement des soldats, « qui arrivent de jour en jour, d'heure en heure ». On lui accorde une augmentation de salaire et un commis pour les écritures.

1567. *Novembre 22*. — « Sur la remonstration faite par MM. les consuls de ce qu'ils sont commandés par M. de Geyssans de fournir à l'estat de la despense du sieur de Cardé et de Madame sa femme, qui monte beaucoup et telle que la ville ne la sauroit payer à moins de dix écus par jour, et ils ont esté contraints de fournir à ses maistres d'hostel quelque quantité de chair, pain et autres despens »

1567. *Novembre 28*. — Lettres du conseil de la guerre, contenant commandement à MM. les consuls de faire lever sur ceux de la religion catholique romaine de Romans, et dans huit jours, un emprunt de la somme de 6,000 livres pour la solde des troupes. Ces lettres signées par de Cardé, Dugas et de Blacons, et Bertrand, secrétaire, furent signifiées par Teston Pichat, sergent (huissier) royal à Romans.

L'assemblée générale protesta contre cette exorbitante exaction, qui pesait sur une seule catégorie d'habitants. Mais, sur une nouvelle lettre de Crussol, comte d'Acier, la ville fut encore une fois obligée de céder à la force et de faire lever cet emprunt.

1568. *Mars 23* — Depuis l'époque où de Chatte-Geyssans s'était emparé de Romans (30 septembre), le nombre des soldats qu'il avait amenés fut chaque jour augmenté d'une foule d'étrangers et d'aventuriers, qui commirent dans cette ville les plus abominables excès : abolition du culte catholique, proscription des prêtres et des religieux, pillage, incendie et ruine des édifices religieux et hospitaliers, profanation des tombeaux, contributions incessantes sur les catholiques. Le mal était à son comble, lorsque l'armée commandée par de l'Estang et des Adrets vint mettre le siège devant Romans (1). La résistance fut longue, parce que les défenseurs craignaient d'être traités par des Adrets aussi cruellement que l'avaient été d'autres villes qui s'étaient rendues à lui.

1568. *Avril 18*. — Le baron de Gordes remet sous l'obéissance du roi la ville de Romans, et, malgré de trop justes griefs, il use envers les habitants d'une grande indulgence.

1568. *Avril 29*. — Les chanoines sont invités « à rétablir la cloche et la sentinelle sur leur campanil, à la forme qu'ils faisaient aux pré-

---

(1) Pendant que des Adrets bloquait Romans, un soldat bourguignon sortit de la ville pour aller assassiner ce chef dans son camp ; mais ayant été pris et ayant avoué son dessein, de Gordes le fit pendre.

cédents troubles et à leurs despens, et de faire garde en personne à leur tour et ordre aux portes de ladite ville et les rondes de nuit. » Ils offrent de payer la moitié de la dépense, à condition que la ville paiera l'autre moitié.

1568. *Septembre 6*. — Le baron de Gordes autorise la ville à acheter des armes jusqu'à la somme de 3,000 livres, pour armer les habitants catholiques. On en acheta à Lyon pour 2,200 livres.

1569. *Janvier 3*. — Par ordre du gouverneur, on établit un rôle de ceux de la religion p. r., pour leur faire payer une cotisation en faveur des hommes préposés à la garde de la ville et le remboursement d'un emprunt contracté pour le logement de la troupe en 1567.

1569. *Mars 9*. — Le Chapitre de Saint-Barnard, redevenu libre, présente au roi un placet dans lequel il énumère les pertes qu'il a faites par suite des guerres.

1570. *Avril 27*. — Sur l'ordre de M. de Saint-André (1), gouverneur de la ville, le juge royal, assisté du conseiller de Bellièvre et de M. d'Eybens, trésorier de France, communique une lettre du lieutenant général de Gordes, datée de Valence, qui invite chaque habitant de Romans à faire provision de vivres pour trois mois, et prescrit à la municipalité d'acheter 2,000 sétiers de blé qui sont déposés à Tain et qui ne devront être mis en consommation qu'en cas de siège.

Claude Manuel, « l'un des notables bien zélés aux affaires de la république, » offre de faire ledit

---

(1) Philippe Philibert de Cervières de Saint-André.

achat, à condition qu'il sera garanti de tout dommage : ce qui est accepté. La dépense monte à 600 écus.

1570. *Juillet 5*. — Des lettres patentes d'Henri III, données à Compiègne, prescrivent la démolition des maisons construites trop près des remparts de la ville de Romans, au préjudice de la défense.

1570. *Juillet 19*. — En considération des services nombreux rendus à la ville par M. de Saint-André, chevalier des ordres du roi, gouverneur de Romans et du bailliage de Saint-Marcellin, en l'exemptant du logement et du passage des troupes de pied et de cheval, en obtenant des secours pour l'aider à supporter les frais de la guerre et une infinité d'autres services, et sur le désir exprimé par ledit gouverneur de recevoir en présent de la ville une maison et, si c'était possible, celle de feue Madame de La Baume, il a été conclu qu'on achètera ladite maison, si les propriétaires veulent se contenter de 17 à 1800 livres.

1571. *Mars 21*. — Le baron de Gordes se trouvant à Romans, ceux de la religion p. r. lui présentent une requête, contenant plusieurs griefs et plaintes au sujet de l'élection des consuls et des membres de l'assemblée communale.

1571. *Octobre 26*. — Les consuls signalent à la cour du parlement le grand nombre d'étrangers qui se sont refugiés à Romans depuis les troubles et qui, presque tous sans ressources, prennent part à toutes les séditions et enlèvent les aumônes qui appartiennent aux pauvres de la ville. Ils demandent que ces étrangers soient renvoyés dans les pays dont ils sont originaires. On nomme, à cet effet, un *chasse-coquin*, aux gages de 30 sols par mois.

1572. *Janvier 24.* — L'official de l'archevêque de Vienne se plaint, au nom de plusieurs notables de Romans, de ce qu'il ne se dit pas de messe paroissiale dans l'église de Saint-Barnard. Les chanoines répondent que la ruine de l'église ne permet pas d'en dire. Cependant ils vont faire recouvrir et fermer la chapelle de Saint-Jean, afin qu'on puisse y célébrer le service divin.

1572. *Août 28.* — Informé des intentions secrètes de la cour et ne se méprenant pas sur la cause du meurtre de l'amiral Coligny, le baron de Gordes, dans une lettre aux consuls de Romans, affecte de ne connaître et de ne recommander que les déclarations publiques du roi. Il prescrit d'armer les catholiques et de leur faire faire des gardes, « surtout avec une telle modestie qu'il ne soit faict aulcun desplaisir à ceulx de la nouvelle religion. » Il rend ces magistrats responsables « de toute émotion qui pouroit se en suyvre. » (1).

En conséquence de ces ordres, les consuls prescrivent aux capitaines de quartier de faire prendre les armes aux hommes de leurs compagnies.

1572. *Septembre 10.* — Le secrétaire de la ville, Loyron (2), ayant été député par les con-

---

(1) Voy. *Lettres inédites du baron de Gordes*, p. 5.

(2) Gabriel Loyron, notaire et secrétaire de la ville dès 1547. Il fut député par la ville à Vienne, en septembre 1555, au sujet de l'établissement de nouvelles contributions. Le Chapitre le récompensa par la

suls vers le baron de Gordes pour désapprouver
« la dampnable et malheureuse entreprise dres-
sée par les Huguenots sur l'estat et personne du
roy, et l'assurer du dévouement des bons et
loyaux subjets catholiques », le lieutenant
général répondit par une lettre adressée à M. de
Veaunes, premier consul, dans laquelle, ayant
égard aux suppliques des habitants de Romans
pour être soulagés des gardes, il ordonne que
dans ce service il y aurait autant de protestants
que de catholiques; mais les premiers pourraient
se faire exonérer en payant six sols à ceux qui
les remplaceraient. Il a soin de recommander
que, « à l'exaction desdits six sols, il ne s'y com-
mette aulcun abuz (1) ».

1572. *Septembre 21.* — Le contre-coup de
la Saint-Barthélemy se fait sentir dans Romans.
Un dimanche, des gens inconnus et masqués
envahissent les prisons et y tuent « sept religionnaires des plus obstinez. » Les autres prisonniers avaient été relachés après avoir abjuré :
40 par ordre du baron de Gordes, et 13 par les
soins de leurs amis.

De Gordes fut « très marry et mal content »
de ce déplorable événement, dont la connaissance
devait aussi, assurait-il, mécontenter le roi. Par
une lettre écrite de Laval (2), le 27 septembre,
il ordonne à M. de Veaune de faire une enquête
pour sévir contre les meurtriers. Il n'accuse ni
les autorités ni les habitants de Romans, parce
qu'il connaît leur fidélité et leur modération;

remise de plusieurs rentes pour avoir sauvé des titres et papiers. Il
mourut en 1585.

(1) Voy. *Lettres inédites du baron de Gordes*, p. 6.
(2) Château et village à 4 lieues de Grenoble.

mais il blâme vivement la conduite du capitaine de service (1).

1572. *Octobre 22*. — « M. de Veaulne, premier consul, a remonstré qu'il est arrivé en cette ville un painctre, ayant commission du roy de pourtraire toutes les villes de son royaulme, pour réduyre en après tous les pourtraicts en ung volume ; et pour ce qu'il a **travaillé à Grenoble, à Montélimar et à Valence**, qu'on recognoisse ses peynes. »

« Il est conclu qu'on le fasse travailler à l'imitation des autres villes, et pour recognoistre ses peynes, les consuls s'en remettront à la discrétion du sieur de Veaunes (2). »

1572. *Décembre 10*. — M. Jean de Solignac, seigneur de Veaunes, est nommé commandant de cette ville. L'assemblée, eu égard aux peines et bons offices que de tout temps il a eus à l'endroit de la ville, a décidé de lui donner 50 livres pour chaque mois de l'exercice de sa charge Il est remplacé par M. de Montchenu, lieutenant du baron de Gordes.

1573. *Avril 23*. — La cour du parlement donne commission au vibailli de Saint-Marcellin de faire le procès à ceux de la nouvelle religion, pour crime de trahison et conspiration tendant à s'emparer de la ville (3).

---

(1) Voy. *Annales de Romans pendant les guerres de religion*, p. 59.

(2) Il s'agit probablement ici du travail qui figure dans la *Cosmographie* de François de Belleforest, dans laquelle, en effet, se trouve une vue à vol d'oiseau de la ville de Romans, vue au reste fort inexacte. (A Paris, chez Nicolas Chesneau, rue Saint-Jacques, au Chesne Verd, 1575.)

(3) Le jeune La Ribintière, fait prisonnier à la suite de l'échauffourée de Moras, amené à Romans, fut exécuté dans cette ville, ainsi que ses complices Dubois et ses fils.

1573. *Juin 3.* — Arrivée à Romans d'une compagnie de Suisses pour la garde de la ville. Il avait été convenu entre le lieutenant général de la province et le capitaine des Suisses, Figuli, que la paye de cette compagnie, montant chaque mois à 1,200 écus, serait soldée par le pays, mais que la ville de Romans en ferait l'avance et donnerait en outre une gratification de 300 livres au capitaine.

1573. *Juillet 4.* — M. de Moidieu, commissaire général des vivres, informe les consuls qu'il va être établi pour l'armée du baron de Gordes un magasin, qui sera alimenté à raison de huit sétiers de blé froment par feu, avec foin, avoine, viande et vin, conformément à l'état qui lui a été remis.

1573. *Juillet 9.* — Un commissaire du roi, député pour la visite des églises de la province endommagées pendant les troubles, constate les dévastations commises dans l'église de Saint-Barnard, dans la maison abbatiale, dans celle du sacristain, des chanoines et des prêtres

1573. *Juillet 19.* — Le Chapitre de Saint-Barnard fait déclaration devant Me Pierre Delacour, notaire (1), commis de l'official et vicaire général de Vienne, des pertes, dommages et intérêts soufferts de la part des religionnaires.

Les délégués du Chapitre déclarent que la collégiale de Saint-Barnard compte en tout quinze chanoines, dont sept non-résidants, deux chanoines

---

(1) La famille Delacour remonte fort loin dans l'histoire de Romans. On trouve en 1341 un Pierre Delacour, notaire, qui, le 21 mai de cette année, rédigea un accord entre le Dauphin et les habitants de Romans.

appelés panetiers, un sous-capiscol, chanoine de Tournus, où il réside, quatre curés pour la paroisse de Saint-Barnard, un curé pour celle de Saint-Romain et un curé pour celle de Saint-Nicolas, un esclaffard et neuf clergeons, enfin douze officiers laïques. Il y a aussi un Cordelier pour annoncer la parole de Dieu et un maître d'école pour instruire la jeunesse.

L'église de Saint-Barnard, fortement endommagée lors des premiers troubles en 1562 par ceux de la nouvelle opinion, fut presque totalement ruinée en 1567 (1). Ses pertes ne pouvaient être estimées à moins de 200,000 livres, sans y comprendre la maison abbatiale, la maison du sacristain et celles des prêtres qui ont été démolies et ruinées. A quoi on peut ajouter la perte des prieurés de Sillac, Saint-Félicien et Saint-Victor en Vivarais, dépendants de l'église de Saint-Barnard, alors occupés par les calvinistes de ces pays.

1573. *Octobre 17*. — Par une lettre écrite de Montélimar le 14 de ce mois, le baron de Gordes prie de la manière la plus pressante la communauté de Romans de lui prêter la somme de 1,000 écus, dont il fera une obligation en son propre et privé nom. Il termine en disant : « Je vous prie encore une fois de me vouloir accommoder de ce que dessus ; mais c'est de telle affection comme si estoyt pour retirer ung de mes enfants des mains des Turcs. » Cet emprunt fut immédiatement réalisé par une cotisation sur les aisés.

---

(1) Les dommages causés à l'église de Saint-Barnard furent bien considérables, à en juger par le temps et les sommes nécessités pour les réparer.

1573. — *Décembre 5.* — Réglement pour les gardes.

« Les notables de la ville seront tenus de faire les rondes la nuyct, chacun à son tour, suivant le billet qui leur sera baillé par le sergent major, lequel, par le même moyen, baillera le mot à celuy qui fera la première ronde et fera bailler un fallot et des chandelles pour les rondes ordinaires, que feront les notables chaque nuyct avec des marques, suivant le nombre des corps de garde, lesquelles seront laissées aux susdicts corps de garde en passant, et rendues le lendemain par chaque caporal audit sergent major pour estre adverti de ceux qui auront défailly, qui seront amendables à appliquer aux soldats de la garde. »

1573. *Décembre 9.* — Le baron de Gordes donne communication au premier consul d'une lettre qu'il vient de recevoir du roi Charles IX. Dans cette dépêche, datée de La Fère du 25 octobre, après un long préambule où S. M. se plaint de la corruption des mœurs, qui s'accroît tous les jours malgré les remèdes qu'elle s'efforce d'appliquer pour arrêter le cours du mal, elle invite instamment son lieutenant général en Dauphiné à visiter toutes les villes de cette province, afin de s'assurer : 1° si les ecclésiastiques s'acquittent de leurs devoirs; s'ils jouissent de ce qui leur appartient; 2° comment se comportent ceux de la noblesse ; s'il existe entre ses membres des querelles de quelque importance ; 3° si les officiers de justice ont la réputation de s'acquitter de leur charge; 4° quelle inclination a le peuple, et comment les citoyens vivent-ils les uns avec les autres, surtout au

sujet de la religion. « En somme, noter et observer tout ce qui concerne le bien et le repos
public. »

De Gordes remit cette lettre au premier
consul, en le priant de lui faire un rapport concernant la ville de Romans. Ce dernier rédigea
une longue réponse, dans laquelle il fit l'éloge
du clergé et de la noblesse, et signala parmi le
peuple « ceux de la nouvelle opinion, qui étaient
mécontents et défiants envers les catholiques. »
Le rapport finissait en signalant « les menées,
entreprises, conspirations, meurtres, assassinats et plusieurs autres actes d'hostilités qui
sont journellement faits par ceux de la nouvelle
opinion et les nouveaux catholiques (1), se réu-
nissant secrètement en plusieurs lieux, au désa-
vantage des bons citoyens, qui restent désarmés. »

De leur côté « ceux de la nouvelle opinion », Antoine Bonninaud, Jean Magnat, Jean Thomé (2),
Jean Ranc et leurs adhérents de la ville de
Romans, présentèrent des remontrances au lieutenant général, se plaignant en somme des nombreuses charges qui pesaient sur eux, notamment des gardes, des emprunts et des logements
des gens de guerre, et surtout d'avoir été exclus
de la maison consulaire. Les consuls répondirent
à ces accusations que les charges dont se plaignaient les réformés étaient communes à tous

---

(1) On nommait ainsi ceux qui s'étaient convertis à l'époque de la
Saint-Barthélemy et dont l'abjuration ne paraissait pas sincère.

(2) Il fut le chef de la branche protestante de l'ancienne famille
Thomé. Un de ses descendants figure parmi les rares Roma-
nais qui se réfugièrent à Genève après la révocation de l'Édit de
Nantes.

les habitants, et que si elles paraissaient plus lourdes pour eux, c'est qu'ils étaient moins nombreux et en général plus aisés. Ils terminaient en disant que, par amour du repos et de la paix publique, ils ne voulaient pas rappeler les actions et la partialité de ceux de la nouvelle opinion lorsqu'ils dominaient dans la ville.

1574. *Mars 22*. — M. Charles Milhard (1) est élu premier consul et M. Humbert Duboys deuxième consul. Ces messieurs ayant pour divers motifs refusé d'accepter cette charge, sur le réquisitoire du procureur du roi, Montluel, le juge ordinaire Veilheu leur enjoint de se soumettre à cette élection et de prêter le serment accoutumé, à peine de 1,000 livres d'amende. L'amende était de 50 livres pour les conseillers et de 10 sols pour chaque absence.

1574. *Avril 24*. — Des commissaires du clergé et de la bourgeoisie font une enquête sur les habitants nécessiteux. Leur nombre s'élève à 511 personnes, dont le soulagement exige chaque semaine 213 aumônes de pain, représentant 785 quintaux par an.

1574. *Mai 12*. — A l'occasion de l'arrivée à Romans de Charles de Bourbon, prince de la Roche-sur-Yon, gouverneur du Dauphiné (2), l'assemblée décide qu'on lui fera la meilleure réception possible. On lui offrira quelques pièces

---

(1) Plusieurs fois premier consul, il siégea aux États de Blois au mois d'octobre 1576 et rapporta de Paris une lettre d'Henri III, écrite le 14 juillet 1580, aux habitants de Romans pour les féliciter de leur obéissance et fidélité. Il fut receveur de la ville en 1589, et ensuite trésorier et receveur général des tailles en Dauphiné.

(2) C'est François de Bourbon, dauphin d'Auvergne, pourvu le 28 février 1567.

d'argenterie de la valeur de 2 à 300 livres, et l'on fera confectionner un pally (dais) de taffetas aux couleurs et aux armes dudit seigneur, pour l'honorer à son entrée (1).

1574. *Mai 23.* — Jean Arnaud et Ennemond Dozy demandent, comme récompense des pertes qu'ils ont souffertes durant les troubles, l'emplacement du temple dans lequel ceux de la religion p. r. *souloient* faire leurs exercices. Mais Pierre Barletier, Girard Charles et Jean Berger ayant prouvé qu'ils avaient acheté ce lieu par contrat, au prix de 6 à 700 florins, et ayant même offert de le céder à la ville pour 400 florins, sans demander aucune indemnité pour la ruine de la maison qui y était, il ne fut donné aucune suite à la requête des sieurs Arnaud et Dozy.

1574. *Juillet 16.* — Le prince Dauphin, gouverneur du Dauphiné, écrit de Valence pour informer les consuls qu'il envoie à Romans, en qualité de gouverneur, le sieur de Saint-André, qui avait déjà rempli cette fonction. Il leur enjoint de le recevoir et de lui obéir.

1574. *Octobre 17.* — Le roi Henri III avec sa suite séjourne à Romans. La dépense pour sa maison est réglée à 158 livres.

1574. *Décembre 5.* — 2,000 reîtres ou cavaliers allemands, commandés par le comte de Ringrave, traversent Romans. On avait pris à cette occasion les plus grandes précautions contre l'indiscipline de ces mercenaires, qui agissaient comme en pays conquis. Les autorités avaient fait prendre les armes à toutes les compagnies, renforcer les gardes des portes, tendre des chaî-

---

(1) Voy. *Les présents de la ville de Romans.*

nes à l'entrée des rues, fermer les boutiques et ordonné d'abattre les *sarrasines* (herses) à la première apparence de danger.

1575. *Janvier 16*. — Le roi Henri III préside les Etats du Dauphiné réunis à Romans. Il y avait le duc d'Alençon, frère du roi, le roi de Navarre, le chancelier René de Birague, de Gordes, lieutenant général, Jean Truchon, Guillaume de Portes, l'un premier et l'autre deuxième président au parlement, François Fléard, premier président de la chambre des comptes, Saint-André et Sébastien Lionne, commissaires et députés par le roi.

Guillaume d'Avançon, archevêque d'Embrun, Basemont, abbé d'Aiguebelle, le grand vicaire de Vienne, Anselme Aquin, chanoine de N.-D. de Grenoble, députés du clergé, le baron de Sassenage, député de la noblesse, et André Aréoud, premier consul de Grenoble, et un consul de Vienne, députés du tiers ordre.

Dans cette assemblée on arrête que, pour continuer la guerre contre Montbrun, le tiers état de la province entretiendra 2,000 hommes de pied et la noblesse 50 hommes d'armes.

Le roi partit le lendemain pour Saint-Vallier. La dépense pendant son séjour monta à 275 livres 5 sols 9 deniers (1).

1575. *Mars 28*. — Le juge royal Veilheu est emprisonné à cause du retard de la ville de Romans dans l'acquittement des tailles.

La ville, représentée par ses consuls, s'engage

---

(1) Voy. *Comptes de la maison d'Henri III*, dans *Revue du Dauphiné et du Vivarais*, t. III, p. 209. Le roi avait logé dans la maison de M. Mulet.

solidairement vis-à-vis des banquiers de Lyon, qui prêtent 200.000 livres à la province.

1575. *Juillet 3*. — L'armée réunie à Romans sous les ordres du comte d'Ourches, lieutenant du baron de Gordes, part pour aller à Die. Elle se composait d'environ 800 chevaux et 900 hommes de pied, et traînait avec elle des vivres et des munitions de guerre.

1575. *Septembre 15*. — La compagnie de M. de Chevrières se présente devant la ville ; on ne veut pas la recevoir : elle va loger à Mours.

Le roi écrit de Paris « à ses chers et bien amez les consuls, manants et habitants de Romans, de bien garder leur ville et de n'y laisser entrer aucune troupe sans un passeport signé de sa main. »

Cette lettre était accompagnée d'un billet du baron de Gordes, expliquant que la recommandation du roi était faite à l'occasion de la fuite du duc d'Alençon.

1575 *Septembre 29*. — Le baron de Gordes vient à Romans. Il demande pour l'entretien de ses troupes une imposition de 20 livres par feu.

Henri III écrit aux maire, échevins (1), manants et habitants de Romans, pour leur faire connaître son dernier édit de pacification, « dont il espère un infini bien ».

1576. *Avril*. — Pendant que le baron de Gordes assiégeait Morestel, les huguenots des

---

(1) C'était probablement une formule de chancellerie, car il n'existait pas alors à Romans un maire et des échevins, mais des consuls.

montagnes, pour faire diversion à ce siège, vinrent avec environ 200 chevaux s'embusquer à l'entrée du Bourg-de-Péage, vers la maladrerie, dont il dévastèrent la modeste chapelle. Trente braves soldats, sortis du Péage, tombèrent dans le piège et furent massacrés. Le lendemain, 150 hommes de la garnison de Romans allèrent jusqu'au pont de la Maladière, mais n'osèrent passer outre, de crainte de la cavalerie.

1576 *Octobre 6.* — Une lettre de Jean de Montluc, évêque de Valence (1), reproche aux gens de justice et aux capitaines de la ville de Romans de faire très mal leur devoir, quand ils pourraient très bien contenir, s'ils le voulaient, le petit nombre de ceux qui cherchent « à pescher en eau trouble » (2).

Le juge et les capitaines de la ville furent sommés et requis de faire leur devoir, ce qu'ils promirent de faire de tout leur pouvoir.

1576. *Novembre 19.* — Les consuls ayant appris, sur le rapport de M. le juge Guérin, le mécontentement de l'évêque de Valence sur ce que, à son passage à Romans, en revenant de Grenoble, on ne lui avait rendu aucun honneur, il est résolu que deux consuls, accompagnés de quelques autres notables, iraient à Valence afin de présenter au prélat des excuses « pour le général et le particulier », et de lui offrir en cadeau quelques pièces de vin ou autre chose qu'on pourra penser lui être agréable.

---

(1) D'abord dominicain, il fut seize fois ambassadeur. Il fut mis sur le siège de Valence et de Die en 1553, mais il n'y parut qu'en 1558. Membre du conseil de Catherine de Médicis, il mourut à Toulouse le 13 avril 1579.

(2) Voy. *Annales de la ville de Romans pendant les guerres de religion*, p. 68.

1577. *Janvier 4*. — Les huguenots s'étant saisis de nouveau de Livron et autres lieux, et ayant même commis plusieurs meurtres et ravages à Saint-Nazaire, il est décidé de veiller avec soin à la conservation de la ville et de mettre, pendant les troubles, ceux de la nouvelle religion en lieu de sûreté ou dans des maisons de catholiques, qui en répondront ; mais que nul ne sera molesté.

A la même date, le baron de Gordes annonce aux autorités de Romans qu'il leur envoie M. d'Ourches, pour leur communiquer ses instructions particulières, auxquelles ils devront se conformer.

1577. *Février 4*. — Le baron de Gordes accorde à la ville la faculté de percevoir un droit de 10 sols sur chaque charrette qui traversera le pont sur l'Isère, pour la mettre à même de subvenir aux dépenses qu'occasionnent la fourniture du bois, des chandelles, de la poudre, des munitions de guerre, l'entretien d'un sergent major, les gardes des portes, les réparations des fortifications, etc.

1577. *Mai 6*. — Un sieur Claude Choner avait la garde du château de Barbières, lorsqu'il fut surpris par les religionnaires. Il vint se réfugier à Romans, couvert de blessures. Il fut question de l'arrêter pour lui faire rendre raison de ladite surprise. On se contenta de le consigner aux portes, en attendant les ordres du lieutenant général. Le château fut, du reste, repris par vingt soldats qui y étaient restés prisonniers, et rendu aux catholiques.

1577. *Mai 31*. — A l'occasion du passage à travers la ville des régiments de Crillon, de Lar-

che et de Martinière, descendant en Languedoc, il est arrêté que ces troupes ne passeront
que par compagnie ; que pendant cette traver-
sée les habitants tiendront leurs boutiques fermées, qu'ils se rendront en armes à leurs postes
et aux portes de la ville ; que M. de Veaunes et
les capitaines se tiendront à la tête de leurs compagnies et « que aultrement on offrira à ces régiments toute courtoysie et honneur de la part de
ladite ville. »

Ces précautions étaient nécessitées par les
excès que commettaient ces soldats. Plusieurs
d'entre eux furent arrêtés au moment où ils ven-
daient des bestiaux qu'ils avaient volés.

1577. *Juillet.* — La ville de Romans est
obligée de payer 600 écus pour la rançon des
consuls de Rochechinard et Bernard, qui avaient
été capturés par les protestants sur la route de
Valence, où ils se rendaient pour affaires de leur
communauté.

1577. *Juillet 22.* — Sur l'ordre de M. de
Moydieu, commissaire général des vivres, la
ville de Romans est requise d'envoyer des bœufs,
des moutons, des pains, du vin aux troupes de
M. de Gordes, campées devant le Pont-en-Royans.
Le siège de cette place ayant été soudainement
levé, 4,500 pains, portés à Saint-Nazaire aux
frais de la ville, restèrent sans emploi et furent
vendus à vil prix.

1577. *Août 6.* — M. de Gordes, à son départ
de Romans, s'est vivement plaint du peu de gardes qu'il a trouvés à la porte de Saint-Nicolas. Il
commande d'y mieux tenir la main, autrement
qu'il y pourvoira. Les capitaines sont priés de
bien veiller à ce service et de prévenir qu'on

fera murer les portes où le service serait mal fait.

1577. *Septembre 29.* — Lettre du roi Henri III aux autorités et habitants de Romans, leur annonçant avec joie un édit de pacification qui mettra un terme aux maux de toute sorte qu'entraînaient les troubles.

1578. *Février 12.* — La ville demande au roi la permission d'alberger les vieux fossés des remparts, au profit de l'Aumône générale.

Elle paie 23 livres au logis du *Chapeau rouge* pour le séjour qu'y avait fait le baron de Gordes, lieutenant général de Dauphiné.

1578. *Mars.* — Les principales villes du Dauphiné s'étaient *liguées* pour refuser une troisième taille de 15 écus par feu, jusqu'à ce que 1° les trésoriers eussent rendu leurs comptes, 2° que le pauvre peuple fut délivré de la tyrannie des gens de guerre, et 3° que le clergé et la noblesse eussent contribué, comme de droit, aux dépenses nécessitées par la défense du pays. Les griefs étaient fondés et le but était louable. Mais ce ne fut bientôt qu'un prétexte. Par suite de l'esprit de révolte qui soufflait alors partout, quelques meneurs populaires s'emparèrent du mouvement, qui dès lors sortit des voies légales pour tomber dans la licence et la révolte : il y eut une sorte de *Jacquerie*, contre laquelle réagirent la noblesse et la bourgeoisie, et que, comme on le verra plus loin, réprima sévèrement une commission envoyée par le parlement.

A Romans, un drapier (1) se mit à la tête des

---

(1) Jean Serve, dit Pommier, originaire de Montrigaud, vint s'établir à Romans, où il s'allia à deux honorables familles en épousant 1° Antoinette Thomé, le 27 février 1560, et 2° Marguerite Loyron, le

révoltés. Il s'empara des clefs de la ville, destitua les capitaines de quartier, fit appel aux populations des environs et, le 1er mars, partit avec 4,000 hommes pour aller assiéger « le voleur Laprade (1) et ses complices à Châteaudouble, et pour mettre fin à ses voleries ». Il revint de cette expédition deux ou trois semaines après, sur l'assurance de la punition des coupables que lui donna de Maugiron, à qui du reste, le château se rendit peu de temps après (14 mars 1578).

1578. *Mai 7*. — La ville fait acheter à Lyon trois *goubeaux* d'argent pour être offerts à Laurent de Maugiron, lieutenant général de Dauphiné (2), à son entrée à Romans, qui n'eut lieu que le 1er juin.

1578. *Octobre 20*. — Les chanoines de Saint-Barnard obtiennent de Robert de Lacroix, vice-légat d'Avignon, un monitoire au sujet de l'enlèvement de leurs titres, papiers, documents, joyaux, ornements, etc., ravis pendant les troubles.

1578. *Novembre 13*. — Laurent de Maugiron, se trouvant à Romans, fait convoquer une assemblée générale, où il révèle les complots de ceux de la R. P. R. et annonce que le sieur du

---

20 novembre 1562. De chacun de ces mariages il eut une fille : du 1er Monille, du 2e Ennemonette. Au milieu des longs désordres causés par les guerres civiles, il parvint à capter la faveur populaire, dont il se servit pour usurper l'autorité dans la ville de Romans. Ses goûts militaires lui valurent de recevoir un coup d'arquebuse en 1575, dans une rencontre avec les huguenots qui voulaient s'approcher du Bourg-de-Péage. Son ambition et sa vanité furent la cause de sa mort : il en sera parlé plus loin.

(1) Antoine de Lassalle. Il a été fait une chanson sur la prise de Châteaudouble, en 15 couplets de 6 vers.

(2) Commissionné en 1562, Laurent de Maugiron, comte de Montléans, fut nommé titulairement, après la mort du baron de Gordes, par lettres de mars 1578.

Passage est chargé de nommer un surintendant pour la tuition et conservation de la ville, lequel toutefois n'aura pas connaissance de la justice et de la police, mais seulement des gardes.

1579. *Février 16*. — Sur quelques plaintes des habitants de Romans, Laurent de Maugiron écrit une lettre très affecteuse, disant qu'il veut être leur père et qu'il n'est point étranger à la province, où il a son bien.

1579. *Avril 6*. — Henri III écrit aux consuls de Romans pour leur donner l'assurance qu'il veut bien oublier le souvenir des désordres survenus dernièrement dans leur ville, à l'occasion de l'entreprise contre Châteaudouble (1).

1579. *Avril 27*. — On requiert à Romans des maçons et des pionniers pour coopérer à la démolition de Châteaudouble.

1579. *Mai 12*. — Le conseiller au parlement Michel Thomé est envoyé à Romans par le lieutenant général de Maugiron. Il fait un règlement de police, enjoignant aux étrangers de sortir de la ville, aux hôteliers de faire la déclaration des individus qu'ils logent, aux habitants de vivre en paix et à ceux qui servent à la guerre de rentrer avant le délai d'un mois dans leur domicile, à peine de confiscation de leurs biens. Il fait ensuite prêter aux membres de l'assemblée le serment de fidélité au roi et d'obéissance aux édits de pacification (2).

1579. *Mai 19*. — Tous les habitants de Romans, chefs de famille, étaient classés par profession et en quatre catégories, qui chacune

---

(1) Voy. *Annales de la ville de Romans pendant les guerres de religion*, p. 73.

(2) Voy. ibid., p. 74.

élisait un consul. Chaque consul choisissait à son tour quatre conseillers, et tous ensemble formaient le conseil de la ville.

Les séances de ce conseil étaient publiques et ceux qui le voulaient y assistaient dans une tribune, d'où trop souvent ils troublaient et influençaient les délibérations par de bruyantes démonstrations. Pour faire cesser ces désordres, le juge royal proposa à l'assemblée d'augmenter le nombre de ses membres et d'expulser le peuple de la tribune. Cette proposition fut adoptée et le juge autorisé à choisir vingt membres supplémentaires. Un peu plus tard, ladite tribune fut démolie sous prétexte de vétusté.

1579. *Juillet 19-20.* — La reine-mère Catherine de Médicis, accompagnée du cardinal de Bourbon, du duc de Mayenne, du maréchal d'Anville, vient en Dauphiné pour y faire accepter l'édit de pacification de Poitiers Elle demeure deux jours à Romans, pour entendre les plaintes et la justification du sieur Serve dit Paumier, qui exerçait la charge de commandant de la ville sans l'autorisation du roi. Il répondit que le peuple l'avait élu, non contre le service de S. M., mais pour « la conservation du *pauvre peuple* et pour poursuivre ses justes remontrances contenues dans ses cahiers. »

La reine ne se sentant pas en mesure de destituer ce chef démagogue, se contenta de lui commander, sous peine de la vie, de faire contenir le peuple en modestie, sans émotion, en attendant la résolution qu'elle comptait prendre à Grenoble (1).

____

(1) Voici comment Catherine de Médicis raconte son séjour à Romans dans sa correspondance avec son fils, le roi Henri III :

Sur la prière de la noblesse, elle fit enlever de Romans deux pièces d'artillerie qu'y avait laissées de Gordes, qu'elle ordonna de conduire à Lyon, de crainte que la Ligue ne s'en servît.

1579. *Août*. — Une lettre de la même princesse, écrite de Grenoble aux consuls et habitants de Romans, fait connaître la convention conclue à Montluel et ordonne de la publier et de s'y conformer (1).

1580. *Février 14*. — Le dimanche avant Carême, les partisans de Paumier firent un reynage et coururent un mouton. Il étaient au nombre de six cents, dont beaucoup à cheval, ce qui donna lieu à des mascarades, à des branles par la ville avec tambours et cornets, des sonnettes aux pieds et des épées nues en mains, disant que les aisés de la ville s'étaient enrichis aux dépens des pauvres *guignants*, qu'il fallait leur faire restituer, etc.

Par contre, une troupe nombreuse d'habitants de la porte de Jacquemart, ayant à sa tête un jeune homme nommé Laigle, firent un reynage et coururent un coq. Quelques jours après, les notables du quartier de la place et du pont voulurent courir une perdrix : ce qui eut lieu le

---

« Ceulx de ceste ville de Romans sont venus au devant de moy en bon nombre et qui estoient armez. Leur capitaine, appelé Pommier, qui est marchand drappier, m'a faict une sommaire harangue de ma bien venue, et j'ay remis à parler demain à tous ceulx de ceste ville ensemble, y séjournant pour ce qu'il est dimanche. Aussy que je seray bien ayse de parler à luy. Cependant je vous diray que ledict Pommier a si grand crédit et autorité parmi ces ligues, qu'au moindre mot qu'il dict, il faict marcher tous ceulx de ceste ville et des environs. » (*Revue des Soc. sav. des départements*, 1863, t. 1er, p. 255).

(1) Voy. *Annales de la ville de Romans pendant les guerres de religion*, p. 76.

dimanche suivant, sur la place des Cordeliers, en
présence de beaucoup de dames et de gens de la
ville. On eut soin d'élire un nommé Laroche,
grand ennemi de Paumier, à qui l'on fit tous les
honneurs de la royauté : ministres, ambassa-
deurs, maréchaux des logis, archers, gardes suisses et turcs, huissiers, chancelier, aumônier,
messe en musique, etc. Le soir, après le souper,
il y eut grand bal à l'hôtel de ville. Les hommes
des deux factions s'y étant rencontrés, sortent
tous armés et chargent les uns contre les autres ;
plusieurs sont massacrés. Une bande alla droit
au logis de Paumier, qui se trouvait dehors avec
huit ou neuf de ses partisans et lui-même armé
d'une pique Après quelques reproches, un jeune
homme lui donna un coup d'épieu au visage, qui
fut suivi de deux coups de pistolet et d'épées. Le
désordre dura trois jours, pendant lesquels les
portes de la ville restèrent fermées. Ensuite les
Romanais, d'accord avec la noblesse des environs, firent des courses dans la campagne, tuant
les paysans « comme pourceaux (1). »

1580. *Février 17.* — « Après ce que M. le juge
ayant remontré ce qui est advenu ces jours passés sur les desseins, conspirations et entreprises

----

(1) Peut-être faut-il voir dans ces évènements la mise à exécution .
d'un complot ourdi pendant le séjour de Catherine de Médicis à
Romans. En effet, elle avait répondu au juge qui lui demandait ce
qu'il y avait à faire : « Il faut que les gens de bien se rendent les
« maîtres, et il n'est pas raisonnable que pour une vingtaine ou
« trentaine de séditieux qu'il y a en cette ville, tout le reste des gens
« de bien en endurent. »

Voy. Roman, *La guerre des paysans en Dauphiné*, extrait du manuscrit 3319, p. 137, de la Bibliothèque nationale (*Bull. de la Soc.
d'Archéologie de la Drôme*, t. II, pp. 22 et 149). Voir aussi les *Mémoires d'Eustache Piémond* (éd. Brun-Durand, p. 88).

du capitaine Paumier et autres ses complices, qui avoient voulu attenter sur les gens d'honneur de la ville, conspirer la mort et massacre d'iceulx, et, pour ce faire, se seroient mis en devoir de faire entrer des villageois en bon nombre pour favoriser leur entreprise », il est conclu par l'assemblée que les portes de la ville seront murées, excepté celles de Jacquemart et du Pont, pour obvier à toute surprise, et que, pour plus de sûreté, les complices dudit feu Paumier et les conspirateurs d'une si condamnable entreprise seront désarmés et resserrés le plus promptement qu'on pourra.

1580. *Février 18*. — Les seigneurs de Montelier, de Charpey, de Brette et de Bayanne, venus dans cette ville pour porter secours et assistance, désirant se retirer, il est arrêté que la communauté payera leurs dépenses à l'hôtel.

1580. *Février 27*. — Les paysans de la Valloire et du Viennois, soulevés par Innocent Gentillet, ami et confident de Lesdiguières, demandèrent qu'il fut fait justice de ceux qui avaient « meurtri le populat ». Sur cette plainte une commission du parlement se rend à Romans, sous l'escorte de trois compagnies de soldats : celles de Veaunes, de La Croze et de La Balme. Cette commission était composée de M. de Buffevent, président ; François Ruzé, avocat général ; de six conseillers : Jean du Vache, Georges Bailly, Claude Berthier, Henri Ferrand, Pierre Duchemin, François Reynaud ; de deux secrétaires et un huissier.

1580. *Mars 8*. — On publie un arrêt du parlement qui ordonne le désarmement de la ville et défend, sous peine de la vie, aux marchands de vendre et aux habitants d'acheter des armes. Les armes, les enseignes et les tambours sont déposés en lieu sûr.

1580. *Mars 10*. — La commission du parlement établie à Romans siégea en cour criminelle du 10 mars au 24 avril. Elle jugea 89 accusés et prononça les condamnations suivantes : 44 à la peine de mort, parmi lesquels 10 furent exécutés ; un, décédé, à la flétrissure de sa mémoire ; quatre à dix années de galères, un à la fustigation, sept acquittés, 61 contumaces à être appréhendés au corps. En outre, tous furent condamnés à diverses amendes et à la confiscation de leurs biens au profit du roi, montant ensemble à 15,563 écus. La cour rendit aussi plusieurs arrêts pour légaliser la vente de ces biens et pour fixer le chiffre des reprises dotales réclamées par les femmes et les enfants des condamnés.

Voici la reproduction textuelle du premier jugement, qui est le plus intéressant :

« Veu par la Cour le procès formé extraordinairement contre Guillaume Robert, dit Brunat, marchand, et Joffroy Fleur, boucher, de Romans, détenus prisonniers, et même le procès-verbal de M° Antoine Guérin, juge royal, faict dès le 9° de février 1579 jusques au 15° de février dernier inclusivement ; les informations prises contre les factieux, séditieux, rebelles et conspirateurs sur la ville de Romans ; les responses desdits Brunat, Fleur et autres détenus prisonniers ès prisons de Jacquemart de Romans, sçavoir: de Jean Terrasses, dict le But, Pierre Lambert, dict le Gros, Pierre Balthazar, Christophle, dict Guigonnet, Louis Fayon, Jean Besson, dict

Massacre, Jacques Jacques, François Drovet, Simon Tisserant , Balthazar Baboin , Jean Chion, Jean Lile, Antoine Racine, Matelin de Meures, Jean Racousse, François Robin, Antoine Merdel, Benoit de Truys, Jean des Armes et Antoine Magnat ; l'acte receu par ledict Brunat, du 12 février 1578, signé Guérin, juge, Ricol, Humbert, Leroy et par ledict Brunat ; les conclusions du procureur du roy, l'arrest de la Cour, où il est dict que les témoings seront recollés et après confrontés auxdicts accusés ; les actes de recollements et de confrontations des témoings ; les responses faictes en la chambre du conseil par lesdicts Brunat et Fleur, le 7 dudict mois ; les despositions dudict Guérin, juge, et Ricol, secrétaire de la ville de Romans, nommé par ledict Brunat pour sa descharge ; l'acte de provision de curateur faicte tant au vrai que pour desfaults ; la condempnation de la mémoire de Jean Serve Paulmier ; la déclaration dudict curateur qu'il n'avoyt moyen d'empescher ladicte condempnation ; les conclusions définitives dud. procureur général du roy, le 7ᵉ dudict mars ; le tout considéré :

« La Cour a déclaré et déclare lesd. Guillaume Robert dict Brunat, Geoffroy Fleur, accusés, atteints et convaincus de crime de lèze-majesté, pour réparation et punition duquel les a condempnés à estre délivrés entre les mains de l'exécuteur de la haute justice, qui les fera traîner sur une claye par les carrefours et rues accoutumées de ceste ville de Romans, despuis les prisons où ils sont détenus jusqu'en la grand place, et illec en deux potences, à ces fins dressées, estre pendus et estranglés, où leurs corps

demeureront vingt quatre heures ; et passé ledict
temps, le corps dudict Brunat mis en une potence
hors la porte de Clérieu, et le corps dudict
Fleur en une autre potence hors la porte de
Jacquemart, pour y demeurer jusqu'à ce que les
corps soient consumés ; et outre condempné
lesdicts Brunat et Fleur, le chacun d'eux envers
les consuls et communauté de la ville de Romans
en deux cents escus, et aussy le chacun d'eux
en trente escus, applicables la moitié au couvent
des Cordeliers de ceste ville et moitié aux pauvres de l'Hospital, et aux despens et frais de justice ; déclare les enfants masles dudict Fleur
infâmes et incapables de toutes successions.
Néantmoins ordonne qu'avant l'exécution réelle
de mort, yceulx Brunat et Fleur seront plus am-
plement enquis, par question et torture, sur
leurs complices et fauteurs. Et, pour le regard
dudict Jean Serve, dict le Paulmier, ladicte Cour
le déclare avoir esté crimineux de lèze-majesté et
chef de séditieux et rebelles, pour réparation
duquel crime a condempné la mémoire dudict
Serve, ordonne que son corps sera déterré et
pendu par les pieds ès fourches patibulaires de
ceste ville de Romans, et en cas où ledict corps ne
pourroit estre retrouvé, sera exécuté en effigie
en ladicte place, et, en outre, adjugé au roy sur
les biens délaissés par ledict Serve quatre cents
escus d'amende et deux cents escus aux conseils
de la ville de Romans, et trente escus applicables
la moitié aux pauvres de l'Hospital de lad. ville ;
et déclare le surplus des biens desd. Brunat,
Fleur et Serve acquis et confisqués au roy, sauf
à ladicte Ennemonette Serve et à Alix Fleur
d'obtenir la troisième partie des biens mater-
nels pour leur légitime, à la forme du droict...

« Publié audict Fleur ès prisons de dessus le pont (1), présents Mrs Jean du Vache, Georges Bailly, Claude Bertier, conseillers, et François Ruzé, advocat général en la Cour, ce jeudy x^e mars mil cinq cens quatre vingts.

« Publié aussy audict Robert Brunat, en présence de M^rs les conseillers Bailly, Bertier et Ruzé.

« Et despuis, l'exécution et mort naturelle des susdicts est ensuivie en la place publique de lad. ville de Romans (2).

« J. de BUFFEVENT.   Georges BAILLY. »

La Cour ordonne que les nommés Chabert, de Saint-Paul-les-Romans, Michel Barbier, de Champlong sur Saint-Paul (3), Adenet, dict Leblanc, de Peyrins, bourgeois de Curson, Barrin, dict Lacour, de Beaurepaire, Colombet, de Serre, François Peyrolier, de Valence, Sambin, Raynol et le procureur Lyasse, de Vienne, le capitaine Cerf, de Grenoble, Boisson, hôtelier, de Saint-Michel sur Grenoble, Montagins, de Bourgoing, et Carles, de Saint-Symphorien-

---

(1) C'est-à-dire dans la tour qui existait alors au milieu du pont.

(2) Par lettres du 25 mars, le roi félicite la commission du parlement d'avoir diligemment procédé contre les séditieux, et qu'il n'oubliera pas la vertu et la fidélité avec lesquelles les habitants de Romans ont prévenu les desseins des factieux.

(3) Il avait épousé, le 3 avril 1566, Jeanne de Latour. Après l'amnistie, il vint s'établir à Romans en qualité d'avocat et acquit en peu de temps dans cette ville beaucoup de considération. Il était premier consul lorsqu'il fut enlevé, avec toute sa famille, par la peste dans le mois de juillet 1586. La *bulle* d'or, c'est-à-dire la charte de privilèges que l'empereur Charles IV avait accordée en 1366 aux Romanais, qui était ordinairement confiée au premier consul, fut volée, après le décès de M. de Champlong, dont la maison était abandonnée.

d'Ozon, seront pris au corps et amenés aux prisons de Romans, pour être ouïs sur les interrogatoires qui leur seront faits, avec saisie de leurs biens, jusqu'à ce qu'ils aient obéi, etc. (1).

1580. *Mars 23*. — Par une lettre datée de Saint-Etienne, le lieutenant général de Maugiron, pour la sûreté de la ville de Romans, envoie à M. de Veaunes (2) une provision pour commander dans cette ville et lever une compagnie de 200 hommes de pied. Il fixe en même temps la solde de cette troupe, qui constitue pour la communauté de Romans une dépense mensuelle de 766 écus.

1580. *Avril 8*. — La ville donne à Pierre Grangier, orfèvre, le prix fait d'une certaine quantité de poudre, moyennant 13 écus un tiers le quintal, et pour la fonte de sept pièces d'artillerie.

1580. *Avril 26*. — Le roi rend un édit par lequel il pardonne les séditions et les crimes pour causes de ligues, à condition que les coupables rentreront paisiblement dans leurs maisons, excepté les chefs et auteurs desdites séditions.

---

(1) *Registre des arrests rendus par veu des procès aux affaires patrimoniales et criminelles en l'année 1580* (Archives du parlement de Grenoble, B. 2039). Voir aussi les *Annales de la ville de Romans pendant les guerres de religion*, p. 79 et suiv.

(2) Antoine Solignac, sieur de Veaunes et d'Apremont, homme d'armes de la compagnie de Clermont. Le lieutenant général de Gordes lui avait déjà, en 1572, donné le commandement d'une compagnie de cent hommes à la solde de la ville de Romans. A la procession qui eut lieu à Saint-Antoine, le 10 mai 1584, il fut un des quatre seigneurs qui portèrent les reliques du patriarche des cénobites. Il acheta du chanoine Michel, au prix de 533 écus, la maison dite du *Recteur*, près du Vivier, qui fut donnée plus tard par la famille de Gaste pour l'établissement du couvent de la Visitation. En 1585, il devint gouverneur de Die.

1580. *Avril 28*. — Par lettres données à Paris, le roi félicite les consuls de Romans de la promptitude et du bon cœur avec lesquels ils se sont employés pour conserver leur ville sous l'obéissance de S. M. Il assure de sa bonne volonté en leur faveur et estime que Jean Jomaron (1) est digne avec d'autres d'une bonne récompense (2).

1580. *Mai 14*. — Jean-Paul Bruère et Jean Bernard, consuls, députés pour assister aux Etats convoqués à Voiron, avertis des dangers que les protestants font courir aux voyageurs, se décident à attendre les députés de Valence pour se joindre à eux. M. de Veaunes, commandant dans Romans, offre deux de ses chevaux et des soldats pour servir d'escorte.

Les habitants de Romans sont requis de fournir, pour la démolition de la tour du château de Peyrins, des travailleurs qui se paieront avec les matériaux.

1580. *Juillet 14*. — Henri III écrit aux habitants de Romans, pour les féliciter de nouveau de leur fidélité. Il s'excuse, vu l'urgence de ses affaires, de ne pouvoir les libérer, comme ils le demandent, d'une dette de 18,000 écus contractée pour les frais de la guerre ; « mais il espère les gratifier en quelque autre meilleure occasion. »

1580. *Septembre 1ᵉʳ*. — Une armée forte de 8,000 hommes de pied et de 2,000 chevaux,

---

(1) Jean Jomaron, frère de Gaspard, contrôleur des guerres, était employé aux vivres. Il se trouva parmi les citoyens qui entreprirent le siège de la citadelle dans la nuit du 19 octobre 1597. Il mourut le 2 novembre 1637.

(2) Voy. *Annales de la ville de Romans pendant les guerres de religion*, p. 86.

commandée par le duc de Mayenne, est réunie à Romans pour aller assiéger Châteaudouble. Elle s'empare, en passant, de la petite ville de Beauvoir-en-Royans.

1580. *Décembre 9*. — D'après la répartition par le duc de Mayenne des cantonnements du régiment du seigneur du Passage, la ville de Romans reçoit en garnison les compagnies de Maubec, de Chevallon et de La Fardière.

1581. *Mai 3*. — Des cas de peste s'étant déclarés à Lyon et dans les environs, l'assemblée de la ville nomme un conseil de santé composé de Jean de Gillier, Jean Bernard, Humbert Dubois, Etienne Rolland, Antoine Servonnet, Gaspard Treynat, Pierre Thomé et Antoine Besson. Le 22 août, on nomma Pierre Bouchage capitaine de santé. A chaque porte, deux notables étaient en permanence pour interdire l'entrée de la ville aux voyageurs qui n'étaient pas munis de billets (1).

1581. *Juillet 23*. — Le duc de Mayenne envoie à Romans le conseiller Giraud pour y faire un emprunt de 1,500 écus. Le sieur Thomas du Parc, conseiller général des vivres, requiert de son côté la fourniture de 400 charges de blé et de 350 charges de vin pour les troupes du camp de Lyon.

On assembla aussi autour de Romans des troupes, qui demeurèrent dix jours : une partie alla s'établir à Alixan et l'autre à Châteauneuf-d'Isère. Les Suisses restèrent dans la ville « pour y boire le vin tourné, dont il y avait bonne provision. »

---

(1) Voy. *Les pestes de Romans*, p. 14.

1581. *Octobre 17*. — Les consuls Antoine Coste, Jean Bernard et Gaspard Jomaron sont députés à Grenoble pour y complimenter le duc de Mayenne. Le 10 novembre suivant, la ville envoya un exprès chargé de remettre un bassin d'argent à la duchesse de Mayenne.

1581. *Octobre*. — Le roi accorde des lettres d'anoblissement à Antoine Guérin, juge royal de Romans, en récompense de sa conduite courageuse pendant les troubles de religion.

1581. *Novembre 7*. — Le vi-bailli de Saint-Marcellin transmet un ordre du duc de Mayenne, prescrivant aux consuls de Romans d'envoyer 25 pionniers munis de pics et de pelles pour travailler à la construction de la citadelle de Valence. Ils seront nourris et entretenus par le pays.

1583. *Juin 10*. — Sur la plainte du capitaine Coste, de la mauvaise administration du couvent des Cordeliers, les consuls font écrire au P. Provincial de vouloir bien envoyer un autre gardien.

1583. *Août 24*. — M. Gaspard de Gillier (1) remontre, au nom de tous les avocats de Romans, ses confrères, combien ils sont grevés de ce qu'on les inscrit sur les rôles, où ils sont cotés à raison de leurs personnes aux tailles pour leur capage, ce qui est rendre leur état vil et

---

(1) Fils de Jean et de Madeleine Vacher, écuyer, docteur en droit. Il devint juge de Pisançon en 1594 et conseiller protestant dans la chambre mi-partie, par lettres du 6 août 1599. Il présenta, le 4 mai 1620, en son nom et au nom de ses frères, des lettres de noblesse à l'assemblée municipale pour les faire enregistrer. Il avait épousé, le 8 janvier 1583, Louise Chastaing de Lapassa, dont il eut trois fils et une fille.

contre tous les droits, privilèges et immunités de leur profession.

1584. *Avril 4*. — Le lieutenant général de Maugiron écrit plusieurs lettres au juge et aux consuls de Romans, pour donner aux religionnaires qui s'étaient enfuis dernièrement de la ville l'assurance qu'ils sont toujours sous la protection des édits de pacification. Il demande en outre des renseignements sur les menaces et les intimidations dont se plaignent les dissidents. Il est décidé qu'on fera exactement les gardes et patrouilles, surtout la nuit, et que M. Simon Raymond-Merlin, premier consul (1), sera envoyé vers M. de Maugiron.

1584. *Mai 10*. — Les pénitents blancs de Romans, au nombre de cent trente, ayant à leur tête Antoine Guérin, juge royal, assistent en grand costume, à Saint-Antoine, à une procession où se trouvait Laurent de Maugiron, lieutenant général de la province, lequel avec plusieurs seigneurs portait les reliques de Saint-Antoine.

1585. *Mars 28*. — Sur l'avertissement envoyé de Saint-Nazaire par M. de Claveyson (2), que

----

(1) Docteur en droit, fils de Jean, célèbre pasteur protestant, et de sa seconde femme, Jeanne Robert, native de Berne. Il fut élu, le 25 mars 1583, conseiller et délégué le 24 août, avec le secrétaire du conseil municipal, pour aller se joindre aux commis des Etats de la province, qui devaient présenter les cahiers de doléances des députés au roi à son arrivée à Lyon. Il avait épousé une fille d'Antoine Guérin. Voy. *Le ministre Raymond-Merlin et sa famille*, 1876, p. 12.

(2) Charles de Claveyson, seigneur de Mercurol, Mureils, Claveyson, chevalier des ordres du roi en 1569, gentilhomme de la chambre, né le 3 mars 1547, marié le 30 juin 1574 à Elisabeth de Bauffremont, qui lui donna treize enfants. Il était très attaché à la religion catholique; il se qualifiait de *Philostaure* (ami de la croix). Il s'occupa beaucoup de controverses et fit imprimer, en 1615, chez Cl. Michel, à Tournon, ses *Œuvres mêlées*, dédiées au roy.

ceux de la religion réformée s'apprêtaient à
s'emparer de quelques villes, les Romanais courent aux armes et mettent de fortes gardes aux
portes de la ville. De Maugiron vient à Romans
le surlendemain, approuve ce qu'on avait fait et
envoie à Saint-Marcellin l'ordre de prendre les
armes.

1585. *Avril 9*. — Le lieutenant général
écrit aux consuls la lettre suivante :

« Messieurs les consuls, j'ay esté adverty que
Oriac s'est saisy de la ville de Gap ; il est parent
de Lesdiguières et ont faict par ensemble ung
ralliement grand : aussi le visénéchal de M......
avec Ancone en ont faict de même et ont sorty le
capitaine La Rotière du château où il commandoit.
Je vous prie, mes bons amys, ne permettés, par
de sages prudences, qu'il soit uzé de telles per-
fidies en votre ville et continués comme avez faict
jusqu'icy : vous asseurant qu'il ne vous en peult
advenir que ung très grand bien et à votre postérité, car j'en ay donné toute asseurance au roy
et lui ay respondu de vous. Il faict lever douze
mille suisses, dix mille reytres, soixante compagnies de cavalerie et vingt mille françays. La
reine aussi est allé trouver Mr de Guyse, qui me
faict espérer que toutes choses se pourront, avec
l'ayde de Dieu et des bons sujets, remettre. Je
vous prie me faire response, laquelle attendant,
je prie Dieu vous donner, Messieurs les consuls,
sa grâce.

« A Grenoble, le ix apvril mil VCLXXXV.

« Sa Majesté n'a nulle confédération avec le roi
de Navarre, quelques offres qu'il luy aye faict de
luy estre aydant. Le roy luy a respondu qu'il
viendra bien à bout de ses ennemys sans luy.

Les hugueneautz prennent les armes partout
cest estat. Prenez vous bien garde, et ce que
voudrés de moy vous l'aurés.

« Votre inthime amy à jamais.

« MAUGIRON. »

1585. *Avril 13*. — Lettre du parlement au
sujet de l'envoi à Romans du conseiller Michel
Thomé.

Autre missive de Maugiron, recommandant
aux habitants la fidélité qu'ils doivent au roi, à
l'occasion de la nouvelle prise d'armes des huguenots, les invitant « à chasser les malins esprits
qui pourroient séduire les plus simples pour les
distrayre de l'obéissance qu'ils doivent à S. M.,
qui a assez de moyens de garantir ses bons
subjets des oppressions que les turbulents leur
voudroient faire... » Le conseiller Thomé déve-
loppe ces recommandations et rappelle qu'il est
natif et originaire de Romans.

1585. *Avril 22*. — La ville achète des
bateaux et des palanques pour sa défense du
côté de l'Isère.

1585. *Mai 31*. — Le secrétaire du parlement
Fustier, au nom de ce corps, adresse une lettre
aux consuls de Romans, pour les féliciter de leur
fidélité au roi et les engager à faire toujours
leur devoir.

1585. *Août 25*. — Lettre du lieutenant
général de Maugiron, informant les consuls que,
à la suite d'un conseil de guerre tenu à Tullins,
il a été décidé de former dans le Valentinois un
magasin de grains, pour lequel les villes des
environs devront fournir des avances. La ville
de Romans consent à contribuer pour 200 setiers
de blé.

1585. *Août 29*. — Séjour à Romans de Mgr de Tournon et d'une suite nombreuse de personnes de la noblesse, de gens d'armes et de gens de pied. La ville fournit les vivres nécessaires. Le même jour, le régiment du Passage traverse la ville, allant au siège de Montélimar.

1585. *Septembre 7*. — Etablissement à Romans d'un service de poste, composé d'un guide et de deux chevaux, pour le transport des dépêches de M. de Maugiron et des particuliers qui payeront suivant le tarif.

1585. *Octobre*. — Le lieutenant général et le conseil du roi s'établissent à Romans. Différents ordres sont datés de cette ville, à partir du 14. En même temps, de Maugiron y place deux compagnies de gens de pied, sous les ordres de M. de Planyer.

1585. *Octobre 27*. — « Sur la réquisition et instance de noble Pierre de Claveyson, tendant au consentement de la ville pour estre accommodé de la chapelle du couvent des Cordeliers, en laquelle est la *sépulture de feu Perrot de Verdun*, pour la faire réparer et s'en servir aux œuvres pies et divines pour sa maison, qu'il a acquise de M. le trésorier Milhard.

« Conclut…, en considération des mérites dud. sieur de Claveyson, de l'amitié que Messieurs ses prédécesseurs, luy et tous ceulx de leur maison ont toujours portée à ladite ville, de prester consentement à l'uzage de ladite chapelle par luy requise pour lesdites œuvres pies et divines, laquelle il pourra faire réparer et accommoder ainsy que bon luy semblera, sans toutes foys divertir ni esteindre la mémoire des fondations d'icelle ni dudit Perrot de Verdun, attendu les

biensfaits léguez par ledit de Verdun à ladite
ville, dont le tableau et sa sépulture qui y est
inscript sera conservé, ou ung aultre remiz en
son lieu, pour perpétuelle mémoire : remet-
tant ce qui concerne la construction et l'entrée
aux gardien et religieux dudit couvent; le tout
tant seulement pour ledit sieur de Claveyson,
ceulx de sa maison et postérité catholiques, pendant qu'ils jouiront et posséderont ladite maison (1). »

1585. *Novembre 10*. — Les Romanais célèbrent par une procession générale, en présence
du lieutenant général de Maugiron, la défaite
de l'armée du prince de Condé, chef des protestants.

1586. *Février 14*. — Les Etats de la province ayant constaté que l'entretien de l'armée

---

(1) Cette délibération jette quelque lumière sur plusieurs faits
intéressant l'histoire locale. On voit que la vaste et belle habitation
qui était de nos jours connue sous le nom d'*Hôtel des Allées*, avait
été agrandie par l'acquisition d'une maison au trésorier Milhard.
Toutefois nous ne connaissons rien concernant ce Pierre de Claveyson, malgré ses mérites et les services qu'il avait rendus à la ville,
si ce n'est que, le 10 décembre 1614, il légua une somme de cent
écus à ses voisins les PP. Cordeliers. Peut-être était-il fils d'un
autre Pierre de Claveyson, grand amateur aussi de chapelles, qui fut
inhumé le 8 août 1560 dans celle du château de Claveyson, qu'il
avait fait reconstruire et orner d'une fresque, que l'on voit
encore.

Par son testament du 27 juillet 1374, Perrot de Verdun, après
avoir légué toute sa fortune à des œuvres de bienfaisance, élut sa
sépulture dans une chapelle de l'église des Cordeliers où reposait
déjà son frère Pierre. Ce vœu fut réalisé. Aymar du RIVAIL, dans
son *Histoire des Allobroges*, cite cette sépulture, qui fut probablement
détruite pendant les guerres de religion : du moins il n'en est pas
fait mention dans l'énumération des tombeaux faite au siècle dernier. Toutefois il résulte de ce qui précède que la chapelle, où avait
été inhumé Perrot de Verdun, était située près du chœur, à droite,
c'est-à-dire du côté du midi.

exigeait une dépense mensuelle de 10,000 écus, il fut arrêté que l'on ferait, sur le crédit et au nom de la province, un emprunt à Lyon d'une somme de 33,333 écus 1/3 ou 100,000 livres, la livre valant 3 francs, pour la dépense de cent jours. Chacune des villes et communautés devait cautionner l'emprunteur, Guigues Thomasset, receveur des Etats. Les répondants pour Romans furent Charles Milhard, Jean Bernard, Jean Guigou, Balthazar Coste et Michel Servonnet. Cet engagement fut rédigé par un notaire et accompagné de la signature du juge royal, du procureur du roi (1), du courrier, des consuls et des conseillers, au nombre de trente-trois, enfin approuvé par un décret de Henry de Bourbon, gouverneur du Dauphiné (2).

1586. *Juillet*. — La peste sévissant dans Romans, la compagnie du capitaine Rumfort, pour éviter la contagion, se loge dans les tours des remparts. Il est défendu aux habitants de déserter la ville, à peine de vingt écus d'amende.

1587. *Janvier 21*. — De La Valette réunit les Etats de la province à Romans. Il demande, pour ravitailler son armée, une nouvelle taille de six écus par feu ; mais, vu la misère du pays, on ne lui accorde que l'entretien de 2,000 hommes de pied et 300 chevaux. Les députés lui repro-

---

(1) Jean Odoard, écuyer, fils de Jacques, sieur de Villemoisson, conseiller au parlement, et de Marguerite de Colombat. En 1567, il avait accompagné, en qualité de commissaire des guerres, le baron de Gordes dans l'inspection qu'il fit des places et des garnisons des Hautes-Alpes. Il s'était marié avec Justine de Montoison.

(2) Prince des Dombes, capitaine de cent hommes d'armes, nommé gouverneur le 26 mai 1578, avec 4,000 florins ou 2,500 livres de gages. Il fut aussi gouverneur de Normandie et mourut en 1608.

chent que « depuis deux ans, son armée n'a rien fait qui vaille. »

1587. *Juillet 26*. — Le capitaine Bonnet réclame une indemnité, à cause des dépenses qu'il a faites, ayant été fait prisonnier par les huguenots, alors qu'il revenait de Grenoble pour affaires de la ville de Romans.

1587. *Novembre 18*. — La Valette écrit aux consuls et habitants de Romans de recevoir pour gouverneur le baron de La Roche (1), leur donnant l'assurance qu'il n'en résultera aucune charge pour eux et qu'ils auront au contraire à se louer de cette nomination (2).

1588. *Février 7*. — Sur la demande de La Valette et de Maugiron, le roi accorde des lettres d'anoblissement au capitaine Bonnet, de Romans, pour sa valeur et ses mérites. L'assemblée de la ville prie les seigneurs de la cour du parlement « d'avoir égard à la suite et conséquence de

---

(1) Balthazar de Flotte, baron, puis comte de La Roche, chevalier de l'ordre du roi, capitaine de 50 hommes de ses ordinaires, lieutenant commandant la compagnie de M. le prince dauphin en résidence à Romans. Ses premiers rapports avec les autorités de la ville furent assez bienveillants pour que celles-ci lui fissent plusieurs présents. Mais, quand La Roche se sentit assez fort, grâce à la citadelle qu'il avait fait construire et à la nombreuse garnison qu'il y entretenait, ses exigences en fait d'argent devinrent fréquentes et pressantes. Ce qu'il recevait d'une main, il le rendait, il est vrai, de l'autre, non gratuitement, mais sous forme de prêt : de telle sorte que, en 1601, le parlement reconnut que les consuls de Romans devaient au comte de La Roche une somme de 5,580 écus. Enfin, dans ces temps étranges, on vit ce dernier, après sa trahison, être reçu à bras ouverts par Lesdiguières et même par les princes. Mais, ayant de nouveau conspiré, il finit par perdre la vie sur un échafaud et ses biens furent confisqués en 1632.

Voy. J. Roman, *Le comte de La Roche*, dans *Bull. de la soc. d'archéol. de la Drôme*, 1883, p. 93.

(2) Voy. *Annales de la ville de Romans pendant les guerres de religion*, p. 95.

telles exemptions et à la surcharge qu'elles apportent au peuple. »

1588. *Mai 21*. — Dans une assemblée des trois ordres, réunis sous la présidence du baron de La Roche, gouverneur de Romans, avec l'assistance d'Antoine Guérin, juge royal, et de Jean Montluel, procureur du roi, il est fait lecture d'une lettre de M. de Maugiron, lieutenant général de la province, datée de Vienne, où il donne avis « de certains désordres advenus passagèrement en la ville de Paris, Sa Magesté y estant (1). » A cette occasion le gouverneur requiert de l'assemblée le serment de fidélité et d'obéissance envers Henri de Valois, troisième du nom, leur souverain et naturel seigneur. Le gouverneur est chargé d'envoyer au lieutenant général le procès-verbal notarié de la présente délibération, signé par tous les membres présents des trois ordres.

1588. *Juillet 29*. — Le baron de La Roche, feignant de faire une sortie contre les huguenots en Bayanne, va au devant des troupes de M. du Passage, gouverneur de Valence. Ces troupes, conduites par M. de La Rothière, se composaient de 400 arquebusiers et d'une compagnie de gens d'armes. Sur un signal convenu, elles traversent le pont, entrent en ville et s'emparent de toutes les portes.

S'étant ainsi rendu le plus fort et ne craignant aucune résistance de la part des habitants, La Roche fit alors construire sur le plateau de

---

(1) Il s'agit évidemment des désordres qui aboutirent à la fameuse journée des *Barricades*, arrivée le 22 mai, qui obligea Henri III à sortir de Paris et à se réfugier à Chartres.

Saint-Romain une citadelle, à laquelle il obligea
de travailler les habitants de Romans et des
environs. Cette forteresse fut promptement
achevée. Elle avait huit bastions, et le dégage-
ment de ses abords exigea la démolition de plus
de cent maisons.

1588. *Octobre 22.* — Le juge royal, Antoine
Guérin, rend compte à l'assemblée de l'entretien
qu'il a eu avec le baron de La Roche, au sujet
des énormes dépenses que supporte la ville. Ce
dernier lui a dit qu'il ne désirait rien tant que le
soulagement des habitants ; mais que, nommé
gouverneur par lettres patentes du roi, s'il forti-
fie la citadelle, c'est pour sa sécurité et par ce
moyen mieux pouvoir conserver cette ville à
Sadite Majesté ; que du reste, si c'est la volonté
du roi, il est prêt à remettre son commandement
au sieur juge et aux consuls.

Il est délibéré que ces magistrats se rendront
à Lyon, pour présenter au duc de Mayenne les
mémoires de la ville.

1588. *Octobre 31.* — M. de Rochechinard (1),
premier consul, rapporte de Blois, où il avait
assisté aux Etats généraux, des lettres patentes
du roi prescrivant au baron de La Roche, gouverneur de Romans, de remettre la citadelle de
cette ville aux mains du juge royal et des consuls, pour qu'ils la fassent démolir avec les
autres fortifications qu'on avait récemment construites sans l'autorisation du roi (2).

---

(1) Romain Mosnier de Rochechinard, fils de Claude et de Françoise Guérin. Il testa le 28 novembre 1605 et décéda en 1608. Sa
femme, Imberte Bruyères, fit son testament le 16 juillet 1622 et mourut la même année. De ce mariage naquirent douze enfants.

(2) Voy. *Annales de la ville de Romans pendant les guerres de religion*, p. 98, et *Notice sur la citadelle de Romans*, Grenoble, 1867, p. 6.

Ces lettres furent remises avec un certain appareil au baron de La Roche par M. de Rochechinard et intimées par MM. de Lestang, chevalier de l'ordre du roi, Ferrand, conseiller au parlement, et de Chevrières, avocat général, délégués exprès. La ville désigna de son côté les consuls et le secrétaire pour aller requérir le baron de La Roche de vouloir obéir aux ordres du roi.

Malgré tous ces ordres et ces mises en demeure, le gouverneur de Romans ne tint aucun compte du roi, des magistrats et des consuls ; il affecta même, le lendemain, de demander à la ville un prêt de 105 écus pour la compagnie de M. de Champtz.

1589. *Janvier 18*. — Henri III signe à Blois des lettres d'anoblissement en faveur de Humbert Peloux (1), « pour ses vertus et mérites notoires. » Elles sont enregistrées avec éloges à la maison consulaire.

1589. *Juin 2*. — Sur les assurances données par La Valette dans une lettre écrite le 12 mai, l'assemblée de la ville supplie le baron de La Roche de permettre le retour en leurs maisons du juge royal, du procureur du roi et des notables qui, à l'occasion de la construction de la citadelle, avaient été obligés de s'éloigner de la ville.

---

(1) Avocat consistorial, plusieurs fois premier consul. Il mourut le 20 février 1613, laissant de Madeleine Berger : 1° Humbert, qui décéda le 26 février 1652 ; 2° Charles, avocat au parlement, qui hérita de la célébrité de son père et eut, de Béatrix Robert, Joseph Peloux de Clérivaux, qui fut prêtre de l'Oratoire.

Le dessin colorié de l'anobli, représenté sur le registre des délibérations de la commune, diffère un peu de celui donné par les armoriaux.

Cette grâce fut accordée. Néanmoins le juge Guérin ne reprit ses fonctions que le 19 mars 1595.

1589. *Septembre 23.* — Lesdiguières est à Romans.

1589. *Octobre 7.* — Le lieutenant général d'Ornano (1) commande aux consuls de fournir douze charrettes pour porter des munitions de guerre au siège de Moirans ; même réquisition est faite au mois de décembre pour le siège de Vienne.

1589. *Octobre 15.* — Par lettres patentes données à Laval, Henri IV établit à Romans la cour du parlement de Grenoble, avec la chambre des comptes, le bureau des finances, le baillage de Graisivaudan et la monnaie. La cour réclame qu'on lui fournisse, suivant l'usage, des chandelles, des tables et des chaises. Elle demande d'avoir à sa disposition la maison de Jean d'Honneur (2) pour y installer ses bureaux, qui communiqueront, au moyen d'une galerie, avec la grande salle de l'hôtel-de-ville. Le président de Buffevent, d'abord logé dans la maison de Félix, ne se trouvant pas bien, désire occuper celle de Jean Thomé (3). Le 21 janvier 1591, le parlement, rétabli à Grenoble, écrit au roi pour recon-

---

(1) Alphonse d'Ornano, nommé par lettres du 26 août 1589. Il fut ensuite gouverneur de la Guienne. Il eut pour femme Marguerite de Pontevez.

(2) La famille d'Honneur a fourni Jean-Louis d'Honneur, né le 3 février 1709, trésorier de France en 1756. Il acquit, le 12 octobre 1763, de François Rey, aussi trésorier de France, le manoir d'Hauteville sous Veaunes ; mort le 9 octobre 1797.

(3) Jean, dit le jeune, deuxième consul en 1580, châtelain de Monteux en 1594. Il assista à la prise d'armes qui s'opposa à la trahison du gouverneur. Sa maison est celle de la rue Saint-Nicolas qui est décorée de sculptures.

naître l'accueil fait par la ville de Romans. Le 15 mai, les consuls font lecture d'une lettre du roi, écrite le 21 février au camp devant Chartres, contenant le contentement de S. M. et le don de deux foires.

1590. *Décembre 13.* — « En considération des devoirs, honneurs et respect qu'on doit à M. le baron de La Roche, gouverneur de Romans, attendu que Madame sa femme doit bientôt arriver en cette ville, et pour honorer ladite venue le plus qu'il se pourra, est d'exhorter les habitants à faire un honnête et gracieux présent à ladite dame à son arrivée. » L'abbaye de Bongouvert (1) répondit à cet appel en faisant don à Madame Marthe de Clermont, la nouvelle épouse du gouverneur, d'une magnifique écharpe de soie cramoisie, garnie de dentelles et de crépines d'or, du prix de 25 écus.

1591. *Avril 11.* — M. Antoine Michel est envoyé à Lyon pour y acheter un vase ou bassin d'argent, pour être offert en présent à M. d'Ornano, lieutenant général, à sa prochaine arrivée à Romans.

1591. *Septembre 6.* — Le comte d'Ornano écrit une lettre datée du 28 août, de son camp devant Saint-Marcellin, pour inviter les consuls de Romans à acquitter les billets émis par le comte de La Roche et de La Valette pour l'entretien des gens de guerre.

1592. *Mars 14.* — Montre et revue en la citadelle des cent hommes de guerre à pied, français, sous la charge et conduite d'Annibal de La Sallette, leur capitaine, par Jacques de

---

(1) Voy. *Les Abbayes laïques de Romans.*

Boolot, commissaire, et Charles Cluissant, contrôleur des guerres, trouvés en bon état et suffisant équipage de guerre, et dont la solde, pour les mois de janvier et février, monte à 800 écus.

Cette compagnie avait pour lieutenant César de Saint-Ferréol et pour enseigne Paul de Bollavin. Elle comptait un sergent, quatre tambours et fifres, quatre caporaux, huit anspessades, douze mousquetaires, quinze piquiers et cinquante-un arquebusiers.

1592. *Octobre 23*. — Le lieutenant du gouverneur de la ville enjoint aux consuls d'avoir à payer 700 et tant d'écus qui restent dus aux entrepreneurs de la citadelle. Les consuls demandent une diminution d'un quart des tailles comme dédommagement des frais que la ville a supportés par le fait de cette construction.

1592. *Octobre 24*. — Alphonse d'Ornano, lieutenant général de la province, et Rabot d'Illins, premier président du parlement, tiennent à Romans les Etats du pays, où se trouvent plusieurs seigneurs et les commis des villes communautés (1). Le tiers état demande de remplacer l'imposition de 124 écus par feu par une somme de 229,000 écus. Il prie le gouverneur de supprimer plusieurs offices onéreux et inutiles, et d'ordonner, conformément au règlement fait par la reine-mère en 1579, que tous les biens roturiers acquis par des nobles et autres privilégiés contribueraient aux tailles pour l'avenir.

---

(1) Vers cette époque, les Etats furent réunis assez fréquemment : le 18 octobre 1592 à Saint-Marcellin et vers la fin de novembre à Moras, le 10 février 1593 à Grenoble, le 7 mars suivant à Valence, le 15 mars 1594 à Grenoble, le 15 octobre de la même année à Beaurepaire. Dans ces assemblées il était beaucoup plus question de tailles et d'impôts que de gouvernement et de politique.

Le lieutenant général eut, à cette occasion, à répondre aux exigences formulées avec une grande véhémence par le sieur Florent, envoyé du duc de Nemours, commandant l'armée en Savoie, et par le sieur de Saint-Jullien, secrétaire de Lesdiguières.

1592. *Décembre 7*. — Sur la plainte des habitants de Romans, qui ne peuvent avoir des chandelles pour de l'argent, et attendu « la cherté notoire de toutes choses », le conseil de la ville fixe le prix des chandelles à cinq sols la livre et défend d'en vendre plus de deux livres à la fois. Quant aux grosses chandelles, elles ne pourront être vendues que sous le contrôle d'un consul ou d'un commis (1).

1593. *Mai 31*. — Le lieutenant du gouverneur ayant donné l'ordre aux capitaines de la ville de faire prendre les armes à leurs compagnies pour la défense de la ville, les consuls leur font délivrer 30 livres de poudre.

1593. *Août 16*. — En envoyant la lettre du roi donnant avis aux consuls de la *catholization* de S. M. (2), le comte d'Ornano ajoute la note suivante :

---

(1) Pour faire apprécier l'importance de cet objet de consommation au XVIe siècle, nous citerons que le 31 mai 1593, Arnoulx de Loulle présenta à l'assemblée de la ville un mandat de 366 écus (2,745 fr.) pour la fourniture de chandelles aux corps de garde.

Arnoulx de Loulle, marchand, originaire de Châteauneuf-de-Mazenc, de la même souche que les Delolle. Il fut deuxième consul et rendit beaucoup de services à la ville et au roi pendant les troubles. Il ne put être anobli, « parceque étant chargé d'une nombreuse famille il n'avait pas les moyens suffisants pour maintenir le lustre de la noblesse » ; mais plus heureux, ses petits-fils, Arnoulx et Pierre, avocats, reçurent cette distinction par lettres patentes du mois de septembre 1654.

(2) Cette dépêche, qui est assez longue, est transcrite sur les registres consulaires. Nous ne la reproduisons pas, parce que c'est évi-

« Messieurs les consuls, ayant tout maintenant reçu une despeche du roy, et par icelle la bonne nouvelle de sa catholization, j'ay prisé de vous en faire participants et vous envoyer celle que vous escrips en diligence comme vous ayant toujours estimés ses bons et fidelles subjets ; vous priant d'en rendre grâces à Dieu par prières, oraisons et processions générales ; faisant tirer les pièces pour réjouissance d'un si grand œuvre qui nous apportera, s'il plait à sa divine bonté, une paix perdurable qui est tant désirée des gents de bien. Je vous prie encore une foys d'effectuer ce que désirés et croire que je suis et demeure, Messieurs, votre bien affectionné à vous servir.

« Alphonse DORNANO. »

1595. *Janvier 14*. — La ville était souvent dans l'obligation de déléguer quelque honorable compatriote pour hâter l'expédition des affaires qu'elle avait trop souvent pendantes au Conseil d'état à Paris. Ces missions, le plus ordinairement, n'étaient pas gratuites, elles étaient même assez onéreuses. M. Laurent de Manissieu (1) ayant accepté de remplir une pareille délégation et demandé à être indemnisé de ses dépenses, la ville lui alloua 150 écus et un cheval de la valeur de 22 écus.

1595. *Mars*. — Le comte de La Roche, gou-

demment une lettre circulaire qui n'a point été écrite en particulier pour la ville de Romans. L'abjuration publique d'Henri IV avait eu lieu dans l'église abbatiale de Saint-Denis, le dimanche 25 juillet 1593.

(1) Il avait été élu conseiller de la ville de la première qualité, le 25 mars 1578. Il fut enlevé ainsi que sa femme et son enfant par la terrible peste de 1595.

verneur de Romans, envoie le capitaine Tortel
avec quelques troupes au vieux château de Barbières, où elles se fortifient. Il lève des tailles
autour de Romans et devient suspect au maréchal d'Ornano, qui le somme de déclarer s'il tient
pour le roi ou non.

1595. *Août*. — Le même maréchal envoie à
Romans M. du Palais, son cornette, pour s'assurer des projets du comte de La Roche, qui
avait de nombreuses troupes autour de la ville
et avait reçu, disait-on, 15,000 écus pour soutenir
le parti du duc d'Epernon.

1595. *Novembre 6*. — Le comte de La
Roche, pour se justifier des soupçons de la population, se rend dans la maison du juge royal, et
là, en présence des consuls, des capitaines et
autres notables de la ville, il repousse hautement
les bruits qui, au préjudice de son honneur, se
sont répandus dans le public. Il assure qu'il est
bon catholique, fidèle sujet du roi et qu'il défendra la place dont il est gouverneur contre les
ennemis de S. M.

1595. *Décembre 9*. — La rumeur publique
ayant appris au maréchal d'Ornano que le comte
de La Roche avait des intelligences avec le duc
d'Epernon et qu'il mettait en état la citadelle de
Romans, voulut s'assurer par lui-même de la
vérité. Il se rendit sur les lieux et, lui dixième,
entra pour parlementer par la porte extérieure de
la citadelle; le reste de la troupe demeura dehors.
Après une conférence de deux heures avec le
gouverneur, il sortit par la même porte et s'en
alla coucher à Moras. Les habitants s'étaient
réunis sur la grand'place pour saluer le maréchal, pensant qu'il sortirait par la ville ; ils
furent très mécontents de ce désappointement.

1596. — *Janvier 18.* — Quelques soldats de la garnison de Romans se rendirent à Montrigaud et y enlevèrent du bétail. Une troupe composée de vingt soldats, commandée par le capitaine Laroche, pénétra de nuit à Murinais et saisit plusieurs paysans, que ce dernier fit conduire à Romans. Mais, attaqué en route, il fut blessé mortellement. « Il ne fut pas plus plaint qu'un chien enragé. »

1596. *Janvier.* — Conformément à l'ordre du maréchal d'Ornano, le comte de La Roche, avec sa compagnie de cavalerie et quelques argoulets, se rend à Moras, où un traité a lieu. Celui-ci s'engage : 1° à rompre son association avec le duc d'Epernon ; 2° à réduire ses compapagnies d'après l'ordonnance des Etats tenus dernièrement à Saint-Marcellin, à se contenter de la garnison qui lui a été accordée et à faire le service du roi comme les autres commandants du pays ; enfin 3° à précompter sur les premières assignations qui lui seront accordées tout ce qu'il a exigé des communautés.

1596. *Juin 7.* — On publie à Romans les conventions arrêtées entre les communautés de Romans et de Peyrins au sujet des limites posées pour établir la taillabilité, conformément aux 4,363 setérées de terre, prés et vigne, et aux 555 setérées de bois accordées à la ville de Romans par le dauphin Humbert II.

1596. *Novembre 1er.* — Une maladie contagieuse s'étant déclarée à Grenoble, la chambre des vacations du parlement se rend à Romans pour l'administration de la justice. Le mal ayant aussi sévi dans cette ville, les membres du parlement vont s'établir pendant dix jours à Saint-Paul.

1597. *Octobre 1ᵉʳ*. — Henri IV écrit aux consuls de Romans, pour les inviter à veiller à la conservation de leur ville, sur laquelle le duc de Savoie avait des desseins (1).

Il a été « conclu exorter tous les habitants de la ville et par le moyen de MM. les capitaines d'icelle d'avoir à faire leur debvoir aux gardes indifféremment, sans distinction d'aulcungs, et prier M. le comte de La Roche, M. le juge royal (2) et MM. de la chambre de vacations qui sont icy, y rapporter tout ce qui est de leur authorité pour la fortification des susd. gardes et la conservation de la ville. »

1597. *Octobre 19*. — L'indulgente longanimité avec laquelle les autorités locales, le gouverneur de la province et le roi lui-même avaient supporté la conduite plus qu'équivoque du comte de La Roche devait avoir un terme. Sibeud de Saint-Ferréol (3), lieutenant du gou-

---

(1) Voy. *Annales de la ville de Romans pendant les guerres de religion*, p. 106.

(2) Henri-Antoine Guérin, écuyer, docteur en droit, conseiller de la ville de la première qualité en 1596. Il succéda à son père l'année suivante dans la charge de juge royal. Il mourut en 1642, laissant 400 livres au couvent des Capucins, pour la construction duquel il avait donné, en 1610, une somme de 320 écus. Il s'était marié à Suzanne Pélissier, fille de Jacques, procureur général au parlement, laquelle décéda le 20 janvier 1652, après avoir donné le jour à trois enfants.

(3) Hercule Sibeud de Saint-Ferréol. Il commandait pour Montbrun le château de Roynac, qui fut pris par de Gordes. Suivant le conseil du vainqueur, il abandonna le parti de la réforme et devint un fidèle serviteur du roi. En 1587, il était capitaine de cent hommes de pied et lieutenant du gouverneur de Romans, où il était fort aimé. Il fut parrain, le 7 juillet 1589, d'Hélène Tardy, célèbre dans les fastes de la charité de cette ville. Après avoir déjoué la trahison de son chef, il eut le commandement de la ville qu'il avait conservée au roi. Son fils Alexandre lui succéda dans sa charge par brevet du 29 janvier 1607.

verneur, à qui on avait promis 20,000 écus pour
sa coopération, révéla à Lesdiguières et aux officiers du parlement le complot suivant :

Pendant un long séjour à Romans, Simiane
d'Albigny (1) s'était efforcé, par de grandes libéralités, de capter la confiance de la population
romanaise. Il avait réussi à corrompre le comte
de La Roche, qui promit de livrer la citadelle
au duc de Savoie moyennant 50,000 écus comptant et l'espérance d'être nommé gouverneur du
Dauphiné. D'Albigny devait revenir à Romans
avec 4,000 Savoyards et Espagnols. Il n'y avait
pas à hésiter : la résistance fut résolue.

Le dimanche 19 octobre, à minuit, la chambre
des vacations du parlement, le juge royal, les
consuls, Saint-Ferréol et une foule de bons
citoyens se réunissent à l'hôtel-de-ville. Tous
prêtent avec enthousiasme le serment de fidélité
au roi et prennent la résolution de commencer
le siège de la citadelle. On barricade les rues, on
envoie chercher des troupes de toutes parts et on
fait venir des canons de Valence. La noblesse du
pays, le maréchal d'Ornano avec la compagnie
de cavalerie de M. du Passage (2) et un grand
nombre de gens des communes voisines arrivent
à Romans, où ils sont tous logés et nourris aux
frais de la ville. La seconde nuit, la comtesse de

---

(1) Charles Simiane d'Albigny, quatrième fils de l'illustre baron de
Gordes et de Guigonne Alleman, chef de la branche de Pianesse. Il
était capitaine d'une compagnie de cavalerie et grand écuyer du duc
de Savoie. Il épousa, le 26 février 1607, Mathilde de Savoie, sœur
naturelle de Charles-Emmanuel Ier, et devint capitaine général de la
cavalerie savoisienne, lieutenant général de S. A. delà les Monts et
général de ses armées.

(2) Aymar de Poisieu, seigneur du Passage, gouverneur de Valence
en 1590; il avait épousé Françoise de Flotte.

La Roche, revenant de Saint-Jean de Bournay, est prise au moment où elle voulait se jeter dans la citadelle par la porte extérieure. Cet événement donne lieu à quelques pourparlers sans résultats. Le siège est repris. Mais après l'échange avec la ville d'un millier de boulets, la forteresse capitule le 25, à des conditions extrêmement bienveillantes, et est remise à deux conseillers du parlement, Aymar de Virieu et Claude de Portes. Le comte de La Roche sortit par la porte de la campagne : on lui donna un cheval et sa femme monta en croupe derrière un gentilhomme. Le maréchal les fit conduire à Moras. Immédiatement après arrivèrent trois régiments de Lesdiguières ; mais la ville, accablée de logements, ne voulut pas les recevoir. Ils furent cantonnés dans les environs de Génissieu (1).

Saint-Ferréol avec sa compagnie de cent hommes de pied se chargea de la garde de Romans, dont l'année suivante il fut nommé gouverneur en récompense de sa belle conduite. Le lendemain, dans une assemblée générale présidée par le maréchal d'Ornano, la démolition de la citadelle fut décidée. Les matériaux servirent à réparer plusieurs églises, et l'emplacement fut donné pour l'établissement d'un couvent de Capucins (2). La *maison du roi*, habitation du gouverneur, fut rasée par un ordre du parlement (3).

1597. *Novembre 1er.* — Le premier président du parlement, Rabot d'Illins, convoque

----

(1) Voy. *Notice historique sur la citadelle de Romans*, p. 9.

(2) Voy. *Notice historique sur le couvent des Capucins de Romans*, p. 3.

(3) Elle occupait l'emplacement de la maison dite aujourd'hui de la Citadelle.

à Romans, pour y tenir les Etats, les députés des villes et des communautés. L'archevêque de Vienne (1) s'y rend et rappelle que, aux termes des privilèges et libertés de la province, il est nécessaire de convoquer les commis des trois ordres, afin que les plaintes de tous soient entendues, et qu'enfin nul, sinon lui, ne peut présider l'assemblée. Sur cette protestation, les Etats sont assignés à Vienne pour le 15 janvier suivant.

1598. *Mai*. — La peste s'étant de nouveau déclarée dans Grenoble, le parlement vient siéger à Romans. Pendant son séjour, on célèbre la paix conclue entre le roi de France et le roi d'Espagne. Il y eut une procession générale, à laquelle assistèrent le premier président en le parlement, la chambre des comptes, les autorités de la ville et une foule d'habitants. On brûla sur la grand'place un feu de joie formé d'une tour à trois étages, où l'on voyait les effigies de Mars et de Bellone, qui furent la proie des flammes. La Paix chantait les louanges de Dieu et jetait des fleurs sur le peuple, qui était réjoui, tandis que les gens de guerre étaient « tous marmiteux. »

1598. *Octobre 14*. — Les consuls, assistés des chanoines, du juge royal et des principaux conseillers, achètent la maison et le jardin que Jean Charlet possédait au delà du pont Mallet, (aujourd'hui des Orphelines) pour y faire une matterie. Cet immeuble coûte 300 écus, plus 8 écus d'étrennes pour acheter une robe à la femme du vendeur. Il a été revendu le 20 février 1791.

---

(1) Pierre VI de Villars, préconisé à Rome le 26 avril 1591, mort le 18 août 1613.

1599. *Octobre 25*. — L'édit de Nantes est publié à Romans par le duc de Lesdiguières (1), lieutenant général de Dauphiné, Ennemond Rabot, premier président du parlement de Grenoble, et Méret de Vit, premier président du parlement de Toulouse. Les protestants sont autorisés à avoir un temple et un cimetière au Bourg-du-Péage et à faire admettre leurs pauvres et leurs malades dans les hôpitaux de la ville. A l'issue de l'assemblée, où l'édit et les règlements pour en assurer l'exécution venaient d'être enregistrés, Jean Magnat et Pierre Escoffier, ne trouvant pas les concessions suffisantes, présentèrent, au nom de leurs coreligionnaires, des remontrances et protestations aux commissaires.

A cette occasion et en présence de ces hauts personnages, on avait dressé sur la grand'place un échafaud très élevé, formé de plusieurs arcades et supportant un énorme dragon flamboyant « entouré d'admirables artifices » (2).

1600. *Avril 10*. — Le monastère fondé à Saint-Just en Royans, le 15 octobre 1349, par le dauphin Humbert II, en faveur de Béatrix de Hongrie sa mère, ayant été détruit par les Calvinistes, les religieuses vinrent en 1575, se

---

(1) François de Bonne, qui fut ensuite connétable de France, fut pourvu de cette lieutenance le 12 septembre 1598 et le 20 août 1600 il fut fait gouverneur de la Savoie. Il mourut à Valence le 21 septembre 1626. Videl a écrit sa vie, que l'on trouve du reste dans toutes les biographies.

(2) Ici se termine dans ces annales ce qui concerne les guerres de religion. On doit y ajouter cette simple remarque, qui en est la morale : les guerres civiles du XVIe siècle qui, sous prétexte de liberté de conscience, avaient pour but l'anéantissement de l'autorité royale, aboutirent partout, après quarante ans d'horribles excès, au triomphe du pouvoir absolu et de l'intolérance religieuse.

réfugier à Romans. Elles achetèrent de Félix Guigou, pour le prix de 1,400 écus et 66 écus d'étrennes, une vaste habitation appelée *Beauséjour* et y établirent leur nouveau monastère: ce qui fut ratifié le 20 juin suivant par l'abbé général de Citeaux et approuvé en 1604 par le pape Clément VIII. Les restes de Béatrix de Hongrie, transportés à Romans en 1680 par les soins de l'abbesse Claudine de Marnais, sont encore dans le chœur de la chapelle de ce couvent: une longue inscription sur marbre noir rappelle cette translation (1).

1600. *Septembre 9.* — Henri IV prescrit aux consuls de Romans d'envoyer, pour servir dans son armée de Savoie, cent hommes courageux et expérimentés, armés moitié de mousquets, moitié d'arquebuses de guerre. Cette compagnie, sous les ordres du capitaine Labarre, « personnage d'expérience et au faict des armes, » arriva à l'armée le 18 octobre; elle était de retour à Romans le 7 décembre sans avoir fait aucun service de guerre. Les hommes furent immédiatement congédiés, avec une gratification de deux écus. Le roi adressa une lettre aux consuls pour les remercier du témoignage de leur bonne volonté et affection à son service (2).

1600. *Novembre 28.* — La reine Marie de Médicis, qui allait à Lyon épouser Henri IV, accompagnée d'une suite très nombreuse, passe à Romans. La neige qui tomba ce jour-là avec abondance nuisit aux préparatifs qui avaient été

---

(1) Voy. *Notice historique sur l'abbaye de Saint-Just*, p. 45 et suiv.

(2) Voy. *La garde nationale mobile en 1600*, dans *Le Dauphiné* du 2 juillet 1867.

faits pour fêter le passage de la nouvelle reine de France.

1600. *Décembre*. — Des personnes pieuses des deux sexes instituent dans l'église de Saint-Barnard une confrérie sous le nom du *Divin Sacrement de l'Autel*. Elle a été renouvelée et approuvée par l'évêque de Valence le 22 août 1815. Une plus ancienne confrérie du Saint-Sacrement avait été fondée en 1530 et confirmée le 30 novembre 1539 par le pape Paul III.

1601. *Septembre 17*. — L'abbesse de Vernaison demande aux consuls la restitution d'une cloche, du poids de deux quintaux, qu'elle leur avait prêtée en 1568 et qui avait été placée dans la tour de l'Acque.

1601. *Septembre 17*. — Après une exhortation faite aux habitants de Romans par le P. Prévost, prédicateur de Saint-Barnard, plusieurs dames de la ville forment une société sous le nom de *Dames charitables de la Tasse*, à la tête desquelles on remarquait Madame Renée du Peloux, veuve de Claveyson. Cette association fut approuvée le 24 mars 1604 par les notables de l'église et de la ville.

1602. *Août 16*. — En réponse à une requête du sacristain et des chanoines de Saint-Barnard, le duc de Lesdiguières ordonna que la ville de Romans élirait trois des plus notables, sur lesquels il en choisirait un pour avoir la garde des clefs des portes et donner le mot du guet en l'absence du gouverneur de ladite ville.

1604. *Avril*. — Gaspard Jomaron, contrôleur des guerres, poursuit l'enregistrement de ses lettres de noblesse devant l'assemblée de la ville de Romans, qui s'y refuse, à cause de l'exemp-

tion des tailles qu'entraînerait cette reconnaissance.

1605. — Jeanne et Angèle Michel, filles d'un
marchand de Romans, fondent un couvent
d'Ursulines, pour l'instruction des jeunes filles.
Cet établissement est approuvé par des lettres
patentes de Louis XIII du mois de mars 1611.
Ces religieuses furent cloîtrées le 22 avril 1635
par Pierre de Villars, archevêque de Vienne. De
cette date à 1768, cent quatre-vingt-seize personnes y ont fait profession. La dernière supérieure a été Madame Françoise Ruel.

Le couvent des Ursulines, le plus riche de
Romans, était situé entre la promenade du
Champ-de-Mars et la montée des Cordeliers. Il
a été vendu en 1792, en six lots, pour le prix de
102,400 livres (1).

1605. *Février 10*. — Les comptes de l'abbaye
de Bongouvert sont arrêtés en présence des consuls. Les recettes ont été de 562 livres 11 sols et
les dépenses de 555 livres (2).

1605. *Juin 16*. — Plusieurs différends s'étant
élevés entre quelques habitants et les consuls,
le maréchal de Lesdiguières, le premier président
de Saint-André et deux conseillers de la cour du
parlement rendent une sentence arbitrale, par
laquelle il portent le nombre des membres du
conseil général de la commune à 68 et ceux du
conseil ordinaire à 24. Les parties conviennent
ensuite de s'en rapporter au président de
Lacroix - Chevrières, qui remit les choses en

---

(1) Voy. *Notice historique sur le monastère de Sainte-Ursule de
Romans*.

(2) Voy. *Les Abbayes laïques de Romans*, 1882.

l'état où elles étaient auparavant, sauf que le petit conseil serait composé de 16 notables : ce qui fut approuvé le 12 octobre 1606.

1608. *Mars 17.* — Par une transaction entre le Chapitre et les consuls, au sujet du banvin, il est convenu que les proclamations de l'enchère auront lieu huit jours avant le jeudi gras, et que ce jour-là se fera la *tâte* et la mise à prix. Le vin sera mis en broche le mercredi des cendres, pour être vendu à l'exclusion de tout autre vin. Les débitants, pour pouvoir vendre, seront obligés d'acheter au moins le tiers du vin décimal du Chapitre.

1608. *Décembre 30.* — Les consuls donnent commission à Ennemond Ricol et à Barthélemy Vilatte, notaires, de dresser un inventaire des papiers, titres et documents de la maison consulaire (1).

1609. *Mai 21.* — Les consuls formulent une protestation contre les exactions de noble François Coste, conseiller en la chambre des comptes, qui voulait soumettre à un péage les marchandises qui traversaient la seigneurie de Peyrins, dont il était engagiste.

1609. *Novembre 1er*. — Le provincial et quatre fabriciens de l'ordre des Capucins prennent possession de l'emplacement de la citadelle, sur l'esplanade de Saint-Romain, pour y construire un couvent. La première pierre fut posée par l'archevêque de Vienne le 18 avril 1610 et l'église consacrée le 19 avril 1617 par Jean de la Croix, évêque de Grenoble (2).

---

(1) Cet inventaire consiste en un volume in-4° de 2191 pages.

(2) Voy. *Notice hist. sur le couvent des Capucins de Romans*, p. 3.

1610. *Mars 21*. — MM. Gaspard de Gillier, Jean-François Reynaud et Jean-François Bernard demandent à l'assemblée de la ville la vérification et l'enregistrement de leurs lettres de noblesse.

1617. *Janvier 29*. — Les consuls écrivent au roi Louis XIII pour le prier d'agréer le choix d'Alexandre Sibeud de Saint-Ferréol comme gouverneur de Romans, en remplacement de son père. Le roi « pour leur donner contentement et satisfaction y consent, encore que ce soit chose extraordinaire. »

1618. — Anne de Pusignan, veuve Costaing du Palais, fonde au quartier de la Prêle un couvent de l'ordre de Sainte-Claire. Le pape Pie V, à la date du 11 août 1620, accorde la bulle de fondation, et par lettres du 24 août suivant Jérôme de Villars, archevêque de Vienne, donne une permission conditionnelle. Mme Rosalie Faure en était l'abbesse en 1791 (1).

1622. *Janvier 17*. — Saint-Ferréol, gouverneur de Romans, à la tête de 500 bourgeois de la ville, soutenu par une compagnie de chevau-légers, attaque et met en fuite Montclar et Beaufort, qui s'étaient retranchés à Peyrins avec quelques protestants.

1622. *Novembre 27*. — Le roi de France, Louis XIII, fait son entrée dans Romans. On avait dressé pour S. M. un pavillon dans l'église de Saint-Barnard et mis autour du monument des armoiries et des devises

1622. *Décembre 2*. — Le duc de Lesdi-

---

(1) Voy. *Notice hist. sur le couvent de Sainte-Claire de Romans*, p. 2 et suiv.

guières, lieutenant général de la province, fait un règlement pour l'administration municipale de la ville de Romans. Il permet d'élire, le 25 mars, quatre consuls pour deux années (1).

1623. *Mai 19*. — Le prince Charles de Bourbon, gouverneur du Dauphiné (2), vient à Romans. Il se trouve de nouveau dans cette ville le 2 mai 1629. Il est reçu chaque fois avec les honneurs dus à son rang.

1624. *Septembre*. — Sur la demande des consuls et avec l'approbation du grand aumônier du roi, Louis XIII réunit la maladrerie de Voley à l'Aumône générale de Romans, à la charge d'entretenir et de soigner les lépreux, lorsqu'il s'en présentera (3).

1625. *Mai 12*. — Cinq conseillers au parlement, nommés pour arbitres sur l'importante question du consulat, décident ainsi : Les consuls requerront les chanoines de donner leur consentement aux résolutions prises dans le conseil des trois ordres légalement assemblés, sans payer d'autres frais que deux écus d'or pour le salaire des écritures.

1626. *Octobre 8*. — Il intervient entre le Chapitre et la ville une transaction, par laquelle les consuls doivent qualifier l'abbé et les chanoines de Saint-Barnard de co-seigneurs de Romans, et deux commissaires du clergé auront entrée, séance et voix délibérative dans les assemblées de la ville.

---

(1) Voy. *Institutions municipales de la ville de Romans*, p. 14.

(2) Comte de Soissons, grand maître de France, pourvu par lettres du 22 mars 1602. Il fut aussi gouverneur de la Normandie.

(3) Voy. *Notice hist. sur la maladrerie de Voley*, p. 58.

1626. — Le Chapitre, pour se créer des revenus, fait construire des maisons sur l'emplacement de l'ancien *tinal* qu'il possédait entre le pont et les cloîtres : ce furent les maisons Duchesne, Pangon et Enfantin, démolies en 1857.

1628. *Mars*. — Après la suppression des états provinciaux du Dauphiné, un édit du roi établit dans la ville de Romans le siège d'une élection, dont le ressort s'étendait jusqu'à Saint-Vallier et comprenait 130 paroisses et 546 feux. Ce tribunal se composait d'un juge, d'un lieutenant de juge, de six conseillers appelés *élus*, d'un procureur du roi, d'un substitut et d'un greffier.

1630. *Mars 20*. — Les habitants de Romans vont en procession à Saint-Antoine, suivis du clergé de Saint-Barnard, pour accomplir le vœu fait par leurs consuls à l'issue d'une peste qui avait exercé de grands ravages dans la ville. Une plaque commémorative de ce vœu existe encore dans la sacristie de l'église de Saint-Antoine (1).

1632. *Juin 17*. — M. Charles de Claveyson, gouverneur de Romans (2), et Madame Renée du Peloux, sa mère, adressent une requête à l'évêque de Valence, afin d'obtenir des religieuses pour fonder un monastère de la Visitation. Pour aider à cet établissement, François de Gaste (3) et Isabeau Livat, sa femme, font dona-

______

(1) Voy. *Les pestes de Romans*, p. 27.

(2) Né le 27 mai 1597, mort sans avoir eu d'enfants de Madeleine Frère, fille de Claude, premier président du parlement. Sa sœur fut son héritière.

(3) Il avait acquis cette habitation, au prix de 2,210 livres, d'Antoine de Solignac. Ses filles se nommaient : Renée, Elisabeth, Françoise et Madeleine.

tion de la maison située à la Villeneuve et nommée le Château du Recteur, à la charge qu'on y recevrait leurs quatre filles. L'église fut consacrée le 23 août 1667.

1632. *Décembre 23.* — Les consuls de Romans achètent du connétable de Lesdiguières, au prix de 20,000 livres, la portion par lui acquise du château de Pisançon. Cette vente ayant été faite sous clause de rachat, les commissaires du roi remboursèrent, le 5 juillet 1655, aux habitants de Romans le prix de leur acquisition.

1634. *Juillet 17.* — Un arrêt du parlement condamne les consuls de Romans à l'amende. Un huissier, accompagné d'un archer, veut conduire en prison le consul David Sablière (1), ce qui occasionne une émeute.

1634. *Octobre 25.* —Pour perpétuer le souvenir du dévouement des Romanais et rendre grâce à Dieu du danger dont ils avaient été préservés, les magistrats de la ville avaient institué de faire chaque année, le dimanche après le 25 octobre, jour de la reddition de la citadelle, une procession générale à laquelle étaient convoqués tous les corps religieux. En 1634, l'arrivée tardive des Cordeliers et des Capucins à cette procession occasionne sur la place Jacquemart une scène regrettable, par les efforts trop brusques qu'ils employèrent pour prendre leur rang.

1635. *Juillet 26.* — L'intendant Jacques Talon (2) condamne les chanoines de Saint-Bar-

---

(1) Marié le 19 juin 1627 à Catherine Guilhermon, mort le 28 janvier 1676. Il fut mis en liberté par un arrêt du conseil d'état du 7 août 1634.

(2) Conseiller au Conseil d'Etat, fils d'Omer, d'origine irlandaise ; avocat général au parlement de Paris, mort en 1648.

nard à payer leur part des frais occasionnés par
la peste, si mieux ils n'aiment contribuer aux
octrois, et à être cotisés pour les dépenses dites
cas de droit.

1637. *Mai 4.* — Le comte de Sault (1)
ordonne que les compagnies de chevau-légers
en garnison à Roybon se rendront à Romans,
pour y loger à discrétion chez l'habitant jusqu'à
ce que cette ville ait payé 7,200 livres au capitaine de Montclar.

1637. *Juillet 1er.* — Le parlement envoie un
conseiller pour faire des recherches dans les
archives de la ville. Ce magistrat arrive; ses
demandes sont rejetées avec fermeté. Les consuls offrent de rendre leurs comptes.

1637. *Septembre 9.* — Les consuls se
rendent à Paris et obtiennent un arrêt qui
exempte les habitants de Romans de tous logements des gens de guerre. Le comte de Sault
refuse d'obéir; un second arrêt lui impose
silence.

1638. *Septembre 16.* — Les commissaires
du roi ayant vendu la seigneurie de Peyrins à
Jacques Coste, baron de Charmes, conseiller
au parlement, la ville de Romans décide de
s'opposer à la mise en possession de ce qui
regarde la terre de Peyrins appartenant à la ville,
et se joint aux communautés de ce lieu et de
Saint-Paul pour racheter la seigneurie de cette
terre en remboursant à M. Coste la somme de
6,300 livres. La demande fut accueillie, mais

---

(1) Charles de Créqui, duc, pair et maréchal de France, gendre du
connétable, lieutenant général de Dauphiné après la mort de ce
dernier.

les habitants laissèrent passer les seize années qui leur avaient été accordées pour opérer ce rachat.

1639. *Juin 20*. — Devant M° Novel, notaire, Mesdames du Peloux et de Claveyson, et Hélène Tardy, veuve de Pierre Deloulle, pour s'acquitter de la fondation faite l'année précédente d'un *séminaire* de pauvres filles orphelines de Romans, remettent à cet effet des sommes d'argent et des rentes.

Le 4 juin 1643, l'administration de cet établissement acheta de Claudine Michel, femme d'Antoine Guinard, une maison avec cour et jardin, de la contenance d'une setérée, située sur le bord de l'Isère, au-delà du pont Mallet, moyennant 1,200 livres et 2 pistoles (20 fr.) d'étrennes. Les orphelines ayant été transférées à l'hôpital général, le séminaire fut vendu, le 30 juin 1744, à Laurent Couêt, pour la somme de 2,000 liv. (1).

1642. *Février 13*. — Devant M° Savoye, notaire, les consuls de Romans, Guillaume Bernard et François Thibaut Labarre, achètent de Barthélemy-Charles Quintin, drapier, une maison avec cour, jardin, vignes, plassages, situé à la Presle, au-dessous de Saint-Romain, contenant en tout environ cinq setérées, moyennant le prix de 3,200 livres et 100 livres d'étrennes. Cette somme fut payée avec les 4,000 livres données, le 8 avril 1641, pour servir à l'établissement d'un hôpital de la Charité, par Melchior de Gillier, premier maître d'hôtel du roi : c'est à cette occasion que les armes de ce bienfaiteur furent sculptées au-dessus de la porte d'entrée de cet hôpital (2).

---

(1) Voy. *Essais hist. sur les hôpitaux de Romans*, p. 200.
(2) Voy. ibid., p. 132.

1642. *Novembre 6*. — M. de la Gayte, intendant commissaire (1), rend un jugement qui déclare le Bourg-de-Péage et les terres du domaine qui en dépendent compris dans cette partie échue à la ville de Romans. Le 28 juin 1636, un arrêt du Conseil d'état tenu à Paris avait ordonné que les habitants du Péage ne feraient qu'un seul corps de communauté et une même taillabilité, qu'ils contribueraient à toutes les charges tant ordinaires qu'extraordinaires de la ville de Romans Par transaction du 3 août 1644, ledit Bourg fut soumis à loger la sixième partie des troupes envoyées en ladite ville, soit de passage, soit de quartier d'hiver, proportion qui fut élevée à un cinquième, en 1685, par le marquis de la Trousse, commandant les troupes de S. M. en Dauphiné.

Le 21 mars 1648, les consuls et les habitants de Romans et du Bourg-de-Péage avaient acquis du roi la partie domaniale du château de Pisançon ; ils furent remboursés, en 1655, du prix de leur acquisition après la vente passée le 5 juillet à Mre Gabriel de Lacroix. Enfin, le 1er janvier 1680, un arrêt du Conseil d'état prononça la désunion du Bourg-de-Péage d'avec la ville de Romans.

1645. *Janvier 27*. — L'intendant Yvon de la Lozière (2) renouvelle le conseil politique de la ville ; il fait choix d'administrateurs modérés. La juridiction du parlement est reconnue et on promet d'oublier le passé.

---

(1) Henri de la Guette de Chazé, intendant de Dauphiné en 1642.

(2) Pierre Yvon, chevalier, seigneur de Lozières, intendant de Dauphiné en 1645.

1645. *Mai 28*. — Une confrérie de marchands est établie dans l'église de Saint-Nicolas. Elle fait don à l'Aumône générale du revenu de la somme de 7,700 livres, que les arts et métiers de la ville de Romans avaient été obligés de verser au fisc en vertu de l'édit de 1594. Cette confrérie remplaçait sans doute l'*Abbaye des marchands*, laquelle avait été seule nominativement exceptée, par la charte de 1212, de la défense faite aux habitants de n'avoir ni collège, ni assemblée sans la permission du Chapitre.

1645. *Juin 26*. — Le Chapitre de Saint-Barnard prête hommage à la Chambre des comptes de la co-seigneurie de Romans et des fiefs de Pisançon, Châtillon, Octavéon, Triors et la Motte de Galaure.

1647. *Mai 20*. — Le chapitre général des Frères Mineurs se réunit dans le couvent des Cordeliers de Romans. A cette occasion, le pape Innocent XI accorde un bref d'indulgence daté de Rome du 7 février, et les consuls font donner au Père Gardien huit saumées de blé et huit saumées de vin, pour l'aider à supporter les charges qu'il allait avoir à raison dudit chapitre (1).

1649. *Septembre 7*. — Les pauvres de l'hôpital de Pailhercy, au nombre de seize, sont conduits processionnellement et avec beaucoup de solennité au nouvel hôpital de la Charité, où ils sont installés par les recteurs.

1651. *Décembre 1ᵉʳ*. — Le pont de Romans est emporté, à huit heures du soir, par une grande crue de l'Isère. M. Humbert de Lionne (2)

---

(1) Voy. *Notice hist. sur le couvent des Cordeliers de Romans*, p. 25.

(2) Voy. *Notice hist. sur le pont de Romans*, p. 17.

obtient, par lettres patentes du 30 décembre
1660, de faire reconstruire le pont à ses frais,
moyennant la faculté de percevoir pendant trente
ans le droit fixé par le trésorier de France en
Dauphiné. Les travaux furent terminés le 23
octobre 1661 (1).

1666. *Août 31*. — Un arrêt du parlement
maintient les officiers royaux de Romans dans le
droit de connaître de tous les cas royaux, et autres
matières dépendant de la juridiction royale.

1669. — Après de nombreuses et longues
formalités et par un acte solennel, l'hôpital de la
Charité est cédé aux Frères de l'ordre de Saint-
Jean de Dieu. Hélène Tardy contribue par une
donation importante à cet établissement, qui est
approuvé par lettres d'avril 1670 (2).

1674. *Avril 17*. — Le gouverneur du Dauphiné (3) envoie huit compagnies du régiment de
Sault tenir garnison à Romans. En attendant
que le roi ait envoyé les fonds pour la subsistance de cette troupe, la ville fournira à chaque
soldat une livre et demie de pain, une livre de
viande et un pot de vin, aux officiers à proportion, et de plus vingt livres de foin et trois
picotins d'avoine pour chaque cheval. La nourriture d'un soldat fut estimée à six sols par jour,
le logement d'un capitaine à neuf livres, celui
d'un lieutenant à six livres.

---

(1) Seigneur de Flandènes, gentilhomme de la manche du roi. Il
fut ambassadeur auprès de l'électeur de Brandebourg, gouverneur
de Romans après son père Sébastien de Lionne. Il mourut le 12 avril
1666.

(2) Voy. *Essais hist. sur les hôpitaux de Romans*, p. 135 et suiv.

(3) François de Bonne de Créqui, comte de Sault, duc de Lesdiguières, fut pourvu en survivance de son père le 13 novembre
1661.

1675. *Janvier 18*. — François Labarre, premier capitaine de la ville, remet de la part du marquis de Claveyson, gouverneur de Romans (1), une ordonnance par laquelle, vu la conduite tenue par le sieur Garagnol Chambois (2), premier consul, envers ledit gouverneur, Mgr de Lesdiguières (Créqui) le suspend de ses fonctions de premier consul. Cette interdiction fut levée le 22 février suivant sur le bon témoignage donné par M. de Claveyson, disant que le sieur Garagnol s'était soumis et était revenu à ses devoirs.

1675. *Avril 28*. — A l'arrivée de M. le marquis de Lionne, les quatre compagnies de la ville prennent les armes. On leur distribue de la poudre pour faire honneur à ce seigneur, à qui les consuls font présent de trois quintaux de bougies, pour la fabrication desquelles la ville de Romans jouissait alors d'une grande réputation.

1675. *Juillet 27*. — La ville paye la somme de 3,700 livres pour la confection de 400 paires d'habits destinés aux soldats du régiment d'infanterie de Mazarin.

1675. *Août 4*. — Pour le payement d'une somme de 470 livres sur le rôle des tailles, le receveur obtient de la cour du parlement une contrainte contre les consuls de Romans, pour la saisie de leurs biens et l'emprisonnement de leurs personnes.

---

(1) Sébastien de Lionne, seigneur de Triors, etc., docteur en droit, créé marquis de Claveyson par lettres patentes de décembre 1658.

(2) Nicolas, fils de Melchior Garagnol de Verdun, ancien capitaine au régiment de Saint-Vallier.

1677. *Mai 4.* — En présence du lieutenant du juge royal et sur la requête de Jean-Augustin Deloulle, président en l'élection (1), a lieu l'ouverture du testament d'Hélène Tardy, veuve de Pierre Deloulle (2). Cet acte, en date du 16 juin 1675, assure aux établissements charitables de la ville des legs consistant, somme toute, en 1,554 livres de rente, divers capitaux, une maison et un jardin à la Prèle, les domaines des Seyvons et des Milhiards, héritage qui produit de nos jours 10,000 francs de revenu.

1678. *Janvier 6.* — Il se forme à Romans une confrérie sous le nom de *Compagnie de D.-D. de Bon-Secours.* Ses membres, au nombre de 24 choisis parmi les notables du clergé et de la bourgeoisie, s'occupaient de bonnes œuvres et du prêt sur gages. Les revenus et les biens de cette société, ainsi que le Mont-de-Piété, passèrent à l'Hôpital général par lettres patentes d'octobre 1740.

1679. *Août.* — A son passage à Romans, l'intendant d'Albigny fait enlever du fronton de l'hôtel-de-ville, comme trop démocratique, cette ancienne inscription : *Moribus antiquis stat res romana virisque.* Elle fut rétablie quelque temps après par un administrateur moins ombrageux.

1687 *Janvier 21.* — Il est arrêté, en pré-

---

(1) Seigneur de Reculais et d'Arthemonay, avocat au parlement, né en 1642, maître ordinaire en la chambre des comptes en 1676. Il mourut le 2 mai 1712, laissant de Laurence Duvivier qu'il avait épousée le 28 avril 1674, neuf enfants.

(2) Née le 7 juillet 1589, d'Antoine, marchand, et d'Anne Delhorme, veuve Servonnet. Elle décéda le 23 avril 1677 et fut inhumée dans le cloître de Saint-Barnard. Le portrait de cette bienfaitrice des pauvres existe à l'hôpital.

sence de l'intendant Bouchu (1), que le payement des dettes de la ville serait pris moitié sur la taille, un quart sur les facultés mobiliaires et l'autre quart sur l'octroi. Cette dette fut liquidée, le 22 juin 1688, à 412,482 livres 9 sols 6 deniers. Cette somme, énorme pour l'époque, provenait des dépenses extraordinaires causées par le passage et le logement des troupes.

1700. *Janvier 3*. — Vingt et un chefs de famille du quartier de la *Fontaine Couverte* font renouveler, devant M⁰ Guillaud, notaire, le vœu fait par leurs ancêtres, le jour de sainte Geneviève, à l'occasion d'incendies et de pestes. Cette association existe encore aujourd'hui, mais elle se borne à faire dire une messe et à distribuer le pain béni, à tour de rôle, par un habitant du quartier.

1700. *Septembre 18*. — Clémence Bouvier (2) donne, par son testament, à la compagnie de N.-D. de Bon-Secours une maison et un jardin attenant, situés à la Pavigne, qu'on appelait dérisoirement le Paradis, parce qu'elle avait anciennement servi de prison. On y plaça des filles repenties et un Mont-de-Piété. Réunie à l'Hôpital général en 1740, cette maison, après avoir eu bien des destinations différentes, fut cédée par l'administration hospitalière à la ville, en 1821, pour y établir les écoles de la Doctrine chrétienne, et finalement démolie en 1842 pour faire place à la rue Paradis (3).

---

(1) Pierre-Jean Bouchu, maître des requêtes, nommé intendant en 1686.

(2) Elle était d'une honorable famille qui prit le surnom de Desmarest. Elle mourut le 23 mai 1735 et fut inhumée dans la chapelle du Refuge.

(3) La partie non incorporée à la voie publique fut vendue 7,500 fr. n 1845.

1701. *Mars*. — Les ducs de Bourgogne et de Berry, petits-fils de Louis XIV, arrivent à Romans avec une suite nombreuse et une escorte de 1,600 chevaux. Ils descendent à l'hôtel des Allées, chez l'abbé de Lesseins, sacristain du Chapitre et gouverneur de la ville. A cette occasion, on érigea un arc de triomphe en pierres de taille, démoli seulement en 1863, et pour faciliter le passage des équipages, on abattit quatre maisons, dont l'emplacement a retenu le nom de *place des Princes*. Les dépenses, y compris cette démolition et les présents consistant en liqueurs, confitures, vins et bougies, s'élevèrent à la somme de 13,134 livres 10 sols 11 deniers. Le Chapitre réclama en outre 300 livres pour s'indemniser des droits féodaux qu'il possédait sur les maisons démolies.

1702. *Septembre 27*. — La ville achète deux petites pièces de canon de la succession de l'abbé de Lesseins. Le 26 décembre 1801, ces pièces, en mauvais état, qui étaient tirées les jours de réjouissance, furent réclamées par le ministre de la guerre et envoyées à Valence, malgré les protestations du conseil municipal prouvant qu'elles étaient la propriété de la ville.

1706. *Juillet 26*. — La révision générale des feux, commencée en 1697, est close et enregistrée. Leur nombre est fixé à 3,500 dont 1,500 nobles. Romans est taxé à 33 feux $\frac{1}{2}$, $\frac{1}{8}$ et $\frac{1}{48}$ de feu. On conjecture que la valeur d'un feu représentait 2,400 livres de revenu.

1708. *Septembre 6*. — Partis de Saint-Antoine, deux savants Bénédictins, Dom Martène et Dom Durand, arrivent à Romans. Ils en visitent les établissements religieux et leurs archives. Ils copient plusieurs chartes du Cartulaire de Saint-Barnard, qui figurent dans le *Thesaurus novus anecdotorum.*

1709. *Mars 16.* — Après le rigoureux hiver de 1709, qui a laissé un long souvenir, le parlement prescrit de lever une contribution, afin de pourvoir à la subsistance des pauvres de la province. L'assemblée de Romans nomme un bureau qui dresse le rôle d'une cotisation sur les personnes aisées. Cette imposition atteignit 278 habitants et produisit la somme de 4,996 livres 15 sols. Les cotes variaient depuis une jusqu'à quatre-vingt livres ; mais les établissements religieux étaient taxés à un chiffre beaucoup plus élevé, savoir : la Collégiale de Saint-Barnard à 730 livres et chaque monastère à 150.

1714. — Le Chapitre donne l'adjudication de la restauration des voûtes de la nef de l'église de Saint-Barnard et la démolition de la chapelle abbatiale, dont l'emplacement est vendu à Madame veuve Belland. Tous ces travaux sont terminés en 1718. Ils avaient coûté, pour la maçonnerie 5,160 livres et 100 livres d'étrennes et pour la charpente 850 livres et 30 livres d'étrennes. C'était la réparation des dégâts commis, en 1562, par les protestants.

1717. *Décembre 23.* — Un arrêt du conseil d'Etat maintient le gouverneur de Romans gouverneur du Péage de Pisançon, avec défense expresse au seigneur de ce lieu et à tout autre de l'y troubler.

1718 *Novembre 20.* — On décide la construction d'une caserne d'infanterie sur l'emplacement de l'ancien hôpital de Pailherey.

1723. *Mai 9.* — Les statuts du jeu de l'arque-

buse, rédigés dans une assemblée des trois
ordres de la commune, sont approuvés par le duc
d'Orléans, gouverneur du Dauphiné. Le vainqueur recevait un prix de 40 livres et le titre de
roi de l'arquebuse. Le registre de cette société
fut brûlé publiquement sur la place de Jacquemart le 22 septembre 1793.

1727. *Septembre 5.* — Jean-Bernard de La
Croix, seigneur de Pisançon, ayant voulu, contrairement à la charte de 1209, troubler les habitants de Romans dans le privilège de ne payer
aucun péage, ni par terre ni par eau, est condamné par un arrêt du parlement.

1729. *Mars 29.* — Un arrêt du conseil d'Etat
fixe les charges ordinaires de la ville de Romans
à 4,700 livres 19 sols 4 deniers, et lui permet,
pour y subvenir, d'établir un octroi consistant en
2 sols par charge de vin, 4 livres par charge de
vin étranger, 2 sols par setier de blé pour l'habitant, 17 sols pour les boulangers, 22 sols pour les
amidonniers, 6 deniers pour les ecclésiastiques
et les nobles ; 50 sols par bœuf, 20 sols par
veau, 5 sols par mouton, 2 sols par agneau,
10 sols par pourceau pour l'habitant et 20 sols
pour les revendeurs. Mais les droits d'entrée sur
les farines ayant été supprimés par arrêt du
3 juin 1775, les octrois de Romans, qui rappor-
taient 10,000 livres, furent réduits à 4,800 livres.

1730. *Mars 16.* — Un traité sanctionné par
le roi règle la question de préséance au feu de
joie. Il est dit que lorsque S. M. aura ordonné
un *Te Deum* avec feu de joie, le gouverneur de
Romans assistera au *Te Deum* à la manière
accoutumée. Il se rendra ensuite par la porte
du Saint-Esprit au feu de joie, dont il fera trois

fois le tour ; le Chapitre se rendra de son côté au même lieu en chantant. Le gouverneur et le président du Chapitre mettront en même temps, chacun d'un côté, le feu au bûcher.

1736. *Mars*. — Des lettres patentes de Louis XV permettent d'établir à Romans un Hôpital général : le roi s'en déclare le protecteur et le conservateur. De nouvelles lettres de septembre 1740 unissent à cet établissement les biens des aumônes et des confréries de la ville et en règlent l'administration. Cet hôpital était destiné aux infirmes, aux vieillards et aux orphelins (1)

1739. *Février 14*. — Un arrêt du conseil d'Etat promulgue un réglement en 32 articles pour l'administration municipale de Romans. Les consuls seront élus pour deux ans et les conseillers pour trois (2).

1739. *Juin 26*. — L'administration de l'hôpital général fait acheter à Grenoble, de M. Gumin d'Hautefort, conseiller au parlement, deux maisons avec cour, jardin et grillage, sur le bord de l'Isère, pour le prix de 5,000 livres. Ce local a conservé cette destination jusqu'en 1831, époque à laquelle il a été acheté par la ville et converti en caserne. Au XIVe siècle, c'était l'habitation de Humbert Colonel, qui fut camérier du dauphin Humbert II et seigneur de Currière. Au XVIe siècle, on y plaça les écoles grammaticales.

1748. *Juin 14*. — Le roi donne à M. François Hours (3) la commission de l'office de con-

---

(1) Voy. *Essais hist. sur les hôpitaux de Romans*, p. 106.

(2) Voy. *Institutions municipales de la ville de Romans*, p. 16.

(3) Avocat, conseiller du roi, lieutenant en l'élection. Il fut aussi subdélégué de l'intendant. Il laissa deux filles de Marie Monier, qu'il avait épousée le 5 juin 1705.

seiller maire de la ville et communauté de Romans. Le maire remplace le premier consul, dont il remplit les fonctions (1).

1748. — Afin de parer à la disette, l'intendant envoie à Romans 1,344 setiers de blé pesant 1,690 quintaux. Ce grain est revendu au public à raison de 3 livres 10 sols le quintal.

1748. *Décembre 25.* — Passage à Romans de Don Philippe, duc de Parme (2).

1752. *Février 21.* — La ville est obligée de racheter, au prix de 15,952 livres, l'office de maire érigé par le roi peu d'années auparavant. S. M. accorde à la ville vingt-huit offices municipaux réunis au corps de la communauté.

1755. *Mai 12.* — Le terrible contrebandier Mandrin, arrêté la veille en compagnie d'un jeune homme appelé Saint-Pierre, escorté par

---

(1) La législation concernant la nomination et la qualité des maires a été, pendant le XVIIIᵉ siècle, si changeante et contradictoire qu'on ne peut s'y reconnaître si l'on ignore les édits rendus à ce sujet.

Un édit du mois d'août 1692 crée dans toutes les villes des mairies perpétuelles, avec charges de conseillers du roi, qui furent vendues.

Un édit du mois de décembre 1706 dédouble la charge de maire, et l'on eut des maires alternatifs et triennaux.

Un édit du mois de mai 1702 adjoint au maire un lieutenant.

Un édit du mois de juin 1717 abolit toutes les charges municipales vénales.

Un édit du mois de novembre 1733 fait revivre toutes les créations de 1692 et 1706. Chacun touchait des gages représentant l'intérêt au denier dix-huit.

Un arrêt du conseil du 21 mars 1747 décida que ce qui restait à vendre desdits offices serait remis au compte des villes et communautés, qui seraient tenues d'en faire l'acquisition et qu'elles nommeraient un sujet au nom de qui les lettres patentes seraient délivrées.

Enfin, un édit du mois d'août 1764 supprima les offices municipaux en titre et autorisa les villes à se gouverner suivant les anciennes formes.

(2) Infant d'Espagne, né en 1720 de Philippe V et d'Elisabeth Farnèse ; duc de Parme, Plaisance et Guastalla en 1748, mort en 1765.

des soldats du régiment de Morlière, arrive à Romans, où il couche dans la prison. Il repart le lendemain pour Valence, où il fut roué le 26 du même mois. Son compagnon était mort dans la prison, empoisonné, dit-on.

1755. *Novembre 1er*. — M. François Bonnot de Saint-Marcellin (1) reçoit la commission de maire de la ville de Romans.

1757. *Avril 10*. — Quatorze débitants ayant mis en vente leur vin en temps prohibé, le syndic du Chapitre fait dresser quatorze procès-verbaux et demande 14,000 livres de dommages. La ville prit fait et cause pour ces quatorze délinquants et soutint contre le Chapitre un long et coûteux procès, où de part et d'autre on publia de longs factums remarquables par un grand luxe d'érudition.

1763. *Juin 17*. — Le marquis Du Mesnil, lieutenant général en Dauphiné (2), arrive à Romans escorté par des hussards et cavaliers volontaires de Valence.

1765. *Septembre 22*. — Le conseil de la ville arrête de faire démolir les vieilles murailles de Jacquemart et de combler les anciens fossés pour

---

(1) Ecuyer, ancien grand prévôt de la maréchaussée de Lyon. J.-J. Rousseau passa chez lui, en 1741, un an en qualité de précepteur. Il fut maire de Romans jusqu'en 1768. Il vendit, le 23 juin 1773, à Louis Machon les terres de Banier et de Condillac. Il mourut le 20 septembre 1785, faisant héritier son neveu par alliance François-Antoine Deloulle, conseiller au parlement. Il était frère des abbés Mably et Condillac.

(2) Charles-Louis-Joachim de Chastellier, homme de guerre et négociateur, né à Valence le 16 octobre 1706. Il avait épousé, en 1747, à Besançon, Pascale-Antoinette-Emilie Petit de Mérival, étant lieutenant général et commandant en Franché-Comté, nommé au même titre en Dauphiné en 1761. Il mourut à Paris le 1er mars 1764 et fut inhumé le lendemain dans l'église de Saint-Sulpice.

former la place de ce nom. On y plante vingt tilleuls, avec des bornes pour les protéger.

1765. *Septembre 24.* — Un arrêt du conseil d'Etat prescrit à la ville de Romans d'avoir à rembourser la finance du procureur du roi en l'échevinage, auquel elle payait 520 livres de gages. Elle fut condamnée à rembourser à la veuve de M. Popon de Maucune (1), dernier titulaire, la somme de 10,550 livres.

1767. *Avril 20.* — Vu la rigueur excessive de l'hiver et les gelées tardives qui avaient enlevé la majeure partie des récoltes, le conseil de la ville délibère de faire pendant neuf ans une procession du Sacré-Cœur de Jésus, qui se rendrait de l'église de Saint-Barnard à celle du couvent de la Visitation. Ce vœu a été fidèlement exécuté les dimanches avant le 15 avril.

1768. *Mai 21.* — M. Charles-François Duvivier, capitaine de grenadiers, chevalier de Saint-Louis (2), est nommé maire de Romans.

1769. *Mars 21.* — Un arrêt du conseil autorise la démolition des maisons qui rendaient l'abord du pont difficile. L'intendant accorde un secours de 12,000 livres, soit la moitié de l'indemnité payée aux propriétaires dépossédés

1769. *Juillet 18.* — Raymond Merlin du Chélas (3), conseiller au parlement, tue en duel, d'une manière déloyale, car il était plastronné,

---

(1) Il fut subdélégué de l'intendant en 1726. Il avait épousé, le 29 octobre 1734, Françoise-Louise de Chevalier des Oches, dont il eut cinq enfants. Il mourut en 1760.

(2) Né le 4 décembre 1711, mort le 24 octobre 1778. Il s'était marié, dans l'église d'Onay, le 8 avril 1739, avec Madeleine Arbide d'Arnaud.

(3) Né le 22 octobre 1735 de Jacques, capitaine de cavalerie, et de Madeleine de Montdragon.

Suel-Béguin, capitaine dans la légion de Flandres (1). Le meurtrier est condamné, le 16 septembre, par coutumace, à la peine de la roue et exécuté par effigie sur la grand'place le 18 novembre. Les deux tiers de ses biens ayant été attribués aux hôpitaux, l'hôpital général de Romans reçut pour sa part 28,913 livres (2).

1769. — Le dénombrement de la population de Romans donne le chiffre de 5,606 habitants.

1770. *Juillet 30*. — Un arrêt du parlement décide qu'à l'avenir les habitants des faubourgs de Clérieu, de Jacquemart et de Saint-Nicolas seront soumis aux octrois, y compris les nobles ; l'exemption des ecclésiastiques n'aura lieu que pour les denrées de leurs bénéfices et pour leur consommation seulement. Les forains s'opposent à l'enregistrement de cet arrêt : de là des mémoires et des procès.

1772. *Janvier 5*. — M. François Brenier de Préville, capitaine d'infanterie et chevalier de Saint-Louis, est nommé maire de Romans (3).

1772. *Mai 31*. — L'assemblée des notables décide qu'on fera l'acquisition, au prix de 200 liv., de la machine de Mme Ducoudray, destinée aux démonstrations de l'art des accouchements. Des chirurgiens de la ville font à l'hôpital de Sainte-Foy des démonstrations publiques d'obstrétique avec cette machine.

---

(1) Jacques-Thomas, fils de Jacques, né à Romans le 7 mars 1738, capitaine d'infanterie en 1764.

(2) Voy. *Raymond Merlin et sa famille*, p. 18. — *Le duel de 1769* (*Journal de Romans* du 22 mai 1870). — *Procès criminel à Grenoble en 1769* (*Revue des documents historiques*, 1875), etc.

(3) Capitaine au régiment de Normandie. Habitait l'impasse Cogne. Il fut maire une seconde fois en 1783.

1774. *Juin 24* — Le parlement enregistre des lettres patentes qui réduisent, malgré l'opposition du conseil municipal, à un seul les quatre cocurés qui desservaient la paroisse de Saint-Barnard. Il rend à ce sujet un jugement favorable au Chapitre et règle les frais à la charge de la ville à la somme de 1,136 livres 15 sols.

1775. *Mars 26*. — La ville de Romans est taxée à la somme de 4,035 livres pour le don gratuit offert à Louis XVI, à son avènement au trône.

1775. *Mai 10*. — MM. Dochier (1) et Thomé (2) sont députés à Grenoble pour y complimenter le parlement sur son rétablissement. Les frais de ce voyage sont réglés à 144 livres.

1775. *Juin 29*. — Conformément aux ordres envoyés à M. de Bally, gouverneur de Romans (3), la ville célèbre le sacre de Louis XVI par un *Te Deum*, un feu de joie, des salves d'artillerie, etc.

1776. *Mars 16*. — MM. Viriville, Fayol, Montfort et autres publient un long mémoire, au nom des habitants de Romans, contre les officiers municipaux. Ils les attaquent vivement au sujet des dépenses communales et d'un impôt sur le vin. Le maire et les échevins répondent

---

(1) Jean-Baptiste, avocat, né le 2 décembre 1742, premier échevin en 1768 (voy. plus loin).

(2) Jean-Antoine, avocat, recteur de l'hôpital général, marié le 9 avril 1778 avec Florence Lambert, juge au tribunal du district en 1790, mort le 15 septembre 1796.

(3) Flodoard-Eléonor, comte de Bally, seigneur du Percy, de Virancourt, Montcarra, etc. Né le 4 mars 1744, chevalier de Malte, maréchal de camp, chevalier de Saint-Louis, exempt des gardes du corps du roi, gouverneur de Romans de 1759 à 1790. Il s'était marié, en 1770, avec Catherine de Chabrillan.

par un autre mémoire, où ils réfutent toutes les allégations de leurs adversaires. Ces querelles durent plusieurs années, font naître plusieurs libelles et finissent par un long procès (1).

1777. *Mai 1ᵉʳ*. — L'archevêque de Vienne, Lefranc de Pompignan (2), annonce qu'il viendra donner la confirmation dans l'église de Saint-Barnard. Le chapitre proteste de ses droits anciens, qui ne permettent pas à l'archevêque d'officier avant d'avoir été reçu comme abbé et avoir prêté le serment entre les mains du Chapitre (3).

1777. *Octobre 5*. — La ville dépense 68 livres 10 sols pour les vins d'honneur offerts aux officiers du parlement qui allaient à Montélimar au devant de S. A. R. Monsieur, frère du roi.

1777. *Novembre*. — M. André Berlhe (4) est nommé maire de Romans par le duc d'Orléans, gouverneur du Dauphiné.

1778. *Avril 8*. — Le bureau de l'hôpital de Sainte-Foy décide de faire reconstruire « à la moderne » les bâtiments qui longent au couchant la rue de Jacquemart : ceux du côté opposé avaient été rebâtis en 1633.

1778. *Novembre 29*. — L'intendant annonce l'arrivée et la résidence dans cette ville d'une brigade de cinq hommes de la maréchaussée ;

---

(1) Voy. *Mémoires pour les habitants de Romans*, etc., in-4°, 1777. — *Réponse*, etc. — *Tableau des abus découverts*, etc., in-f° de 100 p.

(2) Jean-Georges, évêque du Puy, archevêque de Vienne en 1774, présida les Etats du Dauphiné en 1788, devint ministre de la feuille des bénéfices et mourut en 1790.

(3) Voy. *Statuts du chapitre de Saint-Barnard*. (*Bull. de la Soc. d'Archéol. de la Drôme*, 1880, p. 287.)

(4) Avocat, conseiller du roi, lieutenant en la judicature, maire de Romans et décédé dans ses fonctions. Il avait épousé, le 2 décembre 1727, Sibille-Anne Prompsal, dont il eut trois enfants.

elle est logée au Tortorel, dans la maison de M. Courtin.

1780. *Janvier 12*. — M. Berlhe étant décédé dans ses fonctions de maire, est enterré dans le cimetière de Sainte-Foy, aux frais de la ville, suivant l'usage en pareille circonstance.

1780. *Novembre 20*. — M. Jean-François Bernon (1) est nommé maire de Romans.

1783. *Décembre 20*. — M. Brenier de Préville, capitaine et chevalier de Saint-Louis, est nommé pour la seconde fois maire de Romans.

1785. *Octobre 20*. — Un terrible incendie éclate dans la nuit au quartier de la Fontaine-Couverte. Deux maisons sont entièrement consumées et neuf ménages complètement ruinés. Les flammes, poussées par un vent du nord très violent, ont menacé pendant quatre heures d'incendier la moitié de la ville.

1786. *Avril 23*. — Un arrêt du conseil transfère au 9 septembre la foire établie par Henri IV et fixée auparavant le 15 octobre.

1786. *Novembre 1ᵉʳ*. — Le baron Ferdinand de Gillier (2) est nommé maire de Romans.

1787. *Juillet 23*. — En réponse à une lettre des officiers municipaux de Grenoble, le conseil de Romans déclare unanimement qu'il forme les vœux les plus ardents pour qu'il plaise au roi de

---

(1) Né le 20 décembre 1717, écuyer, conseiller, juge royal et lieutenant général de police de 1740 à 1766, maire de Romans de 1780 à 1783. Il laissa aux pauvres, en 1790, une somme de 600 livres.

(2) D'une famille originaire du Poitou, établie à Romans dès le XIVᵉ siècle. Charles-Ferdinand, né le 2 juin 1752, capitaine de cavalerie, chevalier de Saint-Louis, assista à l'assemblée de Vizille et aux Etats de la province à Romans. Elu colonel de la garde nationale le 6 août 1789, il donna sa démission le 18 avril 1790. Ayant émigré, ses biens furent vendus.

permettre la convocation des Etats généraux de cette province, et en attendant il choisit pour commissaires MM. Suel Pourcieux, chanoine, de Delay d'Agier, ancien officier, et Thomé, avocat.

1787. *Décembre 28*. — M. de Delay d'Agier, ancien officier (1), est nommé maire de Romans.

1788. *Mars 16*. — L'archevêque de Vienne écrit au conseil municipal de Romans pour connaître le vœu des habitants sur le projet de réunir les trois paroisses de la ville en une seule et la cure de Saint-Barnard au Chapitre. MM. Mortillet (2), Dochier et Delacour d'Ambézieux, avocats, font un rapport. La question longuement et mûrement examinée, le maire fait le résumé de la discussion et conclut au rejet du projet de l'archevêque, qui s'en plaignit dans une lettre en date du 26 avril.

1788. *Juin 1ᵉʳ*. — Le maire et les échevins de la ville de Romans rédigent et envoient une adresse à S. A. R. Monsieur, frère du roi, contre la formation d'une cour plénière en remplacement du parlement.

1788. *Juin 22*. — A l'occasion des troubles survenus à Grenoble le 7 de ce mois, l'assemblée, sur la proposition du maire, vote une adresse où

---

(1) D'origine suisse, Pierre-Claude de Delay naquit à Romans le 25 décembre 1750. Il servit dans la cavalerie et se retira étant lieutenant au régiment Mestre de camp. Il fut envoyé à l'assemblée nationale et fut successivement élu au conseil des anciens, au corps législatif, au sénat, chevalier de Saint-Louis, commandeur de la Légion d'honneur, pair de France, mort au Bourg-de-Péage le 4 août 1827, sans laisser de postérité.

(2) Alexandre, né le 21 octobre 1742, premier échevin en 1788, juge, puis président du tribunal du district en 1790, juge de paix en 1792, mort sans enfant.

se trouve, après des protestations de fidélité au roi, le blâme des nouveaux édits concernant la magistrature et le vœu de la convocation des Etats généraux.

1788. *Juillet 13*. — Le maire, M. de Delay d'Agier, ayant été enlevé de son domicile, dans la nuit du 10 au 11 de ce mois, en vertu d'une lettre de cachet et conduit au fort de Brescou, l'assemblée y compris M. Duportroux, procureur du roi, fait ressortir dans une adresse les nombreux services rendus par le maire et prie S. M. de révoquer les ordres surpris à sa religion. M. de Delay fut bientôt rendu à la liberté. Il avait repris ses fonctions municipales le 21 septembre, et le roi, comme par dédommagement, lui accorda la croix de Saint-Louis (1).

1788. *Août 20*. — Le roi ayant autorisé la réunion des Etats de la province, l'assemblée de la ville nomme M. Mortillet, avocat et premier échevin, pour paraître en son nom à la réunion des députés de l'Election et y donner ses suffrages.

1788. *Septembre 10*. — Après une interruption de 160 ans, les Etats généraux du Dauphiné s'assemblent à Romans, dans l'église du couvent des Cordeliers, sous la présidence de Mgr Lefranc de Pompignan, archevêque de Vienne. La session dure vingt-deux jours. Ils sont de nouveau réunis le 1er décembre jusqu'au 16 janvier suivant. L'assemblée se composait de 24 membres du clergé, 48 de la noblesse et 72 du tiers-état, auxquels on adjoignit 144 électeurs

---

(1) Voy. sur la famille de Delay le *Bull. de la Soc. d'Archéol. de la Drôme*, 1881, **p.** 128.

pour la nomination des députés de la province aux Etats généraux du royaume. Le bureau fit rembourser à la ville de Romans 5,610 livres pour les frais faits à cette occasion (1).

1788. *Septembre 14*. — L'intendant (2) ayant jugé convenable que les rues de Romans fussent éclairées la nuit pendant la durée de l'assemblée des Etats de la province, on fait venir par bateau de Grenoble cent lanternes, dont la municipalité de cette ville fit don à celle de Romans.

1788. *Octobre 12*. — Le parlement de Grenoble étant rendu à ses fonctions après un court exil, le conseil municipal nomme, pour aller le féliciter sur son heureux retour, une députation composée de MM. de Delay d'Agier et baron de Gillier.

1789. *Janvier 1er*. — Par suite d'un froid exceptionnel, l'Isère est complètement gelée. On la traverse à pied sec sur la glace entre le Bourg-de-Péage et la Prêle.

1789. *Avril 21*. — Cinq voitures de blé sont arrêtées au Bourg-du-Péage par la populace et conduites à Romans sur la place du marché. Grâce aux efforts de l'autorité, secondée par M. de Florence, capitaine au régiment Royal marine, à la tête de sa troupe, ces premiers excès de la révolution sont réprimés. Toutefois, le blé est vendu, à raison de 4 livres 10 sols le quartal, chez M. Duportroux, où le propriétaire de ce blé avait trouvé refuge.

---

(1) Voy. *Procès-verbal des Etats de Dauphiné assemblés à Romans*, 1788 ; et aussi : *Les Etats de Dauphiné et particulièrement ceux tenus à Romans*, 1869.

(2) Caze de La Bove, intendant de Grenoble en 1784.

1789. *Juillet 17*. — Délibération prise dans l'église des Cordeliers, qui approuve celle de la ville de Grenoble.

1789. *Juillet 21*. — En apprenant les nouvelles de Paris concernant la prise de la Bastille, la foule des auditeurs, qui s'était rendue dans l'église des Cordeliers, entonne spontanément un *Te Deum* et chante ensuite le *Domine salvum fac regem*.

1789. *Juillet 28*. — L'alarme, connue sous le nom de *l'arrivée des brigands*, a aussi sa représentation à Romans. Le mardi, un courrier, envoyé par les officiers municipaux de Saint-Marcellin, arrive à trois heures du matin, annonçant que des Savoyards avaient pénétré à Voiron et répandu l'épouvante jusqu'à Tullins, et que tout était à feu et à sang dans ces localités. Le maire, M. de Deley, « qui savait à quoi s'en tenir, » donne des ordres en conséquence. Il harangue le peuple dans l'église des Cordeliers et fait nommer un comité permanent de vingt-six membres. La population entière prend les armes, des éclaireurs sont envoyés au loin de tous côtés; les femmes et les enfants montent sur les toits munis de projectiles. Des hommes armés arrivent des villages circonvoisins. Enfin, lorsque la résistance, appuyée sur la réserve du bataillon des Chasseurs du Dauphiné, est organisée d'une manière formidable, on apprend que les *brigands* n'ont paru nulle part et que cette panique est une immense mystification. Néanmoins, un commissaire, M. Robin, beau-frère de M. de Deley, est envoyé avec cinquante hommes à Grenoble, d'où il rapporte huit barils de poudre et cent cinquante fusils avec leurs bayonnettes (1).

1789. *Août 8*. — M. Ferdinand baron de Gillier, capitaine de cavalerie, est nommé colonel général de la milice nationale de Romans par les officiers de ce corps. Cette nomination est approuvée par le maire et par le gouverneur de la ville.

1789. *Août 27*. — MM. de Gillier, Saint-Prix Enfantin, Belland, Blain, Mortillet, Duportroux et autres privilégiés renoncent à toute exemption d'octroi. Le Chapitre y renonce aussi, mais sous une réserve qui est vivement repoussée par M. Dochier.

1789. *Septembre 13*. — Les habitants de Romans, désirant offrir un don patriotique, ouvrent, de concert avec leurs voisins du Bourg-de-Péage, une souscription qui s'élève à 9,322 livres 3 sols, qu'ils envoient avec une adresse à l'Assemblée nationale (2).

1789. *Novembre 15*. — Les troupes, composées du bataillon de Chasseurs royaux du Dauphiné et de la milice nationale de Romans et du Bourg-de-Péage, prêtent sur la place d'Armes le serment de fidélité à la nation, à la loi et au roi.

1789. *Décembre 13*. — La promulgation de la loi martiale est faite sur la place d'Armes avec le drapeau rouge, en présence des troupes.

1789. *Décembre 27*. — Il résulte du dénombrement fait par des commissaires, que la population de Romans est de 6,127 âmes.

---

(1) Voy. Dochier, *Procès-verbal de l'alarme donnée dans la ville de Romans*, 1789, 15 p.; et *La panique du 28 juillet 1789*, dans *Le Dauphiné*, 1867.

(2) Voy. *Procès-verbal... arrêté à l'hôtel-de-ville le 4 octobre 1789*.

1789. *Décembre 30.* — Les habitants s'étant rendus, au son de la cloche, dans l'église des Cordeliers, suivant l'usage observé depuis le commencement de la révolution, pour entendre la lecture des nouvelles publiques, on décide, sur la proposition de M. Rochas, capitaine de la garde nationale (1), de porter en triomphe les portraits de MM. de Delay et de Lacour d'Ambézieux (2), alors députés à l'Assemblée nationale.

1790. *Janvier 8.* — Les citoyens de Romans et du Bourg-de-Péage envoient à l'Assemblée nationale une adresse pour demander que la ville de Romans soit le siège d'un district.

1790. *Février 2.* — Le nom de *Cours Dedeley* est donné à la place de Jacquemart.

1790. *Février 8.* — M. Jean-Gabriel Duportroux, procureur du roi (3), est élu maire de Romans par 208 voix sur 256 votants.

1790. *Février 14.* — Sous les murs de Romans se sont assemblés des détachements de 132 communes du Dauphiné et du Vivarais, au nombre de 5,600 hommes, représentant plus de 80,000 gardes nationaux et ayant trois pièces de canon à leur tête. Ils se réunissent sur le cours Dedeley, au milieu duquel s'élève une chapelle

---

(1) Louis-Charles, marchand, marié le 1er février 1784 avec Jeanne-Madeleine Allier. Il possédait les domaines de Lizeau et de Vaugelas. Mort le 11 mai 1824.

(2) Charles-Claude, avocat, né le 11 mai 1730, député aux assemblées de Vizille et de Romans et à l'Assemblée nationale constituante, ensuite président du tribunal du district de Romans, mort le 22 septembre 1792, sans avoir été marié.

(3) Né le 31 janvier 1724, avocat, d'abord substitut de la justice royale, puis procureur du roi en l'hôtel-de-ville, subdélégué de l'intendant, enfin président du district, décédé le 13 février 1812. Il avait épousé Anne-Claire Bernon.

à autel double sous un arc de triomphe de quarante pieds de hauteur. Après un discours prononcé par M. de Gillier, colonel général des gardes nationales, et par M. Duportroux, maire de Romans, le serment civique est prêté par tous et signé ensuite par 430 délégués (1).

1790. *Avril 18*. — M. de Gillier ayant donné sa démission de colonel de la garde nationale de Romans, cette milice se réunit avec ses chefs sur la grand'place, devant la maison du maire. Elle demande le rétablissement de M. de Gillier dans son grade et la permission d'aller à sa campagne de Génissieu lui porter cette nomination. Malgré le refus de M. Duportroux, les gardes nationaux se rendent à Génissieu et rentrent à neuf heures du soir avec M. de Gillier. Ils parcourent les rues entourés de toute la population, proférant des cris, chantant des chansons séditieuses. Le lendemain, le maire requiert vainement M. Lambert, major de la garde nationale, de commander un piquet et de faire des patrouilles. Toutefois, le surlendemain, une proclamation du maire annonce le retour de la bonne harmonie et de l'union entre les citoyens.

1790. *Juin 2*. — L'assemblée tenue à Chabeuil nomme les membres de l'administration départementale. M. Ennemond Revol, avocat à Romans (2), en fait partie ; MM. Jean-Raymond

---

(1) Voy. *Procès-verbal de la fédération de la ville de Romans*, in-8°, 18 p.

(2) Né en 1754, officier municipal, juge au tribunal du district, accusateur public au tribunal de Valence en 1796, maire de Romans en 1800, juge au même tribunal, mort à Romans le 26 septembre 1834.

Fayolle (1), avocat, et Pierre Delolle (2), négociant, sont élus membres de l'administration du district de Romans.

1790. *Juin 13*. — Le conseil municipal décide que la ville fera acquisition, après expertise, des propriétés nationales suivantes :

1° Les domaines de *Beauregard*, *Vernaison*, *Bonlieu* et la *Grand-Grange*, dépendant de l'abbaye de Vernaison.

2° Les domaines de *Cognier*, de la *Maison-Blanche*, de la *Part-Dieu*, de *Saint-Martin d'Allemand* et le *moulin de Charlieu*, dépendant de l'abbaye de Léoncel.

3° Les domaines du *Prieuré de Laye*, dépendant du chapitre de Saint-Apollinaire de Valence.

4° Les domaines de *Chanteloube*, de *Servonnet*, de *Charbesse*, de *Chalaire* et de *Racarvé*, dépendant du couvent de Sainte-Ursule.

5° Les domaines de *Conton*, du *Rivail*, du *Plantier* et de la *Bernard*, dépendant du monastère de Sainte-Claire.

6° Les domaines des *Hostes*, de *Bernard*, de *Conquiers* et de *Gaste*, dépendant du monastère de la Visitation.

7° Le domaine des *Uzeaux*, dépendant du couvent des Cordeliers.

---

(1) Né à Saint-Paul-lès-Romans le 23 décembre 1746, il était receveur des consignations avant la Révolution. Il devint président du directoire du district, accusateur public à Valence et membre de la Convention nationale. Il fut nommé en 1799 juge au tribunal d'appel de Grenoble, où il mourut le 7 mai 1821.

(2) Pierre-André des Faures, originaire de Saou, d'une famille anoblie en 1652. Il fit le commerce de la draperie en gros, c'est-à-dire sans déroger. Il mourut le 29 avril 1810, ayant eu quatre enfants de Virginie Garnier, veuve Enfantin.

8° Le domaine de *Saint-Muris*, dépendant de l'abbaye de Saint-Just.

Il est inutile d'ajouter que ce projet, plus ambitieux que sensé, n'eut aucune suite.

1790. *Juin 20*. — Le conseil de la commune retire au sacristain de Saint-Barnard la jouissance, souvent contestée, de la *Garenne* et l'afferme 96 livres par an.

1790. *Juin 23*. — La garde nationale de Romans, les chasseurs du Dauphiné et toute la population présente prêtent le serment civique sur le cours Dedeley, en présence de toutes les autorités et de tous les corps religieux. Plusieurs discours sont prononcés dans l'ordre suivant : par M. Duportroux, maire, par le baron de Gillier, colonel de la garde nationale, par M. François Duportroux (1), maître de chœur de l'église de Saint-Barnard, par M{{me}} Sablières (2), au nom des dames de la ville, par M{{lle}} d'Arthan, âgée de sept ans (3), par le jeune Sablière, âgé de dix ans (4), et par M. Dagobert, commandant les chasseurs royaux (5).

---

(1) Né le 8 mars 1726 de François, avocat, et de Marianne Bernon, chanoine et maître de chœur du Chapitre. Il fut emprisonné comme suspect pendant la Terreur et mourut le 11 octobre 1815, laissant sa maison de la rue des Clercs à son neveu Boutillier d'Arthan, laquelle est aujourd'hui possédée par la famille de Loche.

(2) Louise-Marie Massot, épouse en secondes noces de Joseph Sablières, docteur en médecine.

(3) Marie-Julie, fille de Jean-François Boutillier d'Arthan, lieutenant-colonel d'artillerie, chevalier de Saint-Louis, et de Marie-Anne-Julie de Gillier. Elle s'unit à Marcellin-Hilaire de Loche, marchand de vins à Tain, et mourut à Romans le 4 août 1857.

(4) Henri-René-Gabriel Sablières des Hayes fut receveur des domaines, puis, de 1809 à 1843, secrétaire de la mairie. Il se maria deux fois : 1° à Thérèse Bochard, 2° à Françoise Ducros.

(5) *Procès verbal de la prestation du serment civique dans la ville de Romans*. Valence, J.-J. Virel, in-4°, 7 p.

1790. *Juin 28*. — L'assemblée municipale désigne dix députés pour représenter la ville de Romans à la Fédération de Paris.

1790. *Juillet 14*. — Après une messe célébrée dans l'église de Saint-Barnard, toute la population romanaise, le corps municipal, les gardes nationales, le bataillon de chasseurs du Dauphiné, trois cents jeunes filles habillées de blanc avec des ceintures tricolores, des femmes vêtues d'étoffes aux mêmes couleurs, des mères venant consacrer à la nation les enfants qu'elles allaitent, des jeunes gens portant des branches de laurier et de chêne, puis des vieillards et des ecclésiastiques tant réguliers que séculiers ; tous se rendent en bon ordre sur le cours Dedeley. Après plusieurs discours empreints d'un vif sentiment patriotique, le serment fédératif est acclamé par tous les assistants. Le lendemain, les autorités entendent une messe pour les citoyens morts à la prise de la Bastille (1).

1790. *Août 4*. — La session préliminaire de l'assemblée administrative du département de la Drôme se tient dans la chapelle des Pénitents, sous la présidence de M. Payan, doyen d'âge. Le lendemain, le directoire du département est nommé ; il envoie à l'Assemblée nationale le procès-verbal de son installation (2).

1790. *Août 24*. — L'Assemblée nationale dé-

---

(1) *Procès verbal de la prestation du serment fédératif et de la célébration de la fête civique de Romans*. Valence, J -J. Viret, in-4°, 10 p.

(2) *Procès verbal de la session préliminaire de l'assemblée administrative du département de la Drôme, faite à Romans le 4 aoû t1790*. Valence, J.-J. Viret, in-4°, 8 p.

crète que la ville de Romans sera le siège d'un tribunal.

1790. *Septembre 3*. — Sur la proposition du maire, le conseil municipal vote une adresse à l'Assemblée nationale pour la conservation des sœurs de Sainte-Ursule, qui instruisent gratuitement les jeunes filles de la ville (1).

1790. *Novembre 3*. — L'autorité municipale installe les juges du tribunal du district nommés par les électeurs : ce sont MM. Delacour, Fleury, Mortillet, Dochier, Thomé, tous hommes de loi.

1790. *Novembre 7*. — Nomination d'un bureau de paix et de conciliation, composé de six membres.

1790. *Décembre 14*. — M. Arnoulx Lambert, homme de loi, nommé juge de paix de la ville de Romans, prête serment devant le conseil général de la commune.

1790. *Décembre 28* — Le directoire du département ayant accordé à la commune de Romans l'autorisation d'acheter le couvent des Cordeliers pour y placer le siège de l'administration municipale, M. Borel, conseiller, est chargé de mettre l'enchère. L'acquisition a lieu sans concurrence, au prix de 20,000 livres (2).

1790. *Décembre 29*. — L'assemblée municipale dénie au prince de Monaco le droit de vendre l'auditoire de la justice et les prisons.

Par le traité de Péronne du 14 septembre 1642, Louis XIII avait cédé à Honoré Grimaldi

---

(1) Voy. *Notice hist. sur le monastère et collège de Sainte-Ursule de Romans*.

(2) Voy. *Notice hist. sur le couvent des Cordeliers de Romans*, p. 33.

ses droits sur la ville de Romans, qui consistaient en : 1° les provisions des offices ministériels ; 2° le centième annuel de ces offices ; 3° le titre de ces offices lorsqu'ils étaient tombés dans les parties casuelles ; 4° la pension annuelle de 157 livres 14 sols, payée par la ville depuis le traité du 10 juillet 1766 ; 5° la ferme du greffe, portée à 600 livres par le dernier bail.

1791. *Janvier 17.* — Il est ouvert chez M. Bochard, notaire (1), un registre pour la prestation du serment exigé des ecclésiastiques et des fonctionnaires publics. Se sont présentés et ont signé ce serment : MM. Joseph Gay, curé de Saint-Barnard, François Delacour (2), curé de Saint-Romain, Gabriel-Gaston Mourier (3), prêtre, Antoine Guilhermet, curé de Saint-Nicolas, Jean-Antoine Arnould, curé de Saint-Barnard, Jacques-Victor-Alexis Deloche, vicaire de Saint-Nicolas, Pierre Chabert, chanoine de Saint-Donat. Ce serment est renouvelé, le 30 janvier, dans les églises des paroisses devant le conseil municipal.

1791. *Février 8.* — L'ancien hôpital des Jacinières, sur le pont (4), est mis en vente et adjugé

---

(1) Et secrétaire de la ville, Henri-François, né le 19 juin 1749, de Pierre, aussi notaire, et de Marguerite Blain ; marié à Françoise Blanchard, qui ne lui donna que des filles.

(2) Il mourut le 24 avril 1823, laissant 300 francs aux pauvres.

(3) Ordonné prêtre à Avignon le 6 janvier 1789. Après avoir prêté le serment prescrit aux ecclésiastiques par la Constitution civile du clergé, il devint curé de la paroisse de Saint-Barnard ; le 12 février 1794, il déposa ses lettres de prêtrise, « offrant sa personne et ses talents pour concourir au bonheur de la patrie. » Il fut nommé officier municipal, receveur du grenier paternel et assesseur du juge de paix. A l'époque du Concordat, il reprit ses fonctions de prêtre, fut envoyé à Moras, puis au Grand-Serre, où il est mort curé.

(4) Voy. *Essais hist. sur les hôpitaux de Romans*, p. 80.

pour le prix de 5,700 livres. Cet édifice, ainsi que la chapelle placée sur la même pile, a été rasé lors de la restauration du pont en 1856 (1).

1791. *Février 20*. — La ville fait vendre aux enchères l'ancien hôtel-de-ville, la maison du poids des farines et la matterie.

1791. *Juillet 14*. — Après avoir assisté à une messe dans l'église de Saint-Barnard, les autorités civiles et militaires se rendent sur le cours Dedeley, où elles prêtent serment à la constitution. Le maire, le président du tribunal et le commandant de la garde nationale prononcent chacun un discours.

1791. *Juillet 25*. — La garde nationale de Romans est organisée en huit compagnies commandées par un colonel.

1791. *Octobre 9*. — Le maire, accompagné d'une nombreuse escorte, parcourt la ville pour y proclamer la Constitution acceptée par le roi. Un *Te Deum* est chanté dans l'église de Saint-Barnard.

1791. *Novembre 14*. — M. Duportroux est réélu maire de Romans par une majorité de 86 voix sur 101 votants. Le 29 mai suivant, il donne sa démission, à cause de son grand âge.

1792. *Janvier 1ᵉʳ*. — M. Barthélemy Enfantin (2) adresse de Paris à la municipalité de Romans un tableau contenant, en caractères imprimés, la Déclaration des droits de l'homme et

---

(1) Voy. *Notice hist. sur le pont de Romans*, p. 23.

(2) Il tenait une maison de banque à Paris, qui se ressentit des troubles de la Révolution et tomba en liquidation. Il eut pour fils Barthélemy-Prosper, né à Paris en 1796, mort dans cette ville en 1867, célèbre comme chef de la religion Saint-Simonienne.

du citoyen. Le même compatriote avait fait généreusement l'avance, le mois précédent, d'une somme de 10,000 livres pour venir en aide au commerce.

1792. *Avril 8*. — M. Saint-Prix Enfantin (1) est élu maire de Romans par 104 suffrages sur 153.

1792. *Avril 12*. — Pour faciliter l'échange des assignats de 100 livres, la municipalité met en circulation des billets de confiance de 10 et de 5 sols, à concurrence de la somme de 10,000 livres ; somme augmentée d'une nouvelle émission de 10,000 livres le 3 mai, et de 30,000 le 15 juillet.

1792. *Juin 10*. — La garde nationale, avec le concours de la municipalité et de la population, plante un arbre de la liberté au milieu de la place du marché.

1792. *Juillet 14*. — Le pacte fédératif de toutes les gardes nationales du district a lieu à Romans, sur la route de Saint-Paul. M. Servan, chef de légion, M. Charles Delacour, président du tribunal, M. Quénin, capitaine de la garde nationale de Châteauneuf-de-Galaure, prononcent chacun un discours.

1792. *Juillet 20*. — Le conseil général de la commune fait les proclamations de la *patrie en danger*. Il se déclare en permanence et fait doubler les gardes.

---

(1) Né le 17 juillet 1752, prêtre et chanoine de l'église de Saint-Barnard. Le 17 novembre 1793, il vint déposer sur le bureau de la mairie ses lettres de prêtrise et déclarer qu'il renonçait à toutes fonctions sacerdotales. Il fit le même dépôt et la même déclaration pour son frère Maurice, aussi prêtre et chanoine, résidant alors à Paris. Malgré ces gages donnés à la révolution, il eut beaucoup de peine à obtenir, le 5 mai 1794, un certificat de civisme, que lui refusait le procureur de la commune.

1792. *Septembre*. — Plusieurs ecclésiastiques, MM. Bouvier-Desmarest (1), Suel-Lambert (2), Revoiron, Actorie, etc., prêtent le serment civique.

1792. *Octobre 3*. — Le peuple démolit le mur de clôture du couvent de Sainte-Ursule pour faire communiquer la place de Jacquemart avec le quartier de la Ville neuve.

1792. *Octobre 14*. — Toutes les autorités et tous les fonctionnaires se présentent à l'hôtel-de-ville pour prêter le serment d'être fidèle à la nation, de maintenir de tout son pouvoir la liberté et l'égalité ou de mourir à son poste.

1792. *Novembre 12*. — M. Dedeley demande, par amour pour l'égalité, à faire effacer, à ses frais, le nom de *Cours Dedeley* donné à la place de Jacquemart. On substitue à ce nom celui de place de la *Fédération*. Par la même occasion, on baptise la place du marché, *place de la Liberté*, et celle des princes, *place de l'Egalité*.

1792. *Décembre 8*. — Sur le refus de M. Saint-Prix Enfantin, M. Gérard Giraud (3) est nommé maire. Il n'accepte pas. Le 16, M. Borel a 99 voix sur 189 : il déclare opter pour la place d'officier municipal; enfin, le 17, M. Charles Cha-

----

(1) Pierre-François, docteur en théologie, chanoine de Saint-Barnard en 1754, prieur commendataire de Saint-Pierre de Nantua de 1760 à 1784, et enfin dernier sacristain du Chapitre de Romans du 27 avril 1768 à 1790.

(2) Emmanuel-Joseph, né en 1732, Chanoine, vicaire général de Senez, député aux Etats de la province, le 21 juillet 1788, à Vizille et, le 1er décembre, à Romans, décédé le 12 mars 1815.

(3) Négociant, né le 2 mai 1756, commandant de la garde nationale le 29 septembre 1793, maire de Romans le 18 mars 1808 jusqu'au mois de janvier 1814, démissionnaire pour cause d'une cruelle maladie à laquelle il succomba le 24 juin suivant.

bert (1) est élu maire. Il accepte et prononce un discours conciliant

1793. *Janvier 20*. — Pour venir en aide à la détresse d'un grand nombre d'habitants, le conseil municipal fait rédiger un règlement pour le bureau de charité, lequel doit être composé de vingt-six membres divisés en trois comités chargés, l'un d'acheter et de distribuer les comestibles, l'autre de visiter les pauvres et le troisième de procurer du travail aux indigents valides.

1793. *Février*. — Des certificats de résidence, appuyés par l'attestation de huit citoyens, sont demandés et obtenus par diverses personnes désignées comme suspectes, entre autres : MM. Dedeley d'Agier, ex-constituant, Duret, avoué, Machon, notaire, Chièze, ex-conseiller au parlement, d'Honneur, ex-trésorier de France, Dubut, ex-chanoine, François Duportroux, ex-maître de chœur du Chapitre, Bovine-Morel, ex-garde du corps, Jomaron, ancien capitaine, Philippe Duvivier, ex-conseiller au parlement, et d^lles Félicité de La Bâtie, Jeanne et Marianne Duportroux.

1793. *Février 17*. — Sur la proposition d'un de ses membres, le conseil de la commune arrête que les messes sont dès à présent supprimées dans les hôpitaux et les maisons d'arrêt.

1793. *Février 19*. — Par une lettre écrite de Chambéry, Kellermann, général en chef de

----

(1) Marchand, né en 1760, mort le 1er mars 1830. Il exerça, jusqu'au 25 octobre 1795, les fonctions de maire, c'est-à-dire pendant les temps les plus difficiles de la révolution. C'était un honnête homme, modéré, bien intentionné, mais faible.

l'armée des Alpes, nomme commandant de la ville de Romans, le citoyen Sénard Pasquier, ancien capitaine de dragons (1).

1793. *Février 24*. — Vu la disette des grains, le conseil municipal décide de faire faire un nouvel achat de 300 setiers de blé à Lyon.

1793. *Mars 2*. — Le citoyen Mourier, curé constitutionnel de la ville, cesse ses fonctions paroissiales. Tout culte public est dès lors supprimé dans toutes les églises et chapelles de Romans.

1793. *Avril 11*. — Une proclamation de la commune déclare que quiconque aura la témérité de parler de rétablir la royauté en France, et de donner des marques d'approbation à l'odieuse et punissable conduite de Dumourier, sera sur le champ mis en état d'arrestation et puni de mort, conformément à la loi.

1793. *Avril 22*. — La commune paye à cinq volontaires de Romans, outre leur équipement, une somme de 400 livres.

La police fait une visite domiciliaire chez tous les libraires, imprimeurs et colporteurs de livres. Elle trouve chez le citoyen Courtet, ci-devant cordelier, un livre intitulé : *Catéchisme nouveau et raisonné à l'usage de tous les français, II*^e *année de la persécution*, et chez le citoyen Junilhon, ex-procureur des Cordeliers, un grand nombre d'ornements servant à l'usage du culte.

---

(1) Louis-Jacques, né en 1725, mort le 7 janvier 1798. Il fut élu colonel de la garde nationale et, comme on le voit, commandant de la ville de Romans. Il vint avec d'autres officiers faire la remise de son brevet de chevalier de Saint-Louis, le 20 octobre 1793. Il ne s'était pas marié.

1793. *Mai 2.* — Le conseil de la commune, considérant que l'établissement d'un *Comité de surveillance et de salut public* peut prévenir bien des maux et faire beaucoup de bien, nomme au scrutin les membres dont ce comité se composera.

1793. *Mai 30.* — Sur la réquisition de l'autorité, la commune de Romans envoie dans le département de l'Ardèche 70 volontaires pour la répression d'une insurrection.

1793. *Juillet 8.* — Plusieurs citoyens comparaissent devant l'assemblée à l'effet de se rétracter et retirer leurs signatures d'une pétition où ils déclaraient que la Convention n'avait pas été libre dans la journée du 31 mai C'étaient les citoyens Mortillet, juge de paix, Faujas, huissier, Portier, huissier, Mantes, horloger, Rochas, négociant, Lambert, Nugues, etc. (1).

1793. *Juillet 16.* — Sur la réquisition du général Carteaux, 65 hommes du quartier de Saint-Nicolas se déclarent prêts à partir. La ville s'engage à faire à chaque volontaire une haute paye de vingt sols par jour.

1793. *Juillet 23.* — La municipalité envoie à la Convention nationale une pétition dans laquelle, après avoir dit que « les citoyens de Ro« mans ont reçu la nouvelle constitution avec « les sentiments d'allégresse qu'éprouvent de « malheureux naufragés à la vue d'une terre

---

(1) C'était une protestation contre la révolution du 31 mai, à la suite de laquelle la Convention nationale, opprimée par les sections armées de Paris, fut forcée de décréter d'accusation plusieurs députés. La rétractation qu'on demandait aux signataires de cette pétition avait pour but de leur épargner une accusation de contre-révolutionnaires.

« désirée, » la ville réclame le remboursement par le trésor public d'une somme de 62,900 fr. qu'elle a dépensée pour assurer une haute paye aux volontaires et la subsistance de leurs femmes et de leurs enfants.

1793. *Août 10.* — Il est fait une réquisition d'un homme par compagnie, armé, équipé et habillé.

1793. *Août 23.* — L'autorité enjoint aux particuliers qui ont des grains et des farines d'en faire la déclaration au greffe de la mairie, à peine d'être réputé accapareur.

1793. *Août 28.* — Les citoyens Buthaud et Gaillard (1), anciens militaires, sont désignés pour donner des leçons d'exercice aux citoyens compris dans la première réquisition de 14 à 40 ans.

1793. *Août 31.* — Sur la dénonciation de la société *républico-populaire*, il est délibéré de mettre à exécution la loi du 12 juillet dernier contre les citoyens Durand, Sablières, Lambert, Fochier et Paquet. Le 30 septembre, les scellés sont mis sur leurs biens, dont il est fait inventaire.

1793. *Septembre 22.* — En présence des autorités, de la garde nationale et du peuple, « il a été mis sur un bûcher, dressé à cet effet, « le drapeau rouge, emblème de la loi martiale, « celui de l'ancienne bourgeoisie de cette ville,

---

(1) Louis-Charles, né le 7 novembre 1770; après avoir servi dans les chasseurs du Dauphiné, il se retira le 21 janvier 1792 avec le grade de sergent; ayant repris du service, il fut nommé adjudant sous-officier dans le 4e bataillon de la Drôme. En 1815, il était colonel d'infanterie, officier de la légion d'honneur, chevalier de Saint-Louis et baron de l'empire. Il est mort le 20 août 1825.

« la charte, le registre et les autres papiers ap-
« partenant à la ci-devant chevalerie de l'arque-
« buse, ainsi que divers papiers à terriers. Le feu
« ayant été mis au bûcher, tous les objets ci-
« dessus ont été la proie des flammes. »

1793. *Septembre 15.* — Les citoyens Badoux (1) et Tabarin (2) demandent, au nom de la
société *républico-populaire*, des mesures sévères
contre les étrangers. Il est prescrit à ces derniers, qui ont moins de deux ans de résidence,
de sortir de la ville dans le délai de trois jours.

1793. *Septembre 18.* — Sur la proposition
du citoyen Andrieux, apothicaire et officier municipal, le citoyen Guilhon, chaudronnier, est
chargé de faire enlever les battants des cloches
qui doivent être démontées pour être fondues.

1793. *Septembre 20.* — Une proclamation
enjoint à tous les citoyens de venir déclarer
leurs chevaux de selle et de trait, et d'apporter
à la mairie les armes de calibre, la poudre et le
plomb qu'ils ont en leur possession.

1793. *Septembre 28.* — Joseph Boisset, « un
des braves de la Montagne (3) », représentant du
peuple en mission dans le département de la
Drôme, vient à Romans et prend place à la tête

---

(1) Jean-Pierre, né le 7 août 1748, d'une famille originaire de Venise, avocat, juge de paix de Romans de 1793 à 1802. Il mourut, sans
avoir été marié, le 19 janvier 1815.

(2) Dit Marat, moulinier en soie, nommé le 7 novembre 1793 procureur de la commune. A la suite de diverses discussions dans lesquelles il fut blâmé par la société populaire et rayé du tableau de ses
membres, il donna sa démission le 24 juillet 1794.

(3) Joseph-Antoine, né à Montélimar le 7 octobre 1748, député à la
Convention, envoyé plusieurs fois en mission dans les départements.
Il passa, en 1795, au conseil des 500 et mourut à Montboucher le
15 septembre 1813.

du bureau municipal. Il promet d'appuyer auprès du gouvernement diverses réclamations
élevées par la commune. Il accorde provisoirement une somme de 20,000 livres et autorise le
conseil général à faire dresser un devis estimatif
de toutes les réparations qu'il convient de faire
aux casernes.

1793. *Septembre 29*. — La garde nationale
réunie prête le serment prescrit par la loi, et le
maire fait reconnaître pour commandant en chef
le citoyen Paul-Gérard Giraud.

1793. *Octobre 1ᵉʳ*. — Le citoyen Dochier,
membre du tribunal de cassation (1), en congé
de deux mois à Romans, a une malle et une
caisse arrêtées comme objets suspects à Châ-
lon - sur - Saône. Il adresse une pétition au
citoyen Boisset, représentant du peuple en mission, qui permet la remise de cette malle et de
cette caisse, à condition qu'elles seront ouvertes
en présence de deux commissaires.

1793. *Octobre 8*. — Une proclamation enjoint
à ceux qui ont des avoines d'en faire la déclaration dans le délai de deux jours.

1793. *Octobre 9*. — Une commission fixe le
prix des marchandises, conformément à la loi du
maximum. L'état en est publié le 12 : il contient 156 articles. Sont exceptés les couvertures
d'étoupes, les chapeaux, les bas et les indiennes.

---

(1) Jean-Baptiste, avocat, né à Romans le 2 décembre 1742. Après
avoir rempli dans cette ville plusieurs emplois municipaux et judi-
ciaires, il fut en 1792 nommé membre de l'assemblée législative et,
l'année suivante, juge au tribunal de cassation. Revenu à Romans,
il s'occupa de jurisprudence et fut maire de 1805 à 1808. Il mourut le
28 décembre 1828, après avoir publié plusieurs ouvrages d'érudition
locale et factums d'avocat. On a de lui les *Mémoires sur la ville de
Romans* et un *Essai historique sur le chapitre de Saint-Barnard*.

1793. *Octobre 21*. — Les citoyens Sablières (1), Pasquier, Bon (2) et Chaballet (3), pour se conformer à la loi du 18 juillet dernier, font remise de leurs brevets et de leurs croix de Saint-Louis. Le 26, les citoyens Jomaron (4) et Millochin (5) font les mêmes dépôts, et le citoyen Jérôme François remet une croix de Malte.

1793. *Octobre 25*. — Le directoire du district désigne l'ancienne abbaye de Saint-Just pour servir de maison d'arrêt aux personnes suspectes. Le conseil nomme Claude Chaudon pour concierge et rédige un règlement de service.

1793. *Novembre 3*. — Une visite domiciliaire est faite chez les tanneurs pour constater la quantité de cuirs confectionnés et veiller à ce que cette marchandise soit employée au service de la République. Trois commissaires de la société populaire font aussi une visite chez les boulangers.

1793. *Novembre 17*. — Le citoyen Saint-Prix Enfantin, ex-chanoine et ex-maire, vient déposer sur le bureau de la mairie ses lettres de

---

(1) Jean-André Sablières des Hayes, né le 4 août 1733, brigadier de gendarmerie, décédé le 29 novembre 1812. Il avait épousé le 1er août 1763 Jeanne-Antoinette de Biosse-Duplan.

(2) Christophe Bon des Tournelles, né en 1738, capitaine de dragons. Il fut retraité comme général de brigade pour services rendus pendant la Révolution et décéda le 15 février 1809.

(3) Jean-Baptiste, né le 30 juillet 1738, mort le 27 août 1797, lieutenant-colonel du 8e régiment d'infanterie.

(4) François Jomaron de Montchorel, né en 1727, capitaine de cavalerie, gouverneur de Die en 1762, marié à Françoise Amanthe de Jarente, nièce de l'évêque d'Orléans. Il possédait le château de Génissieu. Il mourut sans postérité le 20 août 1798.

(5) Jacques-Dominique Millochin de Belzevrie, natif de Vendôme, capitaine au régiment d'artillerie de Grenoble, gouverneur du Pont-Saint-Esprit, marié à Thérèse-Suzanne Sablières.

prêtrise et déclare qu'il renonce pour toujours à toutes fonctions sacerdotales. Il fait le même dépôt et la même déclaration au nom de son frère Maurice, résidant à Paris.

Le représentant Boisset, investi de pouvoirs illimités, nomme, en remplacement de fonctionnaires par lui destitués dans la ville de Romans, les citoyens Moulinet père, juge au tribunal du district, Jacques Bérard, juge de paix, Emmanuel Bon, greffier de la justice de paix, Agrenier, officier municipal, et Tabarin, dit Marat, procureur de la commune. Ces citoyens vont prêter le serment prescrit dans la salle du tribunal du district.

1793. *Novembre 23*. — Il est fait pour les besoins de l'armée des réquisitions de couvertures de laine, de souliers, de chevaux, mules et bœufs.

1793. *Novembre 30*. — En conséquence du vœu de la société populaire de cette commune et de celle de l'Unité (Bourg-de-Péage), on célèbre à neuf heures du matin, sur la place de la Fédération, la fête du 1er *décadi* de frimaire. « Pour donner à cette fête plus de gaieté, il y « eut un repas simple, frugal et républicain, où « la confusion des mets et des mangeants annon-« çait que toute distinction était anéantie et « que désormais l'indigent trouverait chez son « frère et son ami dans l'aisance les secours « dont il aurait besoin .. On s'y chauffa au feu « des titres féodaux. » On avait élevé un autel avec tous les attributs de la liberté et de l'égalité. A droite et à gauche étaient placés les tableaux des immortels Marat et Lepelletier. Le président du district a prononcé un discours, ainsi que le maire, et ils ont terminé l'un et l'autre par des cris de : Vive la Montagne ! Vive la République ! « Le zélé Badoux a fait avec « succès l'oraison funèbre du vertueux Marat. « Ces discours ont été suivis de l'hymne des « Marseillais et de celui contre les Anglais. »

Le procureur de la commune Tabarin réclame la suppression des maisons de prostitution, la cessation de traitement aux ministres du culte et l'installation d'un four public dans l'enceinte de la mairie.

1793. *Décembre 1ᵉʳ*. — Un arrêté prescrit d'inventorier et de peser les matières d'or et d'argent appartenant aux églises, et de les remettre au secrétaire de la mairie. Un second arrêté ordonne de faire moudre 300 setiers de blé et seigle, pour faire du pain qui sera distribué aux citoyens.

1793. *Décembre 3*. — Une proclamation « invite, presse et au besoin requiert » d'apporter à la mairie du linge et de la charpie pour l'armée de Toulon.

1793. *Décembre 4*. — Le conseil municipal ordonne de construire immédiatement deux fours dans le chœur de l'église des Cordeliers et de mettre en réquisition deux moulins et des ouvriers boulangers.

1793. *Décembre 15*. — Le procureur de la commune requiert que l'on fasse immédiatement disparaître la fleur de lis qui est à la cime de la flèche de l'horloge de Jacquemart et les jeux de cartes qui ont des signes de la royauté. La fleur de lis ne fut enlevée et remplacée par un bonnet de la liberté que le 27 janvier suivant, par un grenadier de la garnison à qui on avait promis 150 livres pour cette périlleuse opération.

1793. *Décembre 19*. — La municipalité rappelle à ses concitoyens que l'un des devoirs les plus essentiels à remplir est celui du repos décrété « par nos libérateurs. » Elle les invite à assister à l'assemblée populaire où l'on fera la lecture des décrets de la Convention nationale.

1793. *Décembre 19*. — L'assemblée décide que l'on accordera des récompenses aux jeunes citoyens qui auront le mieux récité les droits de l'homme et l'acte constitutionnel. Le maire remettra une cocarde tricolore et un plumet aux garçons, et une ceinture de ruban aux trois couleurs de la largeur de trois pouces aux filles, et leur donnera l'accolade fraternelle.

1794. *Janvier 9*. — Toutes les autorités, entourées de la population, assistent à la célébration d'une fête à l'occasion de la reprise de Toulon. Il y avait deux chars : dans l'un était la déesse de la Victoire, représentée par la citoyenne Marie-Françoise-Pétronille B..... (1) « recommandable par ses vertus, sa bonne con- « duite et ses mœurs pures. Sa physionomie, « infiniment agréable, avait reçu un nouvel éclat « par l'effet de l'art et de la parure. » Autour du char étaient quinze guerriers, représentant les quinze armées de la République. Arrivés sur la place de la Liberté, les deux chars s'arrêtent autour de l'Arbre de la liberté et la déesse prononce le discours suivant :

« Lorsque, du haut des cieux, je descends sur « la terre, mon séjour est au milieu d'un peuple

---

(1) Née à Romans en 1770, morte à Bourg-de-Péage en 1852.

« libre. Des bords américains j'ai volé dans vos
« contrées. Je vous apporte, Français, des lau-
« riers que les rayons brûlants de la liberté ont
« fait naître et que le despotisme ne flétrira pas.
« Ma première couronne est pour le vainqueur
« de l'infâme Toulon. »

Cette cérémonie, annoncée par trois coups de
canon tirés sur le pont, fut suivie des plus vifs
applaudissements. A cette occasion, les officiers
de la garnison donnèrent un bal où tout le
monde fut admis indistinctement.

1794. *Janvier 10.* — L'église de l'abbaye de
Saint-Just est affectée à un établissement pour
apprendre aux jeunes gens à filer de la laine.

1794. *Janvier 26.* — L'assemblée municipale nomme deux commissaires chargés de s'assurer si les cordonniers se conforment à ce que
la loi exige d'eux, c'est-à-dire deux paires de
souliers par décade. Elle forme le projet d'acquérir l'*Hôtel des allées*, déclaré bien national,
pour y pratiquer plusieurs voies de communication et vendre le reste aux enchères par petits
lots, et parce que « dans une république bien
« ordonnée, il ne doit y avoir ni palais, ni chau-
« mière. » Ce projet n'eut pas de suite, parce
que M. Bernon de Montelégier, rayé de la liste
des émigrés, rentra bientôt en possession de
son immeuble.

1794. *Février 1er.* — Les citoyens Gaston
Mourier, curé de la commune, Joseph Revoiron
et Claude Nay, vicaires, abdiquent leurs fonctions de prêtres et déposent, à cet effet, sur le
bureau de la mairie leurs lettres de prêtrise.
« Ils offrent, disent-ils, leurs services et leurs
talents pour concourir au bonheur de la république. »

1794. *Février 18*. — Le citoyen Chaptal (1) est nommé pour exercer partout le droit de préemption sur les selles, brides, licols, mors et autres objets propres à l'équipement des troupes à cheval.

1794. *Mars 1er*. — Une souscription faite pour acheter des grains produit la somme de 50,000 livres.

1794. *Mars 17*. — Un arrêté de la commune fixe au *tridi* et *septidi* les jours de marché qui étaient les mardi et vendredi.

Des commissaires font l'inventaire de tous les vieux cuivres qui se trouvent chez les marchands.

1794. *Mars 19*. — La commune ayant une grande provision de pommes de terre, entassées dans une cave, il est prescrit, à peine de passer pour mauvais citoyen, de venir s'en pourvoir au prix de sept francs l'hectolitre. On distribuait en même temps un rapport instructif fait par M. Dedeley pour conserver et apprêter ces tubercules

1794. *Avril 1er*. — Un arrêté de police ordonne qu'il ne soit délivré aucun passeport ni permis de chevaux de poste que sur la signature de cinq membres du conseil municipal.

1794. *Avril 11*. — Le citoyen Saint-Prix Enfantin, ex-chanoine et ex-maire, demande un certificat de civisme. L'agent national s'y oppose avec violence. Le citoyen Enfantin se défend et se justifie par un long discours. Le corps municipal et la société populaire ayant pris fait et

---

(1) Bonaventure, dit du Seillac, né le 3 juillet 1756, ancien garde du corps, premier assesseur du juge de paix en 1793, décédé le 28 février 1835. Il avait épousé, le 18 juin 1780, Thérèse Combe.

cause pour le demandeur, le certificat, malgré
plusieurs protestations, est accordé le 5 mai.

1794. *Avril 19*. — Les autorités et la population inaugurent, dans l'église de Saint-Barnard,
le temple de la *Raison* et l'Arbre de la liberté.
Le cortège se compose de huit groupes, dont le
premier est formé par « une belle femme représentant la *Renommée*, portée par quatre *sans
culottes* sur un palanquin ; » le deuxième, par
des ouvriers portant des cristaux de salpêtre et
des armes ; le troisième, par des chanteurs et
deux jeunes filles vêtues en nymphes ; le quatrième, par toutes les mères qui nourrissent elles-
mêmes leurs enfants : « elles portent entre leurs
bras les tendres fruits de leur amour qu'elles
vont offrir à la patrie, sur son autel. » Dans
l'intérieur du temple, les bustes de Marat et de
Lepelletier ont été élevés sur l'autel de la Patrie,
au-dessus d'une montagne de verdure, du haut
de laquelle l'encens fumait en répandant son
parfum dans un bosquet de cyprès. La Renommée, dans son palanquin, prononça une allocution aux Français, puis le président du district
et le maire firent chacun un discours ayant trait
au sujet de la fête.

1794. *Avril 24*. — Par une proclamation il
est enjoint à tous les propriétaires de chevaux
et de mulets, de voitures et de harnais d'en faire
la déclaration dans les vingt-quatre heures.

Tous les citoyens de l'âge de douze à dix-huit
ans se rendront tous les jours de décadi, à six
heures du matin, sur la place de la Fédération
pour y être exercés au maniement des armes, à
peine de vingt-quatre heures de prison.

Le bureau considérant que « la tranquillité

« publique et le bon ordre veulent que tous les
« républicains marchent du même pas, que leurs
« actions soient soumises aux mêmes règles, que
« la bonne harmonie et l'union dépendent de
« l'uniformité de leur conduite, a arrêté que tous
« les citoyens et citoyennes qui habitent l'hôpi-
« tal général n'observeront à l'avenir d'autre
« jour de fête que ceux des décadis, que ce
« jour-là les enfants de l'un et l'autre sexe se-
« ront conduits au temple de la Raison par les
« citoyennes chargées de leur surveillance..., le
« tout à peine de désobéissance. »

1794. *Mai 26*. — Le conseil municipal arrête
qu'il sera substitué à l'inscription du temple de
la Raison ces mots : *Le peuple français reconnaît l'être suprême et l'immortalité de l'âme.*
Une adresse sera envoyée à la Convention pour
la féliciter de la loi du 18 prairial, « qui deviendra
« un jour le code moral de tous les peuples de
« la terre, rendu à la suite du sublime rapport
« du vertueux Maximilien Robespierre »

1794. *Mai 28*. — Les détenus politiques qui
sont dans l'aisance seront obligés de fournir
25 sols par jour pour ceux qui sont sans ressources.

1794. *Juin 28*. — A cette date, la plupart des
communes de la République, pour obéir aux
ordres du Comité de salut public et surtout pour
complaire à Robespierre, célébrèrent une fête
religieuse en l'honneur de l'Etre suprême. Voici
ce qui se passa à Romans.

La fête de l'Etre suprême devant commencer
avec l'aurore, est annoncée à trois heures et
demie du matin par neuf coups de canon. A cinq
heures, l'assemblée est battue dans toutes les
rues de la ville. A sept heures, une musique

guerrière se fait entendre ; alors tous les citoyens décorent leurs portes et leurs fenêtres de fleurs, de feuillages et de banderoles tricolores A neuf heures, on bat le rappel et tous les cortèges, dans l'ordre indiqué par le programme, se mettent en marche par la rue *de la Montagne* (côte des Cordeliers) et se rendent à la place de la Fédération, où la musique exécute des airs et des chants patriotiques. La marche est reprise et l'on descend à la Prêle pour se rendre sur la *Montagne sacrée* (Saint-Romain), où les quatre vertus (la Force, la Justice, la Prudence et la Tempérance) se placent devant l'autel consacré à l'Etre suprême. Il y a un moment de silence et de recueillement ; un coup de canon annonce qu'on va adorer l'Etre suprême. Alors le maire s'avance majestueusement devant l'autel ; il dit : « Grand Dieu ! le culte digne de ta grandeur est « la pratique des devoirs de l'homme ; c'est au mi-« lieu de la nature qui atteste ta puissance et ta « bonté, que nous promettons de remplir ces de-« voirs », etc. Après cette prière, le peuple rayonnant de joie, répète mille fois en levant les mains ou les armes vers le ciel : *Gloire à l'Eternel, vive la République, vive la Montagne !* L'enthousiasme se prolonge, l'on s'embrasse. La musique recommence, accompagnant des danses graves, qui sont elles-mêmes remplacées par des danses gaies, au son d'une musique champêtre. Les cortèges se forment de nouveau ; ils se dirigent vers la place de la Liberté, où l'on fait la lecture du sublime discours de Robespierre, et l'on chante l'hymne de la liberté. L'après-midi, danses ; le soir, séance de la société (1).

(1) Voy. *Célébration de la fête consacrée à l'Etre suprême,* in-4°, 8 p.

1794. *Juillet 8*. — Tous les citoyens sont invités à faire porter au *Grenier paternel* l'excédant du blé et de la farine qu'ils ont de la récolte de l'année dernière. Ils seront payés à la réception, conformément à la loi.

1794. *Juillet 23*. — Le pain du Grenier paternel ayant fait naître des plaintes à cause de sa mauvaise confection, il est enjoint aux boulangers de mieux travailler, à peine de dommages et de trois jours de prison.

1794. *Juillet 24*. — Un arrêté de la société populaire raye du tableau de ses membres l'agent national et le déclare indigne de remplir aucun emploi public. Celui-ci, se rendant un peu tardivement justice, envoie sa démission motivée sur sa mauvaise santé et son peu de connaissance dans l'exercice des fonctions d'agent national. L'assemblée municipale accepte sa démission et le somme de rendre ses comptes, et finalement laisse à sa charge une somme de 1,127 livres, dont il avait fait emploi sans autorisation pour faire démolir les chapelles du Calvaire, dépouiller les églises de leurs ornements et abattre les signes de la féodalité.

1794. *Août 3* — Le citoyen Louis Andrevon (1), premier officier municipal, est élu par le conseil général de la commune agent national.

1794. *Août 4*. — A l'occasion de la chute de Robespierre, le conseil de la commune écrit à la Convention nationale pour la féliciter d'avoir

----

(1) Marchand, né le 9 janvier 1745. Il fut en évidence pendant la Révolution : président de la société populaire, agent national, président du tribunal de commerce ; mais il dut cesser ses fonctions en 1795, comme parent d'émigré.

« terrassé les tyrans, soutenu la République et
« affermi les principes, et d'avoir encore une
« fois sauvé la patrie, bien mérité de la nation et
« acquis de nouveaux droits à la reconnais-
« sance. »

1794. *Août 10*. — Remise est faite au district de l'argenterie provenant des églises, couvents et maisons de charité, formant la quantité
de 114 marcs.

Une proclamation ordonne à tous les céliba-
taires de 18 à 40 ans de se présenter à la mairie
pour fournir le contingent de la réquisition.

Une fête funèbre est célébrée dans le temple
de l'Etre suprême, en mémoire des martyrs de
la liberté. La déesse de la Liberté est portée en
triomphe, foulant aux pieds les débris du trône
et du fanatisme, ainsi que les ruines de la Bastille.

1794. *Août 12*. — Tous les billets de confiance remboursés sont brûlés sur la place de la
liberté, en présence des autorités.

1794. *Septembre 4*. — Une proclamation ordonne aux habitants de venir faire à la mairie
une déclaration détaillée de leurs récoltes en
grains et farines, à peine de confiscation des
objets non déclarés.

1794. *Septembre 11*. — Le savon destiné
pour cette commune sera distribué, par les soins
des commissaires du Grenier paternel, à raison
d'un morceau de 15 sols par famille.

1794. *Septembre 17*. — Il est ordonné aux
tanneurs d'apporter à la mairie leurs marchandises à mesure qu'elles sont prêtes et bien con-
ditionnées : elles seront payées au prix du maximum. Il est rappelé aux cordonniers qu'ils doi-

vent fournir deux paires de souliers par décadi.

1794. *Septembre 18*. — Les citoyens sont invités à souscrire pour la construction d'un vaisseau : « Le *Vengeur* sera vengé et le vais-« seau de l'Etat sera sauvé. »

1794 *Septembre 21*. — Pour se conformer au décret de la Convention nationale, la ville donne une fête pour célébrer les victoires et les triomphes de la République Tous les citoyens réunis avec les autorités constituées se sont rendus, au son d'une musique guerrière, dans la promenade de l'*Hôtel des allées*, « où tous les « citoyens et citoyennes ont resserré les liens « de la fraternité et de l'égalité par des danses, « des ris et des jeux, en se conformant aux or-« donnances de police. »

1794. *Septembre 27*. — Une ordonnance de police rappelle aux « citoyens et citoyennes qui « affectent de se parer et de s'étaler dans les « rues et les promenades les ci-devant diman-« ches, qu'ils laissent tout au moins planer sur « leurs têtes le soupçon de leur peu d'attache-« ment à la révolution. C'est pourquoi la muni-« cipalité enjoint de continuer les travaux ordi-« naires les jours correspondant aux ci-devant « dimanches et d'assister avec exactitude à la « célébration des fêtes décadaires. »

1794. *Octobre 24*. — La municipalité fait une réquisition de quatre quintaux de chandelles pour les besoins des autorités. Elle invite de les fournir de bonne qualité, à peine de confiscation.

1794. *Octobre 27*. — Le directoire du district dispense de l'appel auquel ils étaient soumis comme suspects, les citoyens Bourgaret, Charlier, Gillier, Canel, Adélaïde Canel, Bouffier,

Labâtie (1), Pontevès (2), Dubut (3), Julie Chièze, Brunet, Duportroux et Millochin.

1794. *Novembre 15*. — Dix-huit ouvriers charpentiers de la ville sont désignés et mis en réquisition pour aller à *Port-la-Montagne* (Toulon) travailler à la construction des vaisseaux.

1794. *Décembre 28*. — Vu la pénurie des denrées, la municipalité enjoint aux citoyens d'apporter dans la journée autant de fois trois livres de farine qu'ils sont sujets à des tours de logements militaires.

1794. *Décembre 29*. — Une souscription pour achat de grains produit 42,755 livres 5 sols, dont 4,915 livres 5 sols en numéraire, le reste en assignats. Le blé, acheté à Marseille pour le compte du Grenier paternel, coûtait 30 livres 6 sols de transport par setier (en assignats probablement).

On essaye de fabriquer du pain avec deux tiers de farine et un tiers de pommes de terre. Les boulangers refusent de confectionner ce pain et les habitants de le manger.

1795. *Janvier 3*. — Jean Debry, représentant du peuple en mission, donne l'ordre de mettre en liberté les citoyens détenus dans l'ancienne abbaye de Saint-Just, dont les noms

(1) Joseph Carra de La Bâtie, officier aux dragons du Dauphin, s'était marié, le 20 août 1766, avec Jeanne-Félicité Boutillier d'Arthan.

(2) Paul-César de Pontevès, officier au régiment d'Engheim, se maria, le 2 décembre 1788, avec Gabrielle d'Arthan, fille des précédents.

(3) Amable Dubu, porté sur la liste des émigrés le 6 juillet 1795. Son frère Charles-Marie avait été chanoine de Saint-Barnard ; il fut nommé, le 9 mai 1800, aumônier directeur de l'hôpital de la Charité, où il mourut du typhus, le 26 mars 1806, âgé de 53 ans.

suivent : Dubu, Desmarest, Guillermet, Curtet, Sablières et Duportroux.

1795. *Janvier 11*. — Le citoyen Bon (1), général de brigade à l'armée des Pyrénées-Orientales, se trouvant à Romans, nomme pour son secrétaire Louis-Etienne Andrevon, caporal-fourrier au bataillon des chasseurs de la Montagne.

1795. *Janvier 21*. — On célèbre dans la salle du tribunal, en présence des autorités et du peuple, « l'anniversaire de la juste punition du « dernier roi des Français. » Le citoyen Chabert, maire, et le citoyen Antelme (2), membre du conseil général, prononcent chacun un discours. On entend des cris et des chants « analo-« gues à la fête », laquelle, ajoute le procès-verbal, « a été assez froide. »

1795. *Janvier 30*. — Le prix du pain du Grenier paternel est fixé à 12 sols la livre, tant qu'on pourra le mélanger avec des pommes de terre. Il arrive progressivement au prix de 5 fr. la livre, le 20 octobre.

1795. *Février 26*. — Un arrêté de Jean Debry, représentant du peuple en mission, nomme des assesseurs du juge de paix, des officiers mu-

---

(1) Louis-André, né le 25 octobre 1758. Il fit, en 1775, une campagne aux colonies dans le régiment de Bourbon. Rentré dans ses foyers, il fut élu, en 1792, commandant du 9ᵉ bataillon des volontaires de la Drôme. Il gagna le grade de général de brigade en Italie, fut blessé à Arcole, commanda la 8ᵉ division à Marseille. Enfin, au siège de Saint-Jean d'Acre, il fut blessé au bas-ventre et mourut, le 10 mai 1799, à Caïffa.

(2) Pierre, docteur en médecine, né le 30 juin 1752. Il fit partie de l'administration municipale et hospitalière jusqu'à sa mort, arrivée le 10 février 1825. Il était chevalier de la Légion d'honneur. Il avait épousé, en 1785, Marie-Laurence Dedeley.

nicipaux, des membres du bureau de pacification, rappelant que les citoyens nommés pour remplir les places qui leur sont assignées ne peuvent refuser, « à peine d'être déclarés sus-« pects et traités comme tels. »

1795. *Mars 3*. — La commune de Romans envoie une adresse à la Convention, pour la féliciter sur son attitude courageuse et l'inviter à mettre en activité la constitution démocratique de 1793.

1795. *Mars 8*. — Dans la nécessité d'assurer la subsistance des habitants et vu la pénurie des grains, il est enjoint à tous les étrangers de sortir de la commune de Romans dans le délai d'une décade (1).

1795. *Mars 16*. — Le représentant Jean Debry prescrit la formation d'une compagnie de cent hommes et de vingt suppléants pour servir d'avant-garde à la Garde nationale.

1795. *Mars 19*. — La ville fait délivrer 18 setiers de blé à l'hôpital civil et militaire, qui se trouvait entièrement dépourvu de grains.

1795. *Mars 20*. — Les autorités de Romans font parvenir à la Convention une adresse pour la prier de rapporter la loi du 23 messidor an II, qui met les biens des hôpitaux à la disposition de la nation, et que par provision on remette aux maisons de charité la jouissance de tous leurs revenus fonciers. Une demande, encore plus pressante, est renouvelée le mois suivant. Elle est imprimée et envoyée au représentant

---

(1) Malgré l'anarchie qui régnait alors dans les esprits, l'autorité avait remarqué que les désordres étaient provoqués par des étrangers, gens sans aveu et sans responsabilité.

Jullien (1) et à plusieurs communes. La Convention suspend l'exécution de cette loi spoliatrice, puis l'abroge comme immorale.

1795. *Juin 19*. — Envoi d'une adresse à la Convention au sujet des événements du 1er prairial, et cérémonies funèbres en mémoire du représentant Ferraud.

Proclamation de la loi du 11 prairial, relative à la célébration du culte dans les lieux qui y étaient originellement destinés.

1795. *Juillet 6*. — La liste des personnes de la commune portées comme émigrées est ainsi arrêtée : Louis de Gillier, Ferdinand de Gillier, Julie de Gillier, épouse Boutillier d'Arthan, Boutillier d'Arthan aîné, Boutillier d'Arthan cadet, César de Pontevès, Louis Vial, prêtre, Cotte, prêtre, Amable Dubu, d'Abzac, capitaine, et Sulpice Chaptal, garde du corps.

1795. *Juillet 7*. — D'un état dressé par les commissaires, il résulte que le nombre des parents indigents des défenseurs de la patrie, qui reçoivent des secours, s'élève à 243 personnes.

La boulangerie du Grenier paternel a vendu 1,240 quintaux de pain dans le mois de prairial, ce qui fait une distribution journalière d'une livre de pain à plus de 4,000 personnes, sur les 6,000 qui forment la population de la ville. L'autorité municipale propose de faire un emprunt

---

(1) Marc-Antoine, d'une famille originaire de Romans, né au Bourg-de-Péage le 18 avril 1744, se livra à l'enseignement et alla habiter Paris, d'où il correspondait avec ses anciens compatriotes, qui le nommèrent député à la Convention nationale, commissaire du Directoire près l'administration de la Drôme. Mort dans sa propriété de Pisançon, le 27 septembre 1821.

de 450,000 livres (en assignats) pour continuer ce service.

1795. *Août 5.* — Sur les réclamations des habitants des quartiers de la Pavigne et de la Villeneuve, on rouvre à la circulation les portes de Bonnevaux et de la Bistour, qui étaient fermées depuis un siècle

1795. *Août 10.* — Une adresse à la Convention expose que la ville de Romans a accepté la nouvelle constitution à l'unanimité des suffrages et que, menacée de perdre son tribunal de district, elle sollicite l'établissement dans cette même commune des tribunaux de commerce et de police correctionnelle.

1795. *Octobre 11.* — Une loi crée un tribunal de commerce siégeant à Romans, juridiction qui n'existait pas avant la Révolution. Le 25 du même mois, sont élus par les notables commerçants : Louis Andrevon, président, Jean-François Vernet, Joseph Nugues, André Rodin et Joseph Thomé, juges.

Une nouvelle loi, en date du 10 octobre 1805, établit, confirma ou renouvela un tribunal de commerce à Romans, lequel, malgré plusieurs tentatives pour le transférer à Valence, a subsisté jusqu'à présent, à la grande satisfaction des justiciables de la rive droite de l'Isère (1).

1795. *Octobre 25.* — La nouvelle administration municipale est composée des citoyens : Legentil (2), président, Taverdon, Bochard, Ro-

----

(1) Voy. Administration judiciaire de Romans depuis la Révolution, à l'art. Tribunal de commerce (dans un vol. suiv.).

(2) Gabriel Arnoulx, né le 17 décembre 1742, avocat au parlement. Il fut révoqué de ses fonctions de président, malgré une énergique protestation de son conseil. Nommé maire de Romans le 8 août 1815, il est mort dans ses fonctions le 28 décembre 1824. Il avait épousé Joséphine-Adélaïde Thuillier, de Tournon, dont il a eu quatre filles.

chas et Mortillet, administrateurs, et Silvestre, secrétaire.

1795. *Novembre 4*. — Joseph Pigeron (1) est nommé commissaire du Directoire exécutif près l'administration municipale de Romans.

1796. *Janvier 21*. — Une loi autorise la ville de Romans à emprunter un *million* de francs (en assignats) pour acheter des grains.

1796. *Février 4*. — Défense de jouer à des jeux de hasard, de se masquer, de se travestir, sous peine d'être arrêté.

1796. *Mars 30*. — La célébration de la fête de la Jeunesse a consisté en une station des autorités sur la place de la Liberté, où l'on a fait un discours et chanté quelques strophes patriotiques.

1796. *Avril 14*. — La commune demande au ministre de l'intérieur une somme de 6,000 livres en numéraire pour subvenir au service des enfants trouvés, dont le nombre augmente d'une manière qui annonce la dépravation des mœurs.

1796. *Avril 15*. — Les autorités rédigent une adresse longuement motivée pour conserver à Romans le tribunal de commerce, que l'on proposait de fixer à Crest.

1796. *Mai 27*. — Le conseil municipal approuve la mise en vente de l'église de Saint-

---

(1) Né le 3 janvier 1763, il remplit avec succès les fonctions suivantes : greffier de la justice de paix en 1790, secrétaire de la société populaire en 1792, membre du district en 1793, commissaire du directoire en 1795, commissaire de police en 1800, agréé au tribunal de commerce, enfin juge de paix en 1815. Décédé le 6 octobre 1847, il a laissé un fils qui a été greffier de la cour d'appel de Grenoble.

Nicolas, avec le jardin et le clos y attenant, de
l'église de Saint-Romain, de la chapelle des
Crottons, des bâtiments, jardin et enclos des
Capucins, du jardin hors la porte de Saint-
Nicolas dont jouissait le gouverneur et de la
maison de Charles de Gillier. Sont réservés :
l'église de Saint-Barnard et le terrain qui l'en-
toure, moins les cloîtres, les Terreaux, les Neis
et le Calvaire, qui sert de cimetière.

1796. *Mai 30*. — Suppression des sergents
de quartier et du sergent-major qui les commande. Cette institution utile remontait à des
temps très reculés (1).

1796. *Juin 14*. — Formation d'une colonne
mobile composée du sixième de la garde nationale, toujours prête à marcher, en cas de réquisition. Les gardes nationaux du canton étant au
nombre de 672, la colonne sera de 112 hommes.

1796. *Juillet 9*. — Transport à la mairie des
tableaux et autres effets mobiliers se trouvant
dans la maison de l'émigré de Gillier.

1796. *Juillet 16*. — Le conseil municipal
demande au gouvernement de conserver les maisons de Saint-Just et de Sainte-Marie, pour y
placer quatre écoles primaires, conformément au
rapport du jury d'instruction.

1796. *Juillet 18*. — Les assignats sont
échangés à trente capitaux pour un contre des
mandats territoriaux. Les plus forts contri-
buables sont soumis à se libérer en argent.

1796. *Novembre 30*. — Conformément à une

---

(1) Armés de hallebardes, ils accompagnaient le corps municipal
dans les cérémonies; chacun d'eux faisait la police dans son quartier.

décision du directoire exécutif, il est nommé une seule administration pour les trois hôpitaux de la ville. Sont désignés pour en faire partie : Romuald Vincent (1), Antelme, Dochier, Lombard-Morel et Delolle.

1796. *Décembre 13.* — Les charges locales de la commune sont arrêtées à la somme de 4,580 livres.

1796. *Décembre 21.* — La société du Grenier paternel est dissoute. Les créanciers se partagent les reliquats montant à 2,891 livres.

1797. *Janvier 1er.* — Le bureau de bienfaisance est réorganisé et est composé des citoyens Delacour aîné (2), Laurent Pinet (3), Nugues neveu (4), Delolle fils et Montélégier fils (5).

1797. *Janvier 11.* — On envoie à Valence les fers des piques que le district avait fait faire. Le poids s'élève à 1,294 livres.

1797. *Janvier 26.* — Sur le certificat de résidence délivré par la commune de Romans, le directoire exécutif raye de la liste des émigrés

---

(1) Né à Toul en 1741, provincial des Frères de la Charité avant la Révolution, mort à Romans le 25 avril 1800, laissant deux maisons aux hôpitaux.

(2) Charles-Alexandre, procureur, né en 1746, nommé juge de paix le 20 février 1800, mort le 26 juin 1820, sans enfants d'Eulalie Pouchelon.

(3) Marchand, marié 1° à Christine Bossan, 2° à N. Ducros.

(4) Jean, marchand, mort le 24 mai 1808, laissant de Marie Beguin : 1° Jean, né en 1798, mort à Lyon ; 2° Eugénie, mariée au commandant Perrossier.

(5) Gaspard-Gabriel-Achille-Adolphe, né le 6 janvier 1780, fit la campagne d'Egypte, attaché au général Bon, devint colonel du 26e dragons, en Espagne, général de brigade en 1813, aide de camp du duc de Berry en 1814, général de cavalerie dans la garde royale, mort à Bastia, le 2 novembre 1825, sans avoir été marié.

Amédée-Philippe Duvivier (1) et lève le séquestre apposé sur ses biens.

1797. *Mars 20*. — Le produit du poids des farines pour l'an IV monte à 947 livres 3 sols 3 deniers en numéraire, dont 649 livres 10 sols 9 deniers pour les habitants et 301 livres 12 sols 6 deniers pour les meuniers.

1797. *Mai 23*. — L'administration municipale refuse de laisser procéder à l'estimation des bâtiments des hôpitaux de Romans et demande, comme indemnité des 60,000 livres dont le gouvernement avait profité au détriment de ces établissements, la concession des anciens couvents de Saint-Just et de Sainte-Marie, déjà cédés à la ville par des décrets de la Convention nationale des 8 mars et 15 mai 1793.

1797. *Juin 8*. — Le conseil municipal ordonne de compléter la clôture de la promenade dite du *Champ de Mars*, afin d'empêcher les dégâts qui s'y commettent, particulièrement contre les jeunes arbres plantés en 1793.

1797. *Juillet 2*. — Les autorités de la ville avec la garde nationale vont recevoir sur le pont l'ambassadeur de la Porte Ottomane, Mustapha pacha (2). Son arrivée est annoncée par plusieurs salves d'artillerie. Son Excellence est complimentée par le citoyen Legentil, président de

---

(1) Sieur de Lentiol, né le 17 juillet 1742, avocat en la cour, conseiller au parlement par lettres du 22 janvier 1772. Il assista à l'assemblée de Vizille le 21 juillet 1788. Il fut le principal rédacteur des Mémoires contre le chapitre sur la question du banvin. Il mourut le 6 octobre 1811 au château de Mondi, laissant deux filles d'Anne-Marguerite du Vellein d'Oncieux, dont l'aînée, Hedwige, fut la fondatrice de la congrégation de Sainte-Marthe.

(2) A Valence, où il avait couché, il est désigné sous le nom d'Ali Effendi.

l'administration municipale. Elle descend chez un des membres de cette administration, où on lui offre des rafraîchissements. L'ambassadeur repart, à onze heures, escorté par les autorités et par la garde nationale.

1797. *Septembre 22*. — Conformément aux ordres du ministre de l'intérieur, la municipalité déclare que, vu les circonstances actuelles, elle restera en permanence.

1797. *Décembre 2*. — Le conseil municipal rédige une pétition pour supplier le gouvernement de conserver à la ville de Romans le bâtiment des casernes avec les effets mobiliers et les ustensiles qui en dépendent, faisant observer que, par les délibérations des 20 novembre 1718, 20 octobre 1722, 23 et 25 août 1728, la communauté de Romans acheta huit à dix maisons pour former l'emplacement de ces casernes, que, pour cet objet, elle s'imposa d'une somme de 14,964 livres 15 sols et que, pour achever cette construction, elle obtint une augmentation sur les octrois. Le citoyen Moulinet (1), nommé par le département pour l'estimation du corps des casernes, est invité à suspendre cette opération jusqu'à la décision du gouvernement.

1798. *Janvier 3*. — Plusieurs républicains de Romans déclarent, par une pétition, vouloir former un *Cercle patriotique* dans la ci-devant chapelle du Refuge. Une autre société s'étant

---

(1) Jean-Baptiste. Il avait été, en 1771, désigné par le procureur général de la chambre des comptes comme expert feudiste et fut employé aux archives de cette chambre de 1784 à 1788. A la Révolution, Moulinet fut nommé archiviste du district de Romans, emploi qu'il occupa jusqu'en l'an V, où il fut appelé en la même qualité à la préfecture de la Drôme. Son fils le remplaça de 1811 à 1815 et sa fille épousa M. Clément du Caire, de Chanos-Curson.

formée sous le nom de *Cercle constitutionnel,*
l'autorité lui permet de se réunir dans l'ancienne
chapelle des Pénitents (1).

1798. *Janvier 16.* — Une visite domiciliaire,
faite chez M. de Montélégier pour y rechercher
un prêtre réfractaire, fait découvrir une ex-reli-
gieuse, Claire Fiard, qui instruisait quinze jeunes filles avec des « livres fanatiques et au
« milieu d'ornements du culte catholique. » Défense est faite à ladite Fiard de continuer à
enseigner la jeunesse.

1798. *Janvier 21.* — Le procès-verbal de la
cérémonie de la « juste punition du dernier roi
« des Français » mentionne l'absence du maire
et donne lieu à une dénonciation.

1798. *Janvier 25.* — La ville offre un repas
et une fête civique, comme reconnaissance nationale, aux braves militaires de l'armée d'Italie, la
plupart de la 32ᵉ demi-brigade. Il y eut dans la
salle de spectacle un bal, auquel on avait invité
par une proclamation les citoyennes de la ville.

1798. *Mars 6.* — Il est ouvert au secrétariat
de la mairie deux registres : l'un destiné à recevoir les dons patriotiques, et l'autre les souscriptions pour l'emprunt contre l'Angleterre.

Un arrêté de l'administration centrale du département suspend provisoirement de ses fonctions le citoyen Legentil, président de l'administration municipale de Romans, sur ce considérant qu'il exerce dans sa commune une influence
dangereuse, qui tend à arrêter la marche du gou-

---

(1) Cette chapelle, dans laquelle avait déjà siégé la société populaire, était voisine de l'église des Cordeliers et a été démolie avec
elle.

vernement, à subjuguer l'opinion des membres
de l'administration, qu'il a manifesté des principes anti-républicains, qu'il n'a point fait partie
du cortège qui eut lieu pour fêter la juste punition du dernier roi des Français, etc. Malgré
une réponse courageuse du conseil municipal,
l'administration centrale confirme son arrêté et
ajoute aux griefs précédents, contre le citoyen
Legentil, celui d'avoir donné asile à des prêtres
insoumis, d'avoir favorisé les progrès du fanatisme en souffrant que son frère, prêtre inser-
menté (1), dise régulièrement la messe, « au point
« que l'affluence des fidèles prosélytes obstruait
« la voie publique. »

1798. *Avril 9.* — La réorganisation de la
garde nationale est renvoyée à un autre jour,
parce qu'aucun citoyen ne s'est présenté, « tous
« étant allés à la vogue de Vernaison. »

1798. *Avril 18.* — Le citoyen Jean-Baptiste
Desfrançais, négociant, est élu président de
l'administration municipale.

1798. *Avril 29.* — On célèbre la fête des
époux. Le cortège, arrivé sur la place de la
Liberté, a formé le cercle autour de l'arbre de
la Liberté. Le citoyen Pigeron, commissaire du
directoire exécutif, a prononcé un discours dans
lequel « il a démontré de la manière la plus tou-
« chante la douceur et les avantages des liens
« du mariage. »

1798. *Mai 31.* — On plante un peuplier sur
l'emplacement et sur le piédestal d'une croix,
derrière la fontaine de la grand'place.

---

(1) Jean-François, né le 7 octobre 1754, chanoine de Saint-Barnard
et de Valence, décédé le 8 mai 1822.

1798. *Juin 3*. — Des visites domiciliaires sont faites, entre deux et quatre heures du matin, pour la recherche des émigrés rentrés, des prêtres réfractaires, etc., chez les citoyens Raymond Bussières, Pascal, Juilhet, Antelme, veuve Bonnardel, sœur Morel, sœur Enfantin, Chièze, Blain, Béranger, Chotain et dans la maison du Guet, occupée par quatre ci-devant religieuses. Ces perquisitions n'amenèrent aucun résultat.

1798. *Septembre 1er*. — Les autorités de la ville font en personne la proclamation de la loi du 17 thermidor, qui fixe les jours de repos forcé aux décadis. Ce jour-là, les travaux cesseront, les magasins seront fermés, et les citoyens exposeront à leurs fenêtres des drapeaux aux trois couleurs et se rendront à la réunion du décadi.

1798. *Septembre 2*. — Le citoyen François Charles (1), négociant, est nommé président de l'administration municipale.

1798. *Septembre 5*. — La gendarmerie et cinq cavaliers du 14e régiment, auxiliaires de cette arme, sont logés dans les bâtiments de la maison de Saint-Just.

1798. *Novembre 23*. — L'arbre de la Liberté, dressé au milieu de la grand'place, est renversé par un violent orage accompagné d'une forte pluie : circonstance à laquelle on doit de n'avoir aucun malheur à déplorer, d'autant plus que ce jour-là était un jour de foire. Cet arbre fut remplacé le 29 ventôse, à l'occasion de la fête de la souveraineté du peuple.

---

(1) Né le 28 octobre 1762, il fut aussi président du tribunal de commerce, membre de la société d'agriculture, mort le 9 août 1840.

1799. *Juillet 13*. — Le pape Pie VI (1) passe à Romans, se rendant à Valence. Il descend dans la maison de M. Chabert, ancien maire, rue *Saunerie*, n° 11, où il reçoit de nombreuses visites. S. S. repart le lendemain matin.

1799. *Décembre 16*. — Au moment de la promulgation d'une nouvelle constitution, le conseil municipal rédige un mémoire, appuyé par les autorités constituées, tendant à obtenir pour la ville de Romans la création d'un tribunal correctionnel. Ce mémoire est envoyé au citoyen Duchesne (2).

1799. *Décembre 24*. — Une publication fait connaître la nouvelle constitution de la République. On ouvre des registres pour l'acceptation et pour la non-acceptation de la constitution, aux greffes de la justice de paix et du tribunal de commerce et chez les sept notaires de la ville.

1800. *Janvier 12*. — Les fonctionnaires et employés, les pensionnaires ecclésiastiques (au nombre de 14), la garde nationale et les troupes de la garnison prêtent le serment de fidélité à la Constitution

1800. *Avril 8*. — Un arrêté du premier consul nomme le citoyen Ennemond Revol, homme de loi, maire de la ville de Romans. Il se présente le 21, avec une lettre du préfet de la Drôme,

---

(1) Jean-Ange Braschi, né à Césène le 27 septembre 1717, proclamé pape le 14 février 1775. Après le meurtre du général Duphot, arrivé à Rome dans une émeute le 28 décembre 1797, le pape fut arrêté par les Français et conduit à Valence, où il mourut le 29 août 1799. (Voy. Mlle de Franclieu, *Pie VI dans les prisons du Dauphiné*.)

(2) Pierre-François, avocat au parlement, né le 6 octobre 1743, passa au Tribunat après le 18 brumaire, vota contre le consulat à vie, donna sa démission, se retira d'abord à Graves et mourut à Grenoble le 31 mars 1814.

devant l'administration municipale, qui cesse ses
fonctions après avoir fait un inventaire des archives. Le 23 juin, la nouvelle administration
est complétée par la nomination de trente membres du conseil et de deux adjoints, les citoyens
Seyvon (1) et Destèque (2). .

1800 *Août 10.* — Vente aux enchères de la
grille et du piédestal de l'arbre de la Liberté qui
est au milieu de la grand'place, « attendu qu'il
« est inutile et gêne la circulation. »

1801. *Avril 5.* — Anne Darlet, couturière,
âgée de 36 ans, est condamnée par le tribunal
criminel de l'Isère à la peine de mort pour vols
(sans importance) et incendie de deux maisons
(non suivi d'effet). Elle est exécutée en chemise
rouge sur la place publique de Grenoble le 15.
Les faits presque insignifiants dont elle était
accusée s'étaient passés, rue Saint-Nicolas, chez
M. Mortillet.

1801. *Juillet 18.* — Une partie du rempart
et de la tour de Chapelier s'étant écroulée, on
reconstruit le logement du portier.

Le dénombrement de la population de Romans
donne le chiffre de 6,150 habitants.

1801. *Août 24.* — On forme une compagnie
de pompiers et l'on fait venir de Genève une
belle pompe à deux jets.

---

(1) François, avocat, né le 30 décembre 1768, agréé au tribunal de
commerce, a été premier adjoint jusqu'en 1815. Il avait épousé Anne
Montfort en 1804 et décéda le 28 juillet 1841.

(2) Originaire d'Alsace; après avoir dirigé la verrerie de Saint-
Louis, il vint dans le midi de la France, se maria, à Arles, avec Pé-
tronille Boutard, fut deuxième adjoint à Romans jusqu'en 1815, enfin
se retira à Geyssans où il est mort. Ces époux donnèrent, en 1814,
6,000 fr. à l'hôpital.

1801. *Septembre 23*. — Romans, ayant cessé d'être le siège d'un district, devient un simple chef-lieu de canton et d'une justice de paix, qui doit contenir 14,958 habitants. M. Charles Delacour est nommé juge de ce tribunal.

1801. *Octobre 9*. — On célèbre une fête à l'occasion de la conclusion de la paix avec l'Angleterre. A onze heures, toutes les autorités, escortées par la garde nationale et suivies d'une foule considérable, se rendent dans l'église de Saint-Barnard, servant à l'exercice du culte catholique. Le maire y prononce un discours, où il parle du rétablissement prochain du culte. Un *Te Deum* est chanté en chœur, avec accompagnement de la musique, après une interruption de huit ans et huit mois.

1801. *Novembre 8*. — Des experts ayant constaté le mauvais état de l'église et du couvent des Cordeliers et estimé à 55,000 livres la somme nécessaire pour remettre ces bâtiments en bon état, le conseil municipal décide qu'ils seront démolis, de manière à laisser libre un emplacement de 522 pieds de longueur sur 108 pieds de largeur, où il pourra être planté 135 arbres en cinq allées (1).

1801. *Novembre 18*. — Le conseil désigne les citoyens Degros (2) et Chabert, officiers municipaux, et Juvenethon, juge au tribunal de commerce, à l'effet de se rendre en députation à

---

(1) Voy. *Notice hist. sur le couvent des Cordeliers de Romans*, p. 34.

(2) Louis-Prosper Degros de Conflans, né en 1760, ancien magistrat à la cour des comptes, officier de la grande Louveterie de la couronne en 1807, chevalier de la légion d'honneur, maire de Romans de 1825 à 1830.

Lyon auprès du premier consul, pour lui présenter les hommages des habitants de cette commune. Le citoyen Degros prononce un discours, dont il rend compte à son retour.

1803. *Avril 1er*. — Un arrêté du ministre de l'intérieur ordonne l'établissement d'un octroi de bienfaisance dans la ville de Romans et la réunion définitive des faubourgs dans la démarcation du projet d'octroi.

1803. *Mai 17*. — Le conseil municipal répartit le produit de l'octroi par abonnement annuel entre les marchands de vin pour 2,025 fr., et entre les bouchers pour 3,000 fr. Ce produit est porté à 3,000 et 4,000 l'année suivante.

1803. *Juillet 3*. — Installation du citoyen Laurent Antelme (1) en qualité de curé du canton de Romans. Le maire, en présence de toutes les autorités constituées, prononce un discours dans lequel il fait l'éloge de la religion et celui d'un « pasteur chéri et vénéré par la douceur de « son caractère, la pureté de ses mœurs, la solidité de ses lumières. » Le citoyen Antelme présente l'acte de la prestation de son serment devant le préfet et celui de son institution canonique de la part de l'évêque. Il est mis en possession de l'église de Saint-Barnard par la remise des clefs. Cela fait, lesdites autorités, ayant au milieu d'elles le citoyen Antelme et à leur

---

(1) Né le 10 août 1760, prêtre habitué de l'église de Saint-Barnard et dom recteur de l'hôpital de Sainte-Foy en 1788. Il envoya au maire sa démission, ne voulant pas prêter le serment exigé par la Constitution civile du clergé et il émigra en Suisse. Rentré en France, il fut nommé curé de Saint-Barnard. Il est mort dans ses fonctions le 25 avril 1837.

tête une musique nombreuse, se sont rendues dans l'église pour y assister à l'office divin.

1803. *Août 18*. — Réception officielle de M. l'Evêque de Valence, Bécherel (1), qui vient à Romans à l'effet de donner la confirmation. A cette occasion, on avait nettoyé les accès et les environs de l'église.

1804. *Mai 10*. — Les autorités civiles et militaires et la gendarmerie signent une adresse au premier consul, à l'occasion de la création de l'Empire. Elle commence par ces mots : « C'est au plus grand des hommes qu'appartient « le premier des titres. »

1804. *Mai 18*. — Proclamation du sénatus-consulte qui confère la dignité d'empereur à Napoléon Bonaparte. Le dimanche, le cortège, composé de toutes les autorités, se rend dans l'église de Saint-Barnard, où une grand'messe est célébrée. Elle est précédée du *Veni Creator* et suivie d'un *Te Deum* solennel. Le soir, un feu d'artifice est tiré sur la place des Cordeliers et les habitants illuminent leurs maisons.

1804. *Juillet 14*. — Un décret impérial constitue définitivement dans la maison nationale de Sainte-Marie le pensionnat pour l'éducation des jeunes demoiselles, dirigé depuis trois ans par des ex-religieuses de la Visitation, et met cette maison à la disposition desdites dames institutrices. Elles pourront porter un costume d'étoffe noire, recevoir et former des élèves. Elles seront sous la juridiction de l'évêque et la surveillance de l'autorité locale.

---

(1) François, ancien évêque constitutionnel de la Manche, nommé à Valence le 5 juillet 1802, mort le 21 juin 1815.

Un autre décret du même jour fait cession aux dames de l'institut du Saint-Sacrement de la partie non occupée de l'ancienne abbaye de Saint-Just, pour y établir une école gratuite de jeunes filles et une maison-mère d'élèves institutrices et hospitalières (1).

1805. *Mars 13*. — M. Jean-Baptiste Dochier, avocat, ancien législateur, est nommé maire de Romans en remplacement de M. Revol, appelé aux fonctions de juge à la cour criminelle.

1805. *Juillet 7*. — On célèbre une fête religieuse et civique en l'honneur du couronnement de l'empereur comme roi d'Italie.

1805. *Octobre 10*. — Une loi établit un tribunal de commerce à Romans.

1805. *Novembre 17*. — Il passe ou séjourne à Romans environ 10,000 prisonniers de guerre autrichiens. Cette agglomération d'hommes, dans de mauvaises conditions hygiéniques, occasionne dans l'hôpital de la Charité une maladie contagieuse qui fait beaucoup de victimes, entre autres l'abbé Dubu, directeur, et la sœur Olibe.

1806. *Juillet 31*. — Un décret impérial établit dans le ci-devant couvent des Minimes, au Bourg-de-Péage, une école secondaire pour le compte de la ville de Romans et du Bourg-de-Péage. M. Fontanier, chef d'institution à Tournon, est nommé directeur de cette école. Le Bourg-de-Péage fournit gratuitement le local du collège et fait exécuter les réparations nécessaires. La ville de Romans promet de son côté

---

(1) [NADAL], *Notice hist. sur la congrégation des religieuses du Saint-Sacrement, du diocèse de Valence, Maison-Mère à R.;* Valence, imp. J. Céas, 1881, in-8°.

une garantie de 3,000 fr. Cette allocation est continuée jusqu'en 1822.

1806. *Août 15*. — Célébration de la fête de saint Napoléon et du rétablissement de la religion catholique en France. M. le curé Antelme prononce un discours, où il retrace les triomphes de l'empereur « qui ont produit ceux de la reli« gion. » Il est fait une procession et ensuite chanté un *Te Deum*.

1808. *Mars 18*. — M. Paul-Gérard Giraud est nommé, par un décret impérial, maire de la ville de Romans.

1809. *Août 2*. — Le pape Pie VII (1), se rendant de Grenoble à Savone, arrive à Romans à deux heures de l'après-midi, sur la place des Princes, devant la poste aux chevaux. La pluie et quelques écrous perdus obligèrent le pape à descendre de voiture. Il entra dans la maison de M. Louis Clément, maître de poste, et demanda une chambre particulière pour s'y reposer. La foule accourut et bientôt M. Antelme, curé de Saint-Barnard, et son vicaire, l'abbé Guyon, arrivèrent et demandèrent une audience, qu'ils ne purent obtenir; mais l'abbé Darlandes put faire à S. S. un petit discours latin. M. de Montélégier avait offert, à son arrivée, de recevoir le pape dans sa maison. Le colonel de gendarmerie, nommé Boisard, qui accompagnait le Saint-Père, se plaignit d'avoir été insulté à Romans en voulant contenir la

---

(1) Grégoire-Barnabé-Louis Chiaramonte, né à Césène le 14 août 1740, évêque de Tivoli; élu pape le 14 mai 1800, conclut avec la France le concordat de 1801 et couronna l'empereur en 1804; absent de Rome de 1809 à 1814, mort le 20 août 1823.

foule, et de ce que la brigade de gendarmerie en résidence dans cette ville avait mal fait son devoir ; il ordonna au capitaine de Valence de la mettre aux arrêts (1).

1810. *Avril 11*. — Un décret impérial autorise la ville à acquérir, pour le prix de 1,500 livres, un terrain situé au couchant du rempart de Chapelier, destiné au cimetière de la commune. Ce lieu funèbre a été depuis agrandi plusieurs fois.

1810. *Juin 3*. — L'empereur, à l'occasion de son mariage, accorde à la ville de Romans une somme de 1,200 fr. destinée à la dotation de deux anciens militaires. La ville désigne les sieurs Sexe, ancien brigadier-fourrier des guides, et Maillefort, ancien chasseur à cheval.

1810. *Août 26*. — La population de la commune de Romans s'élève à 8,680 âmes.

1811. *Mars 24*. — La naissance du roi de Rome est annoncée à la population de la ville avec la plus grande solennité.

1811. *Mai 1ᵉʳ*. — La ville de Romans consacre une somme de 10,600 francs pour réparer entièrement la charpente et la couverture de l'horloge de Jacquemart.

1812. *Mai 1ᵉʳ*. — Les nommés Périer, boucher, Jacquier, meunier, et Alex, cardeur de laine, condamnés pour crimes d'assassinats et de vols, sont exécutés, à dix heures du matin, sur la place de Jacquemart, précisément en face

----

(1) Voir une lettre particulière au préfet par M. GIRAUD, maire, en date du 12 août 1809, et le rapport du colonel de gendarmerie Boisard, où il est dit qu'à Romans la foule a assiégé le pape avec un fanatisme inconcevable, au point de craindre qu'il ne fût étouffé.

de la maison du plus coupable. C'était un jour
de marché : la foule était immense et à peine
contenue par des soldats d'une légion portu-
gaise.

1812. *Mai 9.* — Charles IV, ex-roi d'Espagne (1), traverse Romans, se rendant de Marseille à Rome. Il était accompagné des princesses,
ses filles, et de Godoï, prince de la Paix.

1813. *Janvier 26.* — Sur la proposition du
maire, le conseil municipal vote une adresse à
l'empereur pour offrir à la patrie, au nom de la
commune, quatre chasseurs montés et équipés.

1813. *Août 15.* — La fête de l'empereur est
célébrée. Il y a une procession et un très beau
discours prononcé par M. Vinay, secrétaire de
l'évêque de Valence, en présence des autorités,
de M. le comte de Deley d'Agier, sénateur, du
baron Motte, général de brigade (2), etc.

1813. *Octobre 27.* — Le conseil municipal
envoie une adresse de dévouement à S. M. l'im-
pératrice, régente.

1814. *Janvier 24.* — Sur la démission donnée, pour cause de santé, par M. Giraud, M. Fer-
dinand-Marie-Camille du Vivier (3) est nommé
maire de Romans par arrêté de M. le comte de

---

(1) Né à Naples le 11 novembre 1748, roi d'Espagne en 1789, il abdiqua en 1808 et mourut à Rome en 1819.

(2) Robert dit Cèdre, né à Frémy (Calvados) le 4 décembre 1754,
commanda le département de la Drôme en 1804, retraité en 1812. Il
fut nommé commandant de la place de Grenoble en 1815. Il est mort
à Romans en 1829.

(3) Né le 14 décembre 1760, chef de bataillon et membre de la légion d'honneur, chevalier de l'empire, marié avec Julie-Victoire-
Hortense d'Abzac de La Douze. Il montra du courage et de l'intelli-
gence pendant l'occupation de la ville par les Autrichiens. Il est
mort, en 1856, à Château-Vilain (Haute-Marne).

Saint-Vallier (1), sénateur, commissaire extraordinaire dans la 7ᵉ division militaire.

1814. *Février 1ᵉʳ*. — L'autorité militaire fait
une réquisition de froment, seigle, haricots, riz,
sel, eau-de-vie, paille, avoine, bois, et de six
mulets, montant le tout à 7,235 fr. 64 cent.

1814. *Mars 26*. — Par suite des progrès de
l'armée autrichienne dans le midi de la France,
le 116ᵉ régiment d'infanterie de ligne et le 32ᵉ
d'infanterie légère, venant de Lyon, au nombre
d'environ 4,500 hommes, commandés par le général Ordonneau, entrent dans Romans.

Les portes de Bonnevaux et de la Bistour sont
murées et celle de Chapelier est barricadée.

1814. *Mars 27*. — Les troupes évacuent la
ville : les malades, les blessés sont transportés
sur l'autre rive de l'Isère, ainsi que les provisions et les fourrages.

1814. *Mars 28*. — Sur l'ordre réitéré du maréchal Augereau, le pont sur l'Isère est miné.
Les explosions ont lieu à trois reprises, depuis
neuf heures et demie jusqu'à onze. La deuxième
arche est entièrement rompue et écroulée, la
troisième est fortement endommagée (2).

Le soir, un détachement de 132 hussards hon-
grois arrivent, à neuf heures, aux Récollets;
15 d'entre eux, commandés par le sous-lieutenant
Paulwitz, entrent dans la ville et se rendent à
l'hôtel-de-ville, escortés par une grande foule au

---

(1) La Croix de Chevrières (Jean-Denis-René), né à Clérieu le
6 octobre 1756, sous-lieutenant aux Gardes françaises en 1783, membre du Conseil général de la Drôme, sénateur en 1805, comte de
l'Empire en 1808, pair de France en 1814, mort à Valence le 13 mars
1821.

(2) Voy. *Notice hist. sur le pont de Romans*, p. 21.

milieu de laquelle ils ne sont pas sans inquiétude. Le maire, M. Duvivier, survient, rassure l'officier et lui tendant la main, le conduit dans une salle de la mairie.

1814. *Mars 29*. — Le maire, accompagné de ses adjoints, M. Savoye (1) et M. Destèque, ce dernier parlant allemand, a une entrevue, aux bains Romieu, avec le chef du détachement de hussards, Aeinriot, lequel commande des rations pour un corps de 4,000 hommes et de 700 chevaux. Ces hussards décampent brusquement dans la journée et disparaissent.

Deux habitants mal famés, qu'on avait vus en rapport avec l'ennemi, sont arrêtés et transférés sous escorte au Bourg-de-Péage, où ils sont fusillés par ordre du général français.

1814. *Mars 30*. — A midi, le passage des troupes françaises s'effectue à l'aide de bateaux, et la ville est réoccupée. Un pont volant sur cordes est établi à la place de l'arche rompue.

A trois heures et demie, un officier de dragons autrichiens se présente en parlementaire. Il est conduit les yeux bandés à l'hôtel-de-ville. Il se nommait Vincent, et par suite d'un entretien avec un officier du 4ᵉ régiment de hussards français, on présume qu'il était français lui-même.

Les troupes stationnées à Romans font plusieurs expéditions heureuses contre l'ennemi : à Clérieu, Saint-Donat, Miribel, d'où ils ramènent des prisonniers que l'on conduit de l'autre côté de l'Isère.

1814. *Avril 2*. — La brigade du général

---

(1) Jacques, né en 1758, licencié en droit, notaire de 1786 à 1821, adjoint au maire, suppléant du juge de paix, mort le 27 avril 1821.

Ordonneau part à neuf heures et demie du matin. Elle est remplacée par celle du général Estève, ne comptant que 1,500 hommes des 7ᵉ de ligne et 23ᵉ léger. Des reconnaissances, faites sur la route de Tain, rentrent sans avoir rien aperçu. Mais, à midi, la fusillade annonce l'arrivée de l'ennemi, et, à quatre heures, une division autrichienne, forte de 7,000 hommes, infanterie, cavalerie, artillerie, après avoir été contenue, pendant trois heures, hors des murs par 500 hommes de troupes françaises, pénètre avec fureur dans la ville Celles-ci font leur retraite peu à peu, et le pont est coupé par les sapeurs.

La destruction de Romans est ordonnée par le prince de Hesse-Hombourg, commandant l'armée du sud, parce qu'il croyait que les habitants tiraient par les fenêtres sur les soldats autrichiens. Sur la proposition de M. Lambert (1), le maire et plusieurs conseillers se dévouent pour le salut public. Ils se rendent auprès du prince et parviennent à calmer son courroux. Néanmoins, la ville fut livrée toute la nuit au pillage et aux violences de la soldatesque. Il y eut quatre bourgeois assassinés chez eux, douze blessés, beaucoup de femmes outragées, mille maisons pillées et quatre incendiées. Dans cette nuit néfaste, beaucoup d'habitants furent victimes de leur confiance envers les Autrichiens, en qui ils voyaient des *libérateurs*. Les chasseurs tyroliens, composés en grande partie de déserteurs

---

(1) Théodore, ancien avocat au parlement, receveur de l'enregistrement, membre de la commission administrative des hôpitaux et du conseil municipal, marié à Thérèse-Bruno Pasquier, mort le 31 mai 1816.

de tous pays, ont montré beaucoup plus que les autres soldats ennemis des habitudes de violence.

Parmi les nombreux épisodes auxquels donna lieu ce combat, on constate le fait d'un général autrichien qui fut blessé mortellement et eut son cheval tué par un coup de feu d'une sentinelle française placée au portail du domaine de la Paillère, sur la route de Tain, à la croix de Sainte-Marie.

1814. *Avril 3*. — Sept commissions, pour assurer les subsistances des troupes autrichiennes, sont mises en activité sous les yeux du commandant d'armes Rumpf, qui ordonne l'évacuation de plusieurs boutiques sur la place, pour y établir des corps de garde.

A une heure de l'après-midi, une fusillade s'engage entre les postes français et autrichien, sur le pont, sans autre effet que la mort d'un soldat de cette dernière nation.

A la suite d'un ordre très menaçant, tous les habitants se hâtent d'apporter à la mairie leurs armes de toute espèce, même les plus inoffensives. Les officiers s'emparent des armes de luxe, les sous-officiers font un second choix. On laisse cependant leurs épées aux militaires en retraite et on accorde 50 fusils aux pompiers à la place des mousquetons dont ils étaient armés auparavant. Le reste de ces armes est chargé sur six voitures et dirigé à Tain.

1814. *Avril 4*. — Une proclamation faite, au nom du général autrichien baron Lederer, vient rassurer les habitants et les inviter à reprendre leurs occupations ordinaires. Dans la nuit, un grand mouvement de troupes fait croire que les Autrichiens veulent opérer le passage de l'Isère.

1814. *Avril 5*. — Un incendie se manifeste dans la maison du sieur Lorne, sur le pont, servant de corps de garde. Les pompes de la ville y sont transportées et, habilement dirigées, arrêtent l'incendie ; elles sont momentanément séquestrées par les Autrichiens, à titre d'engins de guerre.

1814. *Avril 11*. — Le général Lederer donne communication d'un numéro du *Moniteur universel* annonçant la déchéance de l'empereur et la nomination d'un gouvernement provisoire. Le conseil municipal vote une adresse d'adhésion rédigée par M. Lambert, receveur de l'enregistrement et membre de ce conseil.

1814. *Avril 12*. — Le général Lederer conclut un armistice de quatre jours avec le maréchal Augereau.

Toutes les autorités portant la cocarde blanche, précédées de la musique bourgeoise jointe à celle des Autrichiens, parcourent la ville, à huit heures du soir, à la lueur des flambeaux, et font une proclamation annonçant les événements survenus. Un immense drapeau blanc était porté par M. de Montélégier (1). De l'autre côté de l'Isère, les sentiments étaient différents et les soldats français furent sur le point d'ouvrir le feu sur la ville, pour répondre au défi qui leur était adressé, lorsque des cris de *Vive le roi* étaient poussés sur la place des casernes.

---

(1) Jean-Pierre-Gabriel Bernon, né le 22 janvier 1736, maréchal de camp en retraite, commandeur de l'ordre de Saint-Louis. Il avait acquis l'hôtel des Allées au prix de 36,000 livres. Il a été revendu par ses filles, en 1834, pour 40,000 fr., aux religieuses de Sainte-Claire. Il est mort à Montéléger le 11 octobre 1833.

1814. *Avril 13*. — Le général Lederer, accompagné de son état-major et du commandant de place, visite l'hôpital. Il témoigne sa satisfaction pour les soins qui ont été donnés à ses soldats. Il adresse des paroles affectueuses à plusieurs blessés français et leur annonce qu'ils rentreront prochainement chez eux.

1814. *Avril 15*. — Le prince de Hesse-Hombourg arrive à Romans. Il paraît très satisfait de la manière dont il a été reçu. Il est logé, à l'hôtel des Allées, chez M. de Montélégier.

1814. *Avril 17*. — Le conseil municipal, le général autrichien et ses officiers assistent à un *Te Deum*, à l'occasion du retour de Louis XVIII. Le même jour, le général est invité à un banquet à l'hôtel-de-ville. Il boit à la prospérité de la bonne ville de Romans, fait ses adieux et laisse une attestation de la bonne conduite des habitants. C'était un excellent homme; il montra beaucoup de modération et même de bienveillance. Certaines remises, de la part de la ville à son aide de camp, aidèrent sans doute à la manifestation de ses bons sentiments.

1814, *Avril 19*. — Les troupes autrichiennes quittent leurs logements chez l'habitant et vont occuper les casernes.

1814. *Avril 21*. — Le conseil municipal nomme trois députés pour aller porter à Paris l'expression des sentiments de la population : ce sont MM. de Chabrières-La Roche (1), de Monté-

---

(1) Dit le chevalier de Peyrins, ancien colonel de cavalerie au service de Malte, héritier de son frère Charles, comte de Charmes, ancien président en la chambre des comptes, décédé sans enfants. Il laissa sa fortune à son neveu, Joseph-Philippe de Rostaing, qui mourut le 13 août 1833.

légier et Lambert, avocat, receveur de l'enregistrement.

1814. *Avril 22*. — Le passage sur le pont
est rétabli au moyen de planches jetées sur des
cordages. Un bac à traille est mis en activité
entre le port Sabaton et le Palletour. Pour en
faciliter les abords, on achète et on démolit la
maison Thomé, moyennant une indemnité de
12,000 fr. payée au propriétaire.

1814. *Avril 25*. — Le départ des troupes
autrichiennes a lieu.

A peine ces troupes sont-elles sorties de la
ville qu'elles sont remplacées par les 1er et 23e
régiments d'infanterie française, faisant partie
de l'armée du général Marchand. Les chefs invitent les soldats à avoir beaucoup d'égards pour
les habitants et à ne rien exiger d'eux.

Le conseil municipal nomme quatre commissaires à l'effet d'établir l'évaluation des dommages qu'ont éprouvés les habitants par suite
des événements de la guerre. Il est constaté
qu'il a été fourni 45,038 litres de vin, 43,294
rations de pain, 42,794 rations de viande, 2,836
rations de foin, 2,962 rations de luzerne, 7,995
rations de paille ; enfin, les dépenses et pertes
de toute nature s'élèvent à la somme de 553,920
francs 45 centimes causés par l'ennemi pendant
un séjour de trois semaines (1).

Si la rupture du pont de Romans a sauvé l'armée du maréchal Augereau et toute la rive

---

(1) LAMBERT, *Procès verbal des événements arrivés pendant le séjour des Autrichiens à Romans*, in-8°, 44 p. — DOCHIER, *Précis de
ce qui s'est passé dans la ville de Romans depuis l'entrée jusqu'au
départ des Autrichiens*, in-8°, 19 p.

gauche de l'Isère, la rentrée des troupes françaises dans ses murs, ce retour, si funeste pour les habitants, n'a pas été moins avantageux à la ville de Grenoble et à l'armée du général Marchand, en retardant la jonction de l'armée du prince de Hesse-Hombourg avec celle du général Bubna.

1814. *Juin 12.* — On adjuge la construction d'une passerelle en charpente. La dépense, estimée 15,000 fr., est couverte par l'émission d'une souscription d'actions de 100 fr., qui doivent être amorties par une taxe sur les personnes et sur les bestiaux.

1814. *Juillet 26.* — M. Chabrières de Peyrins, président de la députation de la ville, rend compte à l'assemblée municipale de la mission dont il a été chargé et des démarches que cette députation a faites pour le rétablissement du pont, la restitution d'une circonscription administrative et judiciaire, et pour le dégrèvement des impôts.

1814. *Août 25.* — La fête de saint Louis est célébrée avec beaucoup de pompe.

1814. *Septembre 6.* — Les sœurs hospitalières du Saint-Sacrement demandent qu'on leur fasse cession de la partie de l'ancienne abbaye de Saint-Just occupée par la gendarmerie, savoir : la chapelle, les cuisines, la cave et les greniers. Le conseil municipal admet cette demande en principe. Le 2 janvier 1815, une nouvelle délibération accepte les conditions faites par la commission administrative des hospices pour le logement de la gendarmerie dans les bâtiments de l'ancien hôpital de Sainte-Foy, du côté de la rue Bonjour, changement qui n'eut lieu qu'en 1817.

1814. *Octobre 9*. — Un arrêté préfectoral nomme ou plutôt confirme M. Camille Duvivier en qualité de maire de Romans. Il prête serment. Il donna sa démission au mois d'août 1815.

1814. *Octobre 17*. — Monsieur, comte d'Artois, frère du roi Louis XVIII (1), arrive, à sept heures du matin, venant de Valence. Il est reçu, à l'entrée du pont, par les autorités municipales, M. le comte de Deley d'Agier, pair de France, les généraux barons Motte, Saint-Cyr Nugues (2) et Pouchelon (3). Le prince est ensuite harangué, sous un arc de triomphe, à l'entrée de la place. M. Destèque, adjoint, présente les clefs de la ville sur un bassin de vermeil et, renouvelant un antique usage, on lui offre les vins d'honneur. S. A. R. se rend à l'hôtel-de-ville, où les présentations ont lieu et un déjeuner est servi. Elle admet à sa table le maire, le préfet et les personnages nommés plus haut. Le café est envoyé par les dames de la Visitation, « qui l'avaient « préparé elles-mêmes. » Le prince veut bien écouter un dialogue de la composition de M. Lambert, intitulé : *La Nymphe de l'Isère* et récité par M. de Saint-Jullien et Mlle Adèle de Montélégier. Le comte d'Artois part en traversant à

---

(1) Charles-Philippe, né en 1757 et émigré en 1789, prit le titre de *Monsieur* en 1795 à la mort du Dauphin (8 juin) ; son frère l'avait nommé lieutenant général du royaume.

(2) Né le 18 octobre 1774, entré au service en 1797 en qualité de commissaire des guerres, devint aide de camp du général Suchet ; général de brigade en 1811, lieutenant général en 1823, directeur du personnel au ministère de la guerre en 1831, pair de France ; mort, sans avoir été marié, à Vichy le 25 juillet 1842.

(3) Etienne-François-Raymond, né le 25 octobre 1770, fit la campagne d'Egypte. Il commandait le département de la Drôme lorsqu'il mourut à Romans, le 4 septembre 1831.

pied l'hôtel des Allées, où on lui fait remarquer l'arc de triomphe érigé en 1701, à l'occasion du passage des ducs de Bourgogne et de Berry. Parmi les nombreuses devises inspirées par la circonstance, voici la dernière, placée sur la porte de Saint-Nicolas :

> Tu pars, Romans te regrette,
> De son amour sois l'interprète.

Les dépenses s'élevèrent à 2,555 fr. 38 c., dont 1,200 fr. accordés par le préfet (1).

1815. *Avril 3*. — Après le départ du général Debelle et d'une petite troupe venant de Valence, l'armée royale du midi arrive à Romans. Le duc d'Angoulême qui la commande et le 10ᵉ régiment d'infanterie de ligne s'arrêtent au Bourg-du-Péage. Les troupes de la garde nationale traversent seules l'Isère. Par contre, la ville de Romans avait fourni quelques jours auparavant une compagnie de volontaires, qui, sous le commandement de M. Maurice Charles (2), était partie pour combattre l'armée royale.

1815. *Avril 6*. — Les troupes du duc d'Angoulême abandonnent Romans et, en se retirant, elles coupent le pont de cordes et mettent le feu au bac à traille : ces dégâts sont estimés 1,127 francs.

1815. *Mai 28*. — Un nouveau conseil muni-

---

(1) Dochier, *Précis de ce qui s'est passé dans la ville de Romans au passage de S. A. R. Monsieur, contenant une notice sur les vins d'honneur* ; Valence, Marc Aurel, in-8°, 16 p.

(2) Né le 8 mai 1771, adjudant de la place de Romans, commandant la compagnie des pompiers, mort subitement à Lente le 16 juillet 1826, sans avoir été marié. Son héritier a été M. Maurice Rochas, maire de Romans en 1848.

cipal, conservant presque tous ses anciens membres, le maire et ses adjoints, prête serment au gouvernement impérial.

Il est fait une réquisition de grains, de vin et de chevaux pour les besoins de l'armée.

1815. *Juillet 8.* — Le colonel Carré, avec un détachement de 70 hommes du 14° léger, prend position dans la ville et se met en mesure de s'y défendre.

1815. *Juillet 10.* — Sur la pressante sollicitation des autorités de Romans, cette petite troupe, du consentement du général Debelle, passe sur la rive gauche de l'Isère. Elle détruit le pont de bois et retire le bac à traille.

1815. *Juillet 15.* — On décide un emprunt forcé de 15,000 fr. sur les habitants les plus aisés, pour faire face aux premiers besoins qui pourront se présenter : ceux qui refuseront de souscrire supporteront des charges doubles et recevront des garnissaires.

1815. *Juillet 17.* — Le maire fait publier une proclamation de Louis XVIII envoyée par le préfet. Il est arrêté que le drapeau tricolore de l'hôtel-de-ville sera enlevé le lendemain, à trois heures du matin, et l'on ajournera jusqu'à nouvel ordre l'érection du drapeau blanc.

1815. *Juillet 18.* — M. Frachon, adjoint au maire de Saint-Marcellin, apporte une lettre du colonel commandant de la première brigade de l'armée piémontaise, qui contient une réquisition de 2,500 rations complètes de vivres et de fourrage. Il est résolu qu'au préalable on enverra une députation à Grenoble, auprès de l'intendant de l'armée d'Italie, et à Valence, au préfet. Les députés rapportent que cette réquisition doit être considérée comme non avenue.

1815. *Juillet 21*. — Le drapeau blanc est arboré à l'hôtel-de-ville.

1815. *Juillet 22*. — Le conseil municipal vote une adresse à S. M. Louis XVIII, roi de France et de Navarre (1). Les conseillers municipaux qui siégeaient au 1ᵉʳ mars dernier et qui se sont retirés, sont invités à reprendre leurs fonctions.

1815. *Juillet 23*. — Une lettre, adressée de Voreppe par le général Revoiron de Costange, de l'armée piémontaise, prescrit de faire transporter à Voreppe les armes des habitants de Romans. Il est répondu que la ville ayant été désarmée en 1814, il ne reste plus que 50 fusils et autant de sabres, laissés aux pompiers par le général autrichien.

1815. *Juillet 24*. — On rétablit le bac à traille.

Il arrive un détachement de 15 chevau-légers piémontais. Le maire invite à dîner les officiers.

1815. *Juillet 28*. — Le colonel piémontais commandant la place de Romans, sur le refus de plusieurs membres de reprendre leurs fonctions, forme un conseil municipal.

1815. *Juillet 29*. — Arrivée du régiment de Saluces cavalerie. La ville paye la nourriture des officiers dans les hôtels. La troupe est logée dans les casernes et dans l'ancien hôpital de Sainte-Foy.

1815. *Août 18*. — Le commandant des chevau-légers Mazetti et le général autrichien

---

(1) Voy. LAMBERT (Théodore), *Adresse aux Dauphinois sur le retour de Louis XVIII* ; 1815, in-8°, 54 p.

Vauht laissent, en partant, à la ville des certificats en témoignage de leur satisfaction.

M. Gaymard du Palais, conseiller de préfecture, vient à Romans et installe le maire, M. Legentil, et les adjoints, MM. Pigeron et Collonges (1), et trente conseillers municipaux. M. Legentil prononce un discours, où il rappelle sa destitution en l'an VI, à cause de ses sentiments d'affection à la famille des Bourbons. Il invite tout le monde à l'oubli du passé. Une ordonnance royale du 5 octobre confirme toutes ces nominations.

1815. *Août 25*. — A l'occasion de la fête de saint Louis, le préfet vient à Romans et assiste, avec les autorités, le général et les officiers autrichiens, à une messe chantée en musique. Les troupes de cette nation, avec les pompiers et la gendarmerie, forment la haie. Après le *Te Deum*, le clergé et les autorités se rendent sur la grand'place, où l'on avait dressé une grande estrade et une haute pyramide pleine de matières combustibles, destinées à un feu de joie qu'allument le curé, le général autrichien, le préfet et le maire.

1815. *Octobre 16*. — Les Autrichiens quittent définitivement Romans et les environs. Le général Haecht et le baron Vungen, colonel des dragons de Risch, laissent des certificats de satisfaction.

1816. *Janvier 8*. — Le maire est député à Paris pour présenter au garde des sceaux une

---

(1) Jean-Louis-André Pouchon de Collonges, né à Saint-Donat le 8 février 1781, marié le 5 février 1803 à Virginie-Flavie Delolle. Il a été adjoint de 1815 à 1828 et est décédé le 28 février 1871.

adresse longuement motivée du conseil municipal, tendant à obtenir pour la ville de Romans une sous-préfecture et un tribunal civil. Le 15 août, M. Legentil rend compte au conseil des démarches qu'il a faites à Paris, dans les bureaux des ministères de l'intérieur et de la justice. La pétition a été renvoyée aux conseils d'arrondissement et général de la Drôme et au procureur général de la cour de Grenoble

1816. *Mars 14*. — La garde nationale de Romans est organisée en cinq compagnies, sous le commandement de M. Boutillier d'Artan, ancien lieutenant d'artillerie et chevalier de Saint-Louis.

1816. *Juin 30*. — A l'occasion du mariage du duc de Berry avec une princesse de Naples, de grandes réjouissances ont lieu à Romans. Se sont trouvés présents et ont participé à cette fête M. le comte du Bouchage, préfet de la Drôme, le général baron Clerc, commandant le département, le marquis de Chambon, prévôt, M. de Kirwon, commissaire spécial de police, et M. le marquis de Chabrillan, colonel de la légion de la Drôme. Le maire a traité chez lui toutes les autorités. Après le *Te Deum*, un feu de joie a été allumé sur la grand'place.

1816. *Juillet*. — Le duc d'Angoulême fait un court séjour à Romans. Il met pied à terre chez M. de Montélégier. Une pluie non interrompue nuit à la réception de S. A. R.

1816. *Octobre 12*. — Le conseil municipal vote l'établissement de reverbères pour l'éclairage public, depuis la porte de Saint-Nicolas jusqu'à celle du pont.

1817. *Mars*. — La commission administrative des hospices cède à la congrégation de

Sainte-Marthe une grande partie des anciens
bâtiments de l'hôpital de Sainte-Foy, pour y
établir des écoles et un orphelinat de pauvres
filles (1). Elle met en même temps à la disposition du comité de l'instruction publique primaire la maison du Refuge, pour l'établissement
d'une école gratuite de garçons.

1817. *Juillet 1er*. — Le maire fait publier
un règlement pour l'octroi, avec un tarif des
droits d'entrée et un autre règlement pour l'exercice de la profession de boulanger.

1818. *Février 26*. — Autrefois les comédiens, physiciens, saltimbanques, etc., de passage à Romans, donnaient leurs représentations
dans le premier local vacant, plus ou moins propre à cette destination. Longtemps une maison
située au fond d'une cour de la place des Clercs,
puis l'ancien hôtel-de-ville, rue de l'Armillerie,
servirent de salle de spectacle. Enfin des citoyens, jaloux de doter Romans d'une scène permanente et élégante, les sieurs Mourier, charpentier, Cotton, menuisier, et Pallier, maçon,
demandèrent pour cet objet, le 1er janvier 1807,
le terrain inculte situé entre le Champ de Mars
et la mairie. Ce projet n'ayant pas eu de suite,
une compagnie d'actionnaires demanda à la ville
l'autorisation de construire une salle de spectacle
au levant de la promenade des Cordeliers, à la
charge, pour compensation de l'abandon de 1,200
mètres de terrain nécessaire pour la construc-

----

(1) Cette congrégation a été fondée par Mlle Marie-Françoise-
Gabrielle-Hedwige Duvivier. Elle a été approuvée par l'évêque de
Valence, le 22 novembre 1813, et, le 25, par le préfet de la Drôme. La
Vie de Mlle Duvivier a été écrite par M. l'abbé Toupin.

tion projetée, de faire la reconstruction de la fontaine de la grand'place et de disposer en allées plantées d'arbres la montée où se trouve la grande terrasse, et enfin sous la condition que l'édifice à construire restera toujours salle de spectacle.

Le conseil municipal accepta cette offre, après expertise, dans sa séance du 9 septembre suivant.

1818. *Août 5.* — D'après un recensement, la population de Romans avait atteint, à cette date, le chiffre de 8,824 âmes.

1820. *Juillet 9.* — Le sieur Bonnet, géomètre, n'ayant pas achevé le plan de la ville dont il s'était chargé, remet toutes les pièces et les plans qu'il possède moyennant une nouvelle somme de 600 livres : ce qui porte à 3,000 fr. son salaire. La ville s'entend alors avec M. Morel, géomètre du cadastre, qui s'engage à faire un plan de la ville, conforme aux instructions, en triple expédition, pour le prix de 3,300 fr. C'est celui qui est en usage aujourd'hui et le seul qui ait été fait.

1821. *Mars 31.* — Un traité est passé entre le conseil municipal et la commission administrative des hospices pour l'établissement d'une école de la Doctrine chrétienne. Dans ce but, les hospices cèdent à la ville la maison du Refuge et contribuent pour une somme de 4,000 fr. versée à plusieurs titres et obligations. Les Frères de la Doctrine chrétienne sont solennellement installés, le 3 septembre, par l'évêque de Valence, le préfet de la Drôme et les autorités de Romans.

1821. *Août 8.* — Un arrêté du maire prononce la dissolution de la compagnie des sapeurs-pompiers. Cette compagnie est immédiatement réorganisée et composée de 44 hommes.

1823. *Février 20*. — Le sieur Laverrière, pourvu d'un titre universitaire, est autorisé à exercer dans Romans les fonctions d'instituteur du deuxième degré. Il place son établissement dans l'habitation dite des Orphelines, sur le bord de l'Isère, et reçoit de la ville un secours annuel de 200 livres.

1823. *Septembre 7*. — On fait le classement cadastral de toutes les propriétés de la commune. Elles sont distribuées en onze catégories et cinq classes.

1823. *Octobre 19*. — La ville donne une fête à l'occasion de la délivrance de Ferdinand VII, roi d'Espagne, et de l'heureux succès de notre armée.

1823. *Décembre 18*. — Une réception est faite au 25ᵉ régiment d'infanterie revenant d'Espagne. Un banquet de cent couverts est offert par la ville aux officiers de ce régiment, ainsi qu'aux lieutenants généraux baron Saint-Cyr Nugues et vicomte de Montélégier, gouverneur de la Corse. Une somme de 1,500 fr. avait été votée pour les dépenses de cette fête. La soirée s'est terminée chez le maire, « dont l'épouse, « Mᵐᵉ Legentil, a offert à ses invités des glaces « et un punch. »

1824. *Mars 23*. — Sur le rapport de M. Chabord, ingénieur en chef des ponts et chaussées, le conseil municipal adopte le projet de M. Morel, ingénieur du cadastre, pour le dérivement du torrent de la Savasse, consistant à creuser un nouveau lit au-dessous du *Béalmort*. Les indemnités payées à divers propriétaires se sont élevées à 8,846 fr. 50 c. et le total de la dépense à 42,241 fr.

1824. *Octobre 2.* — Le conseil municipal envoie à S. M. Charles X, sur son avènement au trône, une adresse dans laquelle il rappelle le passage de ce prince à Romans, le 17 octobre 1814.

1825. *Mars 15.* — Le conseil municipal repousse, comme il l'avait déjà fait avec succès en 1807, 1816 et 1824, une pétition du maire du Bourg-du-Péage, appuyée d'un avis favorable de l'ingénieur en chef des ponts et chaussées, tendant à la démolition de la porte du pont sur l'Isère. Menacée d'une expropriation, la ville consent, le 9 mars 1828, à ce qu'il soit construit une nouvelle porte ou au moins une barrière. Mais, le 23 mai 1829, le maire du Bourg-du-Péage, sans prévenir celui de Romans, fait procéder à la démolition de la porte du pont, à cinq heures du matin, par huit ou dix ouvriers, sous la protection de quatre pompiers armés. La ville de Romans, n'ayant pu obtenir de se faire rendre justice, adressa au conseil d'Etat un recours, qu'elle fut obligée de retirer pour s'en remettre au bon vouloir du préfet du département. Enfin, dans sa séance du 6 mai 1833, le conseil municipal accepta l'indemnité de 731 fr., allouée par les experts, pour 14 mètres 62 centim. de terrain incorporé à la voie publique, par suite de la démolition de la porte du pont.

1825. *Juillet 21.* — Sur le rapport de deux experts, le conseil municipal reçoit et approuve les travaux, conformes au plan, de la salle de spectacle, de la fontaine de la grand'place et de la nouvelle rampe pour monter au Champ de Mars.

1825. *Août 10*. — Une ordonnance royale nomme maire de Romans M. Prosper-Louis Degros de Conflans, juge suppléant au tribunal civil de Valence, en remplacement de M. Legentil, décédé dans ses fonctions le 28 décembre 1824. Il est installé le 31 août.

1825. *Octobre 27*. — La ville fait construire de nouvelles prisons. Dans ce but elle acquiert, au prix de 8,500 fr., l'ancienne chapelle et le cimetière de l'hôpital de Sainte-Foy. Le département, qui devait couvrir la moitié de la dépense, se contenta d'allouer une somme de 10,000 fr.

1825. *Novembre 3*. — Une ordonnance royale autorise la vente au sieur Fière de 477 mètres de terrain au Champ de Mars, à la charge d'exécuter à ses frais divers travaux d'utilité publique, sans pouvoir donner au susdit local une autre destination que celle d'un café, conformément à la location à lui faite par la ville le 12 janvier 1807.

1829. *Février 22*. — Le conseil municipal vote à l'unanimité moins une voix la réunion de l'hôpital général à celui de la Charité : pareille réunion de l'hôpital de Sainte-Foy avait déjà eu lieu le 1er janvier 1811.

1829. *Mars 15*. — Un arrêté préfectoral désigne l'hôpital de Romans comme dépôt central et unique des enfants assistés du département de la Drôme, laissant, sans rien lui allouer, à la charge de cet établissement tous les frais de séjour, de maladie et de vêture de ces enfants. Un nouveau règlement, approuvé par le ministre de l'intérieur le 15 mai 1862, régla le service et maintint l'hospice de Romans comme seul établissement dépositaire de la Drôme, avec la charge des dépenses dites intérieures, et y créa, en outre, un service gratuit de maternité en faveur des femmes indigentes. Enfin, une loi a mis, à dater du 1er janvier 1870, à la charge du département les dépenses de toute nature occasionnées par les enfants assistés, et les journées de présence des enfants et des femmes en couche.

1829. *Novembre 3.* — Le roi et la reine de Naples et leur fille Marie-Christine, future reine d'Espagne, passent à Romans. Le préfet avait invité le corps municipal à célébrer dignement le passage dans cette ville des augustes voyageurs, parents du roi de France.

1830. *Mars 14.* — Une ordonnance royale nomme M. François-Bonaventure Julhiet, ancien notaire (1), maire de Romans.

1830. *Août 1er.* — Formation d'un contrôle de tous les habitants de la ville de 20 à 60 ans et valides, parmi lesquels on choisira ceux qui doivent faire partie de la garde nationale. Cette garde est formée de trois compagnies de grenadiers, de trois compagnies de chasseurs, d'une compagnie de pompiers et d'une section d'artillerie, donnant un effectif de 889 hommes. Le 29 octobre, on y ajoute une compagnie rurale de 188 hommes.

1830. *Septembre 12.* — Une ordonnance

---

(1) Né à Peyrins en 1761, a été, sous le premier empire, notaire et maire de cette commune. Il obtint, en 1815, de se fixer à Romans. Il mourut à Peyrins le 14 mai 1835, laissant neuf enfants de son mariage avec Gabrielle-Félicité Collonges.

royale nomme M. Paul-Emile Giraud (1) maire de Romans.

1830. *Septembre 19*. — Tous les fonctionnaires et employés sont astreints à prêter le serment politique.

1830. *Septembre 23*. — La ville achète, pour le prix de 8,740 fr., un emplacement de 69 ares 74 cent. à prendre sur la propriété de M. Novel, pour l'agrandissement de la place d'Armes.

1830. *Septembre 24*. — Le maire fait hommage d'un magnifique drapeau à la garde nationale et prononce une allocution ayant trait aux circonstances politiques.

1830. *Novembre 27*. — Le maire avec cinq membres du conseil municipal, ayant été députés à Grenoble pour complimenter le duc d'Orléans, fils aîné du roi Louis-Philippe, rend compte du résultat de ce voyage et de l'accueil flatteur qu'il avait reçu. Il avait eu l'honneur d'être placé à table à côté du prince.

1831. *Avril 10*. — Le conseil municipal, avec adjonction des plus imposés, adopte en principe la démolition des remparts. La vente des

---

(1) **Né** le 27 novembre 1792. Il fit au collège de Tournon, de 1801 à 1807, ses études classiques, qu'il compléta à l'institution de Sainte-Barbe à Paris. Il suivit les cours de la faculté de droit et fut reçu licencié le 23 mars 1812. La mort de son père l'obligea à revenir dans sa ville natale, pour continuer les affaires commerciales en société avec son frère. Malgré sa jeunesse, il fut membre du conseil de fabrique, de la commission des hospices, du tribunal de commerce. Après 1830, il devint maire de la ville, membre du Conseil général et, de 1831 à 1846, député de la Drôme. M. Giraud s'est occupé avec succès de l'histoire de Romans : son *Essai historique sur l'abbaye de Saint-Barnard et la ville de Romans,* en 5 vol. in-8°, a été couronné par l'Institut. Chevalier de la légion d'honneur et membre de plusieurs sociétés savantes, il est décédé le 30 septembre 1883.

44 marronniers existant dans les fossés de Jacquemart produit la somme de 1,155 fr.

1831. *Mai 1ᵉʳ*. — La célébration de la fête de Louis-Philippe Iᵉʳ, roi des Français, est faite avec beaucoup d'enthousiasme. Le buste du roi est inauguré sous un dais de verdure à la place d'Armes, en présence de la garde nationale et de la population. Il est ensuite porté en triomphe dans les rues de la ville. Un repas de 700 couverts a lieu dans l'enceinte du Champ de Mars. A quatre heures, la garde nationale du Bourg-du-Péage vient fraterniser avec celle de Romans. Le soir, illuminations générales, etc.

1831. *Août 16*. — Une ordonnance royale divise la commune de Romans en trois sections électorales, devant nommer chacune sept conseillers municipaux Un nouveau conseil, élu par ce mode, est installé le 2 octobre. Une loi crée une nouvelle circonscription électorale dans le département de la Drôme et en fixe le siège à Romans.

1832. *Avril 3*. — Dans la crainte de l'invasion du choléra, on nomme une commission sanitaire composée de trois conseillers municipaux, six médecins et trois pharmaciens. Sur l'avis de cette commission, on pratique aux remparts huit ouvertures de 3 mètres 50 cent. de large.

1832. *Mai 16*. — Le conseil municipal arrête d'urgence qu'un abattoir sera établi dans le bâtiment appartenant aux hospices, situé près du pont de Chapelier, sur le bord de l'Isère et de la Savasse. Cette excellente mesure entraîne une première dépense de 23,000 fr. (1).

---

(1) Voy. *Essais hist. sur les hôpitaux de Romans*, p. 130.

1832.*Juin 1er*.—Le duc d'Orléans, fils aîné du roi des Français, venant de Tain et allant à Valence, fait son entrée dans Romans par la porte de Jacquemart, où se trouvent, pour le recevoir, les autorités, les gardes nationales des communes du canton. Après avoir été harangué par le maire, M. Giraud, le prince passe la revue des troupes sur l'esplanade et se rend ensuite à l'hôtel-de-ville, où les réceptions ont lieu. Le temps constamment pluvieux a beaucoup nui à cette fête.

1832. *Juin 12*. — Le conseil municipal vote une adresse au roi des Français, à l'occasion des événements de Paris des 5 et 6 juin. M. de Montalivet, ministre de l'intérieur, répond par une longue lettre de remerciements.

1833. *Juin 22*. — La ville étant privée depuis plusieurs années de tout établissement d'instruction secondaire, le maire propose d'établir un collège dans les bâtiments de la mairie et de le confier à M. Mary, professeur à Grenoble, moyennant une subvention annuelle de 1,500 fr.

1834. *Août 9*. — Une société d'actionnaires sollicite l'autorisation de construire, pour le marché aux grains, une halle sur l'emplacement du couvent aujourd'hui démoli des religieuses de Sainte-Claire (1). Le conseil municipal donne son approbation à cette entreprise, qui n'a pas eu de suite.

1835. *Janvier 6*. — Une ordonnance royale nomme M. Joseph-Pierre Valencien (2) maire

---

(1) Voy. *Notice hist. sur le couvent de Sainte-Claire de Romans*, p. 43.

(2) Né en 1781, licencié en droit, premier adjoint, maire, décoré de la Légion d'honneur pendant ses fonctions, puis juge de paix de 1843 à 1848, mort le 29 janvier 1852.

de Romans. Il est installé par le préfet le 14 février.

1836. *Février 26*. — Le conseil municipal vote l'établissement d'une caisse d'épargne dans cette ville. Les souscriptions pour les premières mises de fonds s'élèvent à un total de 4,635 fr., savoir : 2,500 fr. par les conseillers municipaux, 825 fr. par des particuliers et 1,300 fr. par le Bourg-du-Péage.

1836. *Mars 2*. — Sur la demande pressante du maire, l'administration des hospices abandonne, sans indemnité, à la ville, pour l'élargissement de la rue du faubourg de Jacquemart, 814 mètres de terrain dépendant du champ de la Bolie.

1836. *Août 15*. — La ville donne par adjudication la démolition du reste des bâtiments des anciennes prisons, moyennant la somme de 3,500 fr. et l'abandon de tous les matériaux.

1837. *Novembre 20*. — Le conseil municipal délibère d'acheter, au prix de 17,000 fr., la maison Allier, sur la place Sabaton, pour y placer les écoles des Frères de la Doctrine chrétienne.

1838. *Mars 22*. — L'église de Saint-Nicolas, vendue en l'an VIII par l'Etat aux frères Vassieux, fut achetée le 26 décembre 1801 par Mmes Dedeley et Decrolard, qui y firent célébrer le service divin. Mme Madeleine Machon, veuve Charles (1), en ayant fait l'acquisition, la céda à la ville par acte du 10 juin 1818, à la condition de convertir cette église en paroisse, ce qui fut

---

(1) Marie-Madeleine, née en 1738, mariée à François Charles, habitant le clos de Saint-Ruf, décédée le 20 mai 1821.

accepté. Cependant, cette donation ne fut définitive que par la cession, faite en 1837 par les héritiers de Mme veuve-Charles, qui comprenait, outre l'église, cinquante-deux articles d'effets mobiliers servant au culte. Il y avait aussi la réserve de la jouissance pour la famille Charles de la chapelle du Mont-Carmel. Une pétition signée de 82 habitants du quartier demande la création d'une succursale à Saint-Nicolas ; les signataires s'engagent à faire faire les réparations nécessaires à l'église, estimées 326 fr., et à acheter une cloche du prix de 600 fr.

1838. *Août 11.* — Le conseil municipal décide que l'horloge de Jacquemart sera complètement réparée et que la toiture de la tour sera refaite.

1838. *Septembre 25.* — Le même conseil vote une somme de 200 fr. pour l'essai d'un parcours avec un bateau à vapeur sur l'Isère. Cet essai, qui eut lieu aux applaudissements de la population, ne répondit pas à un résultat pratique.

1839. *Mai 18.* — Les travaux, exécutés à l'hôtel-de-ville, consistant en un second étage et l'érection de deux pavillons, ont occasionné une dépense de 17,212 fr. 18 c.

1840. *Octobre 21.* — La ville fait entièrement reconstruire, pour une caserne et sur le plan du génie militaire, les anciens bâtiments de l'hôpital général. Après avoir dépensé, dans ce but, une somme de 50,000 fr., elle offre vainement cet immeuble au ministre de la guerre. L'alignement sur le quai a eu lieu en 1869 et la pose de la grille en 1880.

1840. *Novembre 23.* — Une ordonnance

royale nomme maire de Romans M. Charles-François-Bonaventure Julhiet, notaire (1).

1841. *Octobre 23.* — L'administration de l'hospice cède et vend, pour le prix de 11,000 fr., aux religieuses de Sainte-Marthe, sous la réserve de la nue-propriété, une partie des bâtiments de l'ancien hôpital de Sainte-Foy.

1842. *Février 2.* — Le conseil municipal vote une somme de 3,000 fr. pour venir en aide à la construction d'un buffet d'orgues dans l'église de Saint-Barnard et dont le devis monte à 13,790 fr. Le reste de la dépense a été couvert par des souscriptions particulières.

1842. *Avril 2.* — L'administration hospitalière met en adjudication la construction d'une église pour l'hôpital de la Charité. La dépense totale s'est élevée à environ 50,000 fr.

1842. *Mai 4.* — Une école supérieure est annexée au collège. L'année 1843 a été pour cet établissement celle de sa plus grande prospérité, celle pendant laquelle il a fourni une pléiade de sujets distingués. Les dépenses portées au budget municipal pour cette année se sont élevées à 27,079 fr.

1844. *Février 6.* — Le maire passe, avec la compagnie qui se propose d'établir une usine à gaz dans Romans, un traité par lequel la ville s'abonne, pour une durée de dix ans, à l'éclairage au gaz, moyennant une somme annuelle de 9,490 fr. Par un dernier traité, malgré une réduction importante sur le prix du gaz, ce service, par

---

(1) Né à Peyrins en 1794, maire de Romans de 1840 à 1848, chevalier de la légion d'honneur, marié en 1821 à Marie-Anne Gardon et en 182. à Delphine Rocher, mort à Peyrins le 1er juillet 1873.

suite de l'augmentation du nombre des becs, coûte annuellement aujourd'hui plus de 20,000 francs.

1844. *Février 6.* — M. P.-E. Giraud, député, ayant fait l'acquisition de la maison Bonnot, en offre gratuitement la cession à la ville pendant vingt ans, pour y établir une salle d'asile. On place, pour diriger cet établissement, plusieurs religieuses de l'ordre du Saint-Sacrement, auxquelles la ville alloue un traitement de 2,000 fr.

1844. *Mai 6.* — M. Cany, notaire et premier adjoint (1), lit au conseil municipal un mémoire fort développé et bien motivé (2), tendant à obtenir dans le département de la Drôme l'établissement d'un cinquième arrondissement civil dont le chef-lieu serait Romans. Cette pétition est adoptée et son impression à cent exemplaires est votée par l'assemblée. Elle fut envoyée au préfet de la Drôme pour être transmise au ministre de l'intérieur et adressée à M. Giraud, député de la circonscription.

Dans la séance du 25 janvier 1856, M. Cany proposa de renouveler cette demande, qui avait été déposée en 1852 entre les mains du président de la République, lors de son passage à Romans. La réponse du ministre de l'intérieur fut que, s'il n'avait pas donné suite à cette demande, c'est que l'avis du préfet de la Drôme

---

(1) Antoine-Florent-Jean-Baptiste, né en 1804 à Saint-Vallier, notaire à Romans, en remplacement de Jacques-Victor-Stanislas Savoye, dont il épousa la veuve. Il a exercé de 1829 à 1858 et est mort subitement à Montélimar, le 13 février 1868, étant maire de Romans et conseiller d'arrondissement.

(2) *Pétition de la ville de Romans à M. le Ministre de l'intérieur,* in-4°, 19 p.

était que « l'intérêt général ne souffrait point de
« l'état actuel des choses » !

1845. *Septembre 9*. — Dans le but d'agran-
dir la place du marché aux herbes et de dégager
le chevet de l'église de Saint-Barnard, le conseil
municipal avait voté, le 8 mai précédent, une
somme de 14,000 fr. pour l'acquisition de la maison Bonnardel et du hangar de Mlle Antelme.
Le reste de la dépense, soit 8,460 fr., fut couvert par des souscriptions particulières. Pendant
le cours du travail de démolition de l'ancienne
chapelle de Saint-Michel, on trouva à deux mètres au-dessus du sol, dans le mur sud-est, une
pierre portant un reste d'inscription que M. Giraud croit avoir fait partie du tombeau de saint
Barnard. Cet antique débris, qui n'a guère que
60 centimètres de côté, a été encastré non loin
du lieu où il a été découvert, dans un des contre-
forts extérieurs du chœur de l'église (1).

1846. *Juin 15*. — Le conseil municipal vote
un emprunt de 60,000 fr. pour couvrir, entre
autres dépenses, celles causées par la démolition
de la maison Juvenethon, à la place du *Puits du
cheval*, et de la maison Pain, pour découvrir le
passage de la Bouverie.

1847. *Septembre 9*. — Le conseil municipal
vote une somme de 15,000 fr. pour l'acquisition
de la tour de l'*Acque*, située dans l'Isère, à l'ex-
trémité méridionale du rempart de Saint-Nicolas.
La démolition de cette tour a pour but de pro-

---

(1) Voy. *Rapport présenté au comité des arts et monuments, à
l'occasion d'un fragment d'inscription trouvé... dans la démolition
d'une maison...*, in-8°, 12 p., et *La chapelle de Saint-Michel de Romans*, 1869, in-8°, 16 p.

longer le quai et de le faire communiquer avec le Chemin royal.

1847. *Octobre 5*. — La loge maçonnique rédige ses statuts et règlements (1).

1848. *Février 26*. — Le premier adjoint, faisant les fonctions de maire, fait proclamer la République. Il prend des mesures pour assurer la tranquillité et fait décider que deux conseillers municipaux se tiendront à tour de rôle en permanence à l'hôtel-de-ville.

1848 *Mars 3*. — Le conseil municipal vote une adresse d'adhésion au gouvernement provisoire et arrête qu'elle sera présentée à tous les officiers de la garde nationale, aux membres du tribunal de commerce et de la justice de paix.

1848. *Mars 12*. — Un arrêté du commissaire du gouvernement provisoire dans le département de la Drôme, nomme le citoyen Maurice Rochas (2) maire de Romans, et Régis Péronnier (3) juge de paix du canton.

1848. *Mai 3*. — Sous la pression du maire, les religieuses de Sainte-Claire consentent à céder et vendre à la ville, pour le prix de 15,000 fr., la partie de l'habitation acquise de la famille de Montélégier, située au sud de la promenade

---

(1) Voy. *Statuts et règlements particuliers de la* R.·. L.·. *Saint Jean, sous le titre distinctif de l'Union des deux cantons, reg*.·. *constitué à l'or*.·. *de Romans, le 5ᵉ jour du 10ᵉ mois de l'an de la* V.·. L.·. *5847*. Romans, imprim. E. Bossan, 1864, in-18, 47 p.

(2) Fils naturel et héritier de M. Maurice Charles, né en 1810. Il a été maire de Romans du 12 mars 1848 au 10 juin 1850 et membre du Conseil général. Il est décédé le 27 novembre 1861.

(3) Jean-François-Régis, né le 8 juillet 1810, licencié en droit, agréé au tribunal de commerce, juge de paix de 1848 à 1850, ensuite agent de l'usine à gaz, mort le 28 novembre 1867, laissant une fille mariée, en 1881, à N. Allier.

des Cordeliers, comprenant le vivier et l'allée des marronniers.

1849. *Août 5.* — Après la lecture faite par un membre d'une sorte de mémoire, dont la rédaction est attribuée à M. Mathieu (1), le conseil rejette, à la majorité de 12 voix contre 8, l'offre faite par des ecclésiastiques de prendre, à leurs risques et périls, la direction du collège communal. Il vote ensuite une indemnité de 5,000 fr. au principal en exercice.

1849. *Août 13.* — Le conseil municipal vote une somme de 7,766 fr. pour les travaux faits et à faire dans le but de rechercher des sources à Mours, pour établir des fontaines dans la ville. Le 2 février suivant, plusieurs traités sont faits avec des particuliers pour le passage des eaux. Le 19, le conseil consent un emprunt de 60,000 fr. pour assurer le service de trente fontaines.

1849. *Novembre 3.* — Le conseil alloue les sommes nécessaires pour terminer les travaux déjà entrepris à la montée des Cordeliers, afin d'en rendre l'accès plus facile.

---

(1) Philippe-Antoine, né le 7 juin 1808 au domaine des Brossards, commune de Saint-Christophe-le-Laris. Il fit ses études au petit séminaire de Valence ; à l'âge de dix-huit ans, il donna à Lyon des séances littéraires et scientifiques, inventa une méthode de lecture et d'écriture simultanées, enfin se fit breveter pour un fusil à cinq coups et pour un appareil à extraire le gaz de la résine. En 1846, il fonda l'Athénée de Romans et, en 1847, fit paraître un journal mensuel dit *La Voix d'un solitaire.* Il fut nommé, en 1848 et 1849, député de la Drôme. C'est alors qu'à l'exemple d'anciens représentants, il ajouta à son nom celui de son département et se fit appeler *Mathieu de la Drôme.* Il prit plusieurs fois la parole, entre autres pour l'émission de 500 millions d'assignats. Exilé à la suite du coup d'Etat, il se réfugia à Chambéry. Il fut bientôt autorisé à rentrer en France. Peu après, il acheta la source d'eau gazeuse de *Condillac.* Il s'occupa de la prescience du temps et fit paraître un Almanach qui a rendu son nom populaire. Il est mort à Romans le 16 mars 1865.

1850. *Juin 10*. — Un décret du président de la République dissout le conseil municipal de Romans et un arrêté du préfet de la Drôme suspend de ses fonctions le maire, M. Maurice Rochas. MM. Bouzon, Bedoin et Reynaud sont chargés de l'administration municipale de la ville. Ils sont installés le 17 par M. Léchelle, conseiller de préfecture. Une proclamation fait connaître ces changements.

1850. *Juillet 15*. — Un décret du président de la République nomme M. Eloy Bouzon (1) maire de la ville de Romans.

1851. *Janvier 6*. — Le préfet, M. Ferlay, accompagné du général commandant le département et de deux conseillers de préfecture, vient à Romans pour installer le conseil municipal nouvellement élu. Plusieurs discours sont prononcés.

1851. *Août 26*. — La compagnie des Sapeurs-pompiers ayant été dissoute, il en est constitué une autre composée de 60 hommes.

1851. *Décembre 3*. — A l'occasion du coup d'Etat, une proclamation du maire invite la population à rester tranquille, l'autorité ayant pris toutes les mesures pour assurer l'ordre, faire respecter les personnes et les propriétés. Cette proclamation est visée et approuvée par le chef de bataillon Ollivier, commandant l'état de siège dans la ville de Romans. En conséquence, ces jours assez difficiles se sont passés sans le plus petit désordre.

1851. *Décembre 9*. — Une adresse au prési-

---

(1) Né à **Peyrins** en 1789, décédé à **Romans** le 14 novembre 1865, a été vétérinaire, marchand de fer, filateur de soie. Il a été nommé maire, membre du Conseil général et de la commission de l'Hospice.

dent de la République, rédigée par le maire, est adoptée par le conseil municipal.

1851. *Décembre 20*. — Le scrutin, ouvert pour le plébiscite concernant le consulat à vie à conférer au prince Louis-Napoléon Bonaparte, donne pour la commune de Romans : 1,462 oui et 632 non.

1852. *Février 7*. — Le sieur Didier, filateur de soie au Bourg-de-Péage, qui avait acquis des terrains de M. Andrevon sur la place des Cordeliers, obtient la permission d'y construire trois maisons, conformément à un plan visé et à la condition que ces édifices n'excèderont pas onze mètres de hauteur et que le sieur Didier n'y établira ni remises, ni écuries, ni aucun commerce ou industrie.

1852. *Avril 19*. — Election d'un député au Corps législatif. M. Monier de La Sizeranne, de Tain (1), est élu; la commune de Romans lui a donné 913 voix contre 613 à M. du Bouchage.

1852. *Septembre 23*. — Le prince président de la République passe à Romans, se rendant à Valence. Il est reçu par les autorités sous un arc de triomphe érigé au bas de la montée de *Chabetout*. Le prince décerne la décoration de la légion d'honneur au maire, M. Bouzon; puis, dans le parcours des rues de la ville, frappé de l'étroitesse de ces voies de communication, il

---

(1) Jean-Paul-Ange-Henri, né à Tain le 30 janvier 1797, d'abord aide de camp de M. d'Urre, inspecteur des gardes nationales, puis garde du corps, autorisé en 1818 à prendre le nom et les armes de la famille éteinte des La Sizeranne, auteur de poésies estimées, plusieurs fois député et président du Conseil général de la Drôme, sénateur en 1863, comte et officier de la légion d'honneur, décédé à Nice le 28 janvier 1878.

ordonne l'élargissement de la grand'rue et la réfection du pont.

1852. *Novembre 21*. — Sur la question du rétablissement de l'Empire, les électeurs de la commune de Romans fournissent 1,869 oui et 37 non.

1856. — On commence les travaux pour l'élargissement du pont. En 1860, on construit les quais si nécessaires pour faciliter la circulation et défendre la ville contre les inondations. Ces différentes améliorations ont entraîné une dépense de 853,874 fr., dont environ 200,000 fr. à la charge de la ville.

1856. *Mai 10*. — La ville obtient une station télégraphique, à condition de fournir un local pour le bureau.

1856. *Novembre 3*. — Un décret impérial nomme maire de Romans M. Adolphe de Chatte, avocat (1).

1858. *Juillet 26*. — Le conseil municipal accepte les plans et devis relatifs à un projet de quai en amont du pont et vote la somme mise à la charge de la ville. Il adopte les mêmes conclusions, le 26 mai 1860, pour le quai en aval.

1859. *Septembre 10*. — L'administration fait renouveler l'inscription des noms des rues et des numéros des maisons. La dépense s'élève à 1,111 fr. Cette opération, conduite par un jeune agent voyer aussi étranger au pays qu'à son histoire, a été faite d'une manière très fautive.

1860. *Novembre 14*. — Un décret impérial

----

(1) Jean-François-Adolphe de Chatte, licencié en droit, né à Charpey le 7 décembre 1809, marié en 1849 avec Mᵐᵉ Marie-Elisabeth Allier, veuve Savoye.

nomme maire de Romans M. Etienne Sibilat, propriétaire (1).

1861. *Juin 27.* — Sur la demande de plusieurs habitants du quartier de Saint-Nicolas, le conseil municipal autorise la démolition de l'arc de triomphe érigé en 1701 par l'abbé de Lesseins, à l'occasion du passage des ducs de Bourgogne et de Berry, petits-fils de Louis XIV.

1864. *Mai 9.* — Le premier départ sur le chemin de fer de Romans à Valence a lieu sans aucune fête d'inauguration.

1866. *Février 17.* — Un décret impérial nomme M. Florent Cany, ancien notaire, maire de Romans.

1866. *Mai 5.* — Le dénombrement de la population de la commune de Romans constate la présence de 11,258 habitants.

1866. *Août 5.* — Un grand Concours musical a lieu à Romans. 40 musiques ou orphéons, venus des départements voisins, se font entendre. Le préfet, l'évêque et de notables étrangers ont honoré de leur présence cette fête, qui avait été parfaitement ordonnée Le maire a traité de la manière la plus convenable les autorités et les musiciens.

1866. *Septembre 29.* — La ville acquiert, au prix de 25,000 fr., la maison Derne, ancienne loge des Francs-Maçons, située au Tortorel, pour y établir une succursale des écoles de la Doctrine chrétienne et le logement des Frères.

---

(1) Etienne-Joseph Sibilat, né le 12 octobre 1799, ancien négociant et juge au tribunal de commerce, membre de la commission administrative de l'hospice, décédé le 8 janvier 1877, laissant Joseph-Louis, docteur en médecine, né le 3 mars 1826.

1866. *Octobre 18*. — Le maire donne l'ordre, malgré l'opposition du conseil de fabrique, de démolir et de faire disparaitre les derniers vestiges des cloitres et du mur qui s'appuyait contre l'église de Saint-Barnard.

Il n'en reste plus pour souvenir que quelques colonnes recueillies et conservées chez des amateurs d'antiquités.

1867. *Décembre 4*. — Un décret impérial nomme M. Gabriel Lacour, notaire, maire de Romans.

1869. *Avril 27*. — Le conseil municipal vote un emprunt de 200,000 fr. pour faire face au remboursement des dettes exigibles et à diverses nécessités locales.

1870. *Mai 8*. — Le vote sur le plébiciste donne les résultats suivants : inscrits, 3,674 ; votants, 2,885 ; oui, 604 ; non, 2,265 ; nuls, 16.

1870. *Août 18*. — Les jeunes gens faisant partie de la garde nationale mobile se rendent à Valence ; ils sont accompagnés jusqu'à la gare par la musique de la ville. Le 23, ils sont casernés au nombre de 600, savoir : 350 à Romans et 250 au Péage. Ils se nourrissent à volonté moyennant une solde d'un franc par jour. Ils partent, le 8 septembre, pour Paris où ils se sont trouvés pendant le siège.

1870. *Septembre 4*. — Le dimanche matin, une affiche officielle annonce que l'empereur et l'armée commandée par le maréchal de Mac-Mahon ont capitulé à Sedan. Dans la nuit, un télégramme apporte la nouvelle de la proclamation de la République et la nomination d'une Commission pour la défense nationale.

1870. *Septembre 12*. — Le conseil municipal

élit M. Lacour pour maire (il avait démissionné le 8), MM. Lapierre, négociant, et Fayol, médecin, pour adjoints.

La compagnie des sapeurs-pompiers donne sa démission.

1870. *Septembre 29*. — Arrivée de 1,500 hommes et du dépôt du 98ᵉ de ligne, en remplacement de celui du 13ᵉ envoyé à Langres.

1870. *Octobre*. — Le conseil municipal vote une somme de 10,000 fr. pour l'équipement de la garde nationale, et une autre somme de 30,000 fr. pour son armement.

1870. *Octobre 31*. — Une tentative pour établir un *Comité de Salut public* est déjoué par l'autorité municipale, avec le concours et l'appui des officiers de la garde nationale.

1870. *Novembre 3*. — Le premier adjoint, faisant les fonctions de maire, fait acheter à Marseille 1,750 fusils pour la garde nationale, au prix de 30 fr. pièce, ancien modèle et en mauvais état : soit une dépense de 52,500 fr.

1870. *Novembre 18*. — Le conseil municipal signe une adresse de confiance au gouvernement de la défense nationale, à Tours.

1870. *Décembre 19*. — Sur l'appel du gouvernement et l'invitation du préfet, le conseil municipal décide qu'une collecte en faveur des indigents et des prisonniers de guerre sera faite par ses membres. Il s'inscrit en tête de la liste pour une somme de 500 fr. Cette collecte produit environ 10,000 fr. Une souscription et un concert donné précédemment avaient produit 3,984 fr. 50 cent.

1870. *Décembre 31*. — Départ du 2ᵉ bataillon de la garde nationale mobilisée de la Drôme. La ville de Romans a fourni deux compagnies de 150 hommes. Leur retour eut lieu le 16 mars.

1871. *Février 1ᵉʳ*. — Plusieurs centaines d'individus se présentent à l'hôtel de ville pour l'envahir et y installer une *Commune*. Ils sont repoussés par la garde nationale.

1871. *Février 9*. — L'administration des ponts et chaussées fait faire des tranchées et des fourneaux de mines sur deux arches du pont et d'autres travaux pour défendre le passage de l'Isère. Ces dispositions alarment la population.

1871. *Mars 2*. — L'autorité fait afficher une dépêche télégraphique annonçant que l'Assemblée nationale a ratifié les préliminaires de la paix.

1871. *Mai 7*. — Le nouveau conseil municipal élit M. Joseph Savoye, ancien chef d'atelier, maire, M. Silvestre, fabricant de chaussures, 1ᵉʳ adjoint, et M. Louvier, charcutier, 2ᵉ adjoint.

1871. *Mai 22*. — Une émeute, longuement préparée et qui pouvait avoir des suites graves pour les personnes et les propriétés, débute à sept heures du soir par des insultes faites à des officiers dans un café, sur la grand'place. Des pierres et des injures leur sont adressées. Le tocsin sonne, la générale est battue; enfin les émeutiers, noyés dans une masse de gardes nationaux, sont forcés de renoncer à leurs projets de s'emparer de la poudrière, du télégraphe et de la gare. Le lendemain, à la suite d'une enquête faite par le procureur de la République et le juge d'instruction, plusieurs coupables sont arrêtés, et le 25 juin douze d'entre eux sont condamnés à des peines variant de quatre mois de prison à 16 fr d'amende.

1871. *Juillet 22*. — Le conseil municipal, à

la majorité de 19 voix contre 7, vote la suppression de l'école des Frères de la Doctrine chrétienne. Cette décision soulève une forte opposition et de nombreuses pétitions protestent contre cette injuste mesure. Le préfet décide que les Frères auront une allocation annuelle de 3,000 fr. et conserveront la jouissance de la maison Derne, au Tortorel.

1872. *Juin.* — D'après un recensement rigoureusement exécuté, la population de la commune de Romans se répartit : en sexe masculin, 6,104 ; sexe féminin, 6,570 ; total : 12,674 ; nombre de ménages, 3,927 ; nombre de maisons, 2,334 ; nés dans le département, 11,020 ; hors du département, 1,654 ; catholiques, 12,598 ; protestants, 90 ; israélites, 2 ; libres penseurs, 4 ; illettrés, 4,210 ; une femme âgée de plus de 95 ans. Répartition par professions :

	Hommes	Femmes
Agriculteurs	521	2
Industriels.	2,100	468
Commerçants	474	37
Banquiers	62	»
Professions libérales	460	162
Rentiers.	180	103
Séminaristes	83	»
Religieuses et orphelines	»	274
Domestiques	149	379
Professions non avouables.	»	17

1872. *Octobre 6.* — Ouverture d'une école laïque gratuite pour les filles dans une maison de la rue Conquiers, aux frais de la ville. La dépense s'élève, pour la première année, à 4,000 fr. Cette école est ensuite placée dans le bâtiment des prisons, disposé pour cette destination, mais conservant toujours un aspect peu gracieux.

1874. *Janvier 1er*. — Licenciement de la compagnie des sapeurs-pompiers.

1874. *Février 3*. — Un décret du président de la République nomme maire de Romans M. Barracand (1).

1874. *Avril 29*. — La musique de la *Société philharmonique* ayant refusé de se rendre, suivant l'usage, à l'entrée officielle de M. Amiel Dahaux, préfet de la Drôme, le maire retire à cette société musicale toute subvention municipale et l'autorisation de se faire entendre sur les promenades publiques.

1875. *Mai 22*. — Mgr Cotton, récemment nommé évêque de Valence, vient faire la visite des établissements religieux de Romans. Il est reçu partout avec la plus grande pompe et les démonstrations les plus respectueuses, par les autorités, la population et la garnison.

1876. *Février 20*. — Les élections pour l'élection d'un député dans la circonscription de Romans donnent les résultats suivants : M. Servan (2), 10,302 voix ; M. Monier de la Sizeranne, 6,777 ; M. Emé de Marcieu, 573.

1876. *Mars 29*. — Un décret du président de

---

(1) Léon-Henri, né à Romans le 2 mai 1840, licencié en droit. Il a publié, sous le pseudonyme de Léon Grandet, plusieurs poèmes et romans. Enfin, il a fait paraître, sous le nom de Léon Barracand, son théâtre, contenant trois pièces en vers, 1878, in-12 ; il a eu un prix de poésie de l'Académie française en 1883.

(2) Eugène-Joseph, licencié en droit, né en 1822 à Chanos, où il succéda à son père dans sa charge de notaire. Il épousa en 1855 Mⁿᵉ Octavie Roux, de Romans, et vint, par suite de ce mariage, s'établir dans cette ville. Il ne tarda pas à devenir conseiller municipal, conseiller d'arrondissement et conseiller général, juge et président du tribunal de commerce et enfin député. Il est mort à Romans le 17 septembre 1876, dans sa 54e année.

la République nomme M. Savoye maire de Romans.

1877. *Janvier 1er*. — Recensement de la population :

Agglomérée	9,375	
Eparse	1,899	11,274
Militaires	969	
Autres catégories.	680	1,649
Population totale.		12,923

Sexe masculin, 6,357 ; sexe féminin, 6,566.

1877. *Juillet*. — On commence la reconstruction de l'abattoir sur l'emplacement total de l'habitation léguée, en 1775, par les époux Faure. Cet édifice est terminé en 1880.

1877. *Juillet*. — On refait complètement la flèche de l'horloge de Jacquemart. La dépense s'élève à 4,581 fr.

1878 *Février*. — M. Jules Rivoire, avocat, membre du conseil général, est nommé maire de Romans par décret présidentiel.

1878. *Juin 30*. — On célèbre à Romans la fête de l'exposition universelle. La musique de la Société philharmonique, n'ayant pas joué la *Marseillaise,* est insultée par la foule ameutée *ad hoc*. Le lendemain, cette Société donne sa démission de musique municipale.

1878. *Septembre 18*. — Une affiche sur papier rose et commençant par ces mots : « Monsieur Gambetta nous fait l'honneur de venir s'entretenir avec nous », annonce à la population la prochaine arrivée à Romans du célèbre orateur. En effet, le 18, à onze heures, il est reçu et harangué à la gare par le maire entouré du conseil municipal, de sénateurs, de députés et d'une

foule de curieux venus de loin. Il se rend ensuite
à pied à l'hôtel Nagely, précédé de plusieurs corps
de musique. A trois heures, il prononce un long
discours, programme, dit-on, du futur président
de la République, dans un immense cirque en
bois érigé dans le clos Novel, près du Cours, en
présence d'un auditoire de cinq à six mille personnes. M. Gambetta, extrêmement fatigué, ne
peut assister à un dîner de cent couverts donné
en son honneur à l'hôtel d'Europe, ni accepter
l'invitation du maire de Grenoble. Il repart le
lendemain matin pour le château des Crettes
(Suisse).

1879. *Septembre 14.* — M. Christophe, député de la circonscription, étant mort avant l'ex-
piration de son mandat, il est procédé à son
remplacement. M. Bizarelli, médecin **au Grand-
Serre** et membre du conseil général, obtient
10,449 voix. M. Rivoire, avocat, maire de Romans, n'obtient que 1,924 suffrages.

1880. *Juillet 14.* — La fête commémorative
de la prise de la Bastille est célébrée avec beaucoup de luxe. La veille, retraite aux flambeaux
avec le concours des tambours et clairons du
22e de ligne, ainsi que ceux des pompiers, assistés de la *Fanfare romanaise.* Un détachement
de soldats portait des torches et éclairait la marche du cortège.

Le lendemain, 14, des salves de boîtes annon-
cent la fête. A dix heures, la compagnie des
sapeurs-pompiers, le conseil municipal, toutes
les autorités et les différentes Sociétés de secours
mutuels se réunissent pour assister à la remise
d'un drapeau à la compagnie des sapeurs-pompiers. Le maire prononce un discours. M. Riollé,

capitaine de la compagnie, répond au maire, puis le cortège se met en marche pour parcourir la ville. Une centaine d'enfants, de huit à dix ans, jouant du fifre, accompagnaient les morceaux qu'exécutait la Fanfare. La ville était pavoisée et des mâts s'élevaient dans les principaux endroits. Un repas, à 2 fr. 50 c. par tête, a réuni cent convives au café du Champ-de-Mars. A cinq heures du soir, séance musicale donnée par les Sociétés *Philharmonique* et *la Mandoline*. Le soir, feu d'artifice à l'Esplanade, illuminations des maisons.

1880. *Août 1ᵉʳ*. — On commence à démolir le pont de Chapelier ou des Orphelines, qui datait de 1424. La chute de la moitié de l'arche, du côté du midi, ayant arraché celle de la culée, deux ouvriers ont été entraînés et écrasés sous cet écroulement.

Ce pont, tout en pierre de tuf, a été remplacé par un autre en tôle à caisson, ce qui a permis d'abaisser la montée de Chapelier et de rendre son accès plus facile.

1880. *Août 8*. — Grand concours musical. Le samedi 7, les autorités se rendent à la gare pour y recevoir, au bruit des fanfares et des boîtes, la musique municipale de Turin. Cette bande, composée de 54 musiciens coiffés de petits chapeaux avec plumets rouges et panaches blancs, habillés de vert avec aiguillettes et passementeries d'or, répond en jouant la *Marseillaise*. Elle a été logée chez les Frères Maristes, à Bourg-de-Péage.

Le lendemain, à dix heures du matin, a lieu le défilé de toutes les musiques, au nombre de 70, portant chacune en tête une bannière. Ensuite commence le concours, après lequel les musiques ont reçu des récompenses, consistant en une magnifique bannière pour l'orphéon des dames lyonnaises, des couronnes de vermeil, des médailles pour les autres sociétés et des objets d'art pour les chefs. Le soir, la ville, pavoisée et illuminée, a été parcourue par des milliers d'étrangers attirés par cette fête. Malgré cette affluence de monde et une grande animation, on n'a pas eu à constater le plus petit désordre.

Le lundi, 9, la ville a vu le défilé d'une cavalcade, composée d'une quinzaine de voitures et de chars, entourés de quêteurs à pied et à cheval. Le soir, il y a eu un beau feu d'artifice sur l'Isère. La dépense a atteint près de 80,000 fr.

1881. *Janvier 9*. — Les élections pour un nouveau conseil municipal donnent les résultats suivants : liste du Comité républicain radical, de 1,435 à 1,786 voix ; liste du Comité central républicain, de 725 à 994 voix.

1881. *Mars*. — Un décret présidentiel nomme M. Joseph Savoye maire de Romans (troisième fois).

1881. *Mai*. — Le conseil municipal, par un vote de 12 voix pour, 8 contre et 4 absents, supprime l'école congréganiste des Frères établie au Tortorel. Cette résolution donne lieu, de la part de la commission administrative de l'hospice, à des revendications aussi fondées qu'importantes. L'école des Frères est immédiatement rétablie dans le voisinage, maison Giraud, et son existence est assurée pour trois années par des souscriptions.

1881. *Août 21*. — M. Bizarelli est nommé député, sans concurrent.

1881. *Octobre 11*. — Dans la nuit, vers deux

heures du matin, le moulin Senn, qui depuis moins de deux ans avait été complètement détruit par un incendie, est de nouveau envahi par le feu. A l'arrivée des premiers secours, les flammes sortaient déjà par toutes les fenêtres du moulin et avec une telle intensité que les barreaux de fer en sont restés tordus. Tous les efforts se sont concentrés, mais inutilement, pour préserver le moulin Ferrier situé en face, au nord. En effet, cette usine et un bâtiment à 25 mètres en arrière et séparé par une seconde rue, tout est devenu la proie des flammes, malgré les pompes de Romans, du Bourg-de-Péage, de la gare, et même de Valence, malgré le ruisseau de la Martinette qui passe devant et sous ces immeubles : ceux-ci ont été entièrement consumés.

1881. *Novembre 6.* — Le préfet approuve que, suivant le vœu du conseil municipal du 7 août, le nom de la rue Labbé soit changé en celui de *Mathieu de la Drôme* et le nom de Grand'Place en celui de *Place de la Liberté*.

1881. *Décembre 19.* — Séance de musique sacrée dans l'église de Saint-Barnard pour l'inauguration des orgues, restaurées à l'aide du produit d'une souscription qui s'est élevée à 4,000 fr. M. Auguste Convers, organiste de St-Georges de Lyon, a exécuté plusieurs morceaux.

Incendie du moulin de Sieyes, à la porte de Clérieu.

1882. *Janvier 1er.* — Le recensement de la population (fait par les chefs de maison et offrant peu de garantie) donne un total : de maisons, 2,095 ; de ménages, 3,951, et d'individus, 13,363.

1882. *Janvier.* — Construction sur la place des Cordeliers, au nord-est, d'un bâtiment destiné à la poste aux lettres, au télégraphe et au receveur.

1882 *Janvier.* — Les travaux exécutés pour améliorer la montée du Poids des Farines ont nécessité la démolition de la Chapelle du Cénacle, et ont mis au jour les fondations du mur de la première enceinte le long des Terreaux et celles d'une petite tour ronde située à environ 30 mètres plus bas que la chapelle construite en 1821.

1882. *Février 8.* — M. Pouzin (François), est nommé maire par décret présidentiel.

1882. *Mars 25.* — Un arrêté du maire, approuvé par le préfet, interdit, jusqu'à nouvel ordre, les processions extérieures dans la commune de Romans.

1882. *Avril 25.* — Conformément à la nouvelle loi, le conseil municipal élit, par 13 voix, maire M. Ginier (Régis), pharmacien. A la suite de cette élection, neuf conseillers donnent leur démission.

1882. *Août.* — Le conseil municipal vote, à l'unanimité, les projets suivants : 1° pour l'agrandissement du collège, 140,000 fr.; 2° pour deux écoles supérieures, 187,000 fr.; 3° pour une école laïque de garçons, au quartier des Terreaux, 100,000 fr.; 4° pour une école de filles, à Jacquemart, 60,000 fr.; 5° pour une école de garçons, à Sabaton, 64,500 fr.; 6° pour une école de filles, à Sabaton, 64,500 fr.; 7° pour une école de garçons, rue Palestro, 80,000 fr.; 8° amélioration de l'école du Tortorel, servant de salle d'asile, 10,000 fr.; 9° réparation d'une salle d'asile, à St-Nicolas, 20,000 fr. Total : 661,500 fr.

1882. *Novembre.* — Pose d'une horloge

neuve et restauration de la tour de Jacquemart. La dépense est estimée 17,000 fr.

1882. — Projet de confection d'un nouveau plan de la ville, à la cote de cinq millim. par mètre. Dépense, 9,000 fr. en trois années.

1882. *Décembre 3*. — Réorganisation de la compagnie des sapeurs-pompiers, composée de 101 hommes, avec une prime d'assurance en cas d'accident, 1,000 fr. de subvention, l'habillement et l'équipement et différentes exemptions.

1883. *Septembre*. — Construction d'une caserne d'infanterie. Etablissement du Cours *Gambetta*, allant de l'esplanade à la route de St-Paul.

1884. *Juin*. — Démolition de la maison Péronnier et de la maison Reynaud, place des Princes.

1885. *Juillet 5*. — Conférence à la salle de spectacle, sous la présidence de M. Horace Reynaud, ancien magistrat. Orateurs : MM. Calla, député de Paris, et Jacquier, avocat à Lyon. Dîner chez Nagely : 117 convives. Toasts. C'est la contre-partie du discours de Gambetta en 1878.

1885. *Novembre 26*. — Adjudication des travaux pour la construction d'un temple protestant, sur la mise à prix de 19,357 fr. 21 c., à M. Broet Henri, avec 16 % de rabais.

1886. *Juin*. — Le recensement accuse les chiffres suivants :

	Maisons	Ménages	Individus
Saint-Nicolas	798	1,406	5,244
Saint-Barnard	1,051	2,016	6,534
Banlieue	660	820	2,958
Totaux	2,509	4,242	14,736
En 1881	2,095	3,951	13,363
Augmentation . .	414	291	1,373

1886. *Juin 27*. — M. Boulanger, ministre de la Guerre, et M. Granet, ministre des Postes et Télégraphes, arrivent à Romans à neuf heures par un train express. Ils sont reçus par les autorités de la ville et de Bourg-de-Péage, par le préfet, les sénateurs et les députés de la Drôme. Revue de la troupe à la nouvelle caserne, réception à l'hôtel-de-ville, visite à l'hôpital, banquet de 430 convives, pendant lequel M. Joseph Savoye, ancien maire, est décoré. Départ à deux heures.

1886. — Achat par la ville, au prix de 60,000 fr., de la maison servant de presbytère. La partie sur la côte des Cordeliers est revendue, à charge de reculement ; le jardin, du côté du Tortorel, est annexé à l'école laïque de garçons, cédée à la nouvelle école de filles.

1886. — La maison Rose, angle sud de la côte Jacquemart et de la rue St-Roch, est démolie pour l'élargissement de la rue dans l'axe de celle de l'Armillerie.

1887. *Mars*. — Une loi autorise la ville de Romans à emprunter une somme de 535,000 fr. pour la construction d'un collège Il sera placé sur le cours Gambetta, en face de la nouvelle caserne.

1887. *Mars 24*. — M. Ginier, ayant donné sa démission de maire, est réélu par 19 suffrages sur 22 votants.

Inauguration du temple protestant ; dédicace et discours.

1887. *Avril 29*. — Une réunion, présidée par le maire, nomme une commission de 30 membres qui s'occupera : 1º de publier les documents relatifs à la réunion des Etats Généraux de Dauphiné ; 2° d'organiser une conférence ; 3° d'ériger un monument commémoratif ; 4° de préparer des fêtes solennelles : le tout à Romans.

1887. *Mai 22*. — A dix heures, lâcher de pigeons par cinq sociétés de colombophiles. Le soir, pour la première fois à Romans, courses de chevaux. Cinq départs. 500 fr., prix de la ville.

1887. *Septembre 9*. — Adjudication des travaux pour la construction d'un nouveau collège.

1887. *Octobre 22*. — Découverte de quatre squelettes à la place Sabaton, à la file, dans une tranchée ; l'inhumation datait probablement de quelque grande peste.

1888. *Mai 6*. — Elections d'un nouveau conseil municipal. Cinq listes. Un seul élu : ballotage pour les 26 autres. Le 13, sont élus : 18 radicaux et 9 opportunistes.

1888. *Mai 20*. — M. Bonnet (Marius), docteur en médecine, est élu maire de Romans par 15 voix contre 9.

1888. *Juin 3*. — Dimanche. Inauguration du kiosque musical sur la place des Cordeliers. Plusieurs musiques ont joué devant une foule énorme.

1888. *Juillet 22*. — M. Carnot, président de la République, accompagné de plusieurs ministres, sénateurs et députés, arrive à Romans à 11 heures 1/4 du matin. Il reçoit les autorités à l'hôtel-de-ville, assiste à un banquet dans la cour de la nouvelle caserne, visite l'hôpital, pose la première pierre du monument commémoratif du Centenaire et repart à 4 heures 1/4, laissant 1,000 fr. aux pauvres et 500 fr. à l'hôpital.

1888. *Novembre 10*. — Réunion à Romans

des descendants ou alliés des députés aux Etats
Généraux tenus dans cette ville en 1788. Célébration du Centenaire par une messe en l'église
de Saint-Barnard, dite par M. l'abbé Barnave,
en présence de NN. SS. l'Archevêque d'Aix,
l'Evêque de Valence et l'Evêque de Montpellier,
Mgr de Cabrières, lequel a prononcé un long
discours.

Le lendemain 11, réunion privée dans la salle
du théâtre, dans laquelle MM. de Mun, Jacquier
et de Gailhard ont prononcé des discours. Ensuite, grand banquet au même lieu, accompagné
de diverses allocutions économiques. Le calme
le plus parfait n'a cessé de régner (1).

1888. *Novembre 25.* — Le maire et le conseil
municipal, escortés par la compagnie des pompiers, viennent inaugurer le *Stand*, situé au
quartier des Récollets, dans le clos Ageron.
Ce champ de tir a été disposé par et pour la société du 110ᵉ régiment territorial.

La fête, favorisée par un temps superbe, avait
attiré une foule considérable de curieux.

1889. *Mai 21.* — Le mardi, à onze heures
et demie, le baron Berge, gouverneur de Lyon,
est entré en gare ; il est monté à cheval et, escorté d'un peloton de hussards et de plusieurs
brigades de gendarmerie, il a inspecté les soldats
de la garnison, formant la haie jusqu'à l'hôtel
Nagely, où il a reçu les autorités ; il a visité les

---

(1) Voy. *Assemblée commémorative réunie à Romans. les 10 et 11
novembre 1888, pour le Centenaire de l'assemblée générale des trois
ordres de la province de Dauphiné tenue à Romans en 1788. Compte
rendu et procès-verbal.* Valence, imprim. Valentinoise, 1889, in-4°,
253 p.

casernes, l'hôpital et le champ de tir. Il a rendu à l'Evêque la visite qu'il en avait reçue.

1889. *Juillet 28.* — M. le Dr Bonnet, maire de Romans, est nommé membre du conseil général par 2,129 voix (Gignier 324, Servan 230) pour la ville de Romans, et par 3,258 (Gignier 912, Servan 849) pour tout le canton.

1889. *Septembre 22.* — Deuxième circonscription de Valence, élection d'un député. M. Bizarelli, député sortant, 9,829 voix, dont 706 de Romans. M. Bonnet, maire de Romans, 7,951, dont 2,073 de Romans. M. Escoffier, avocat, 118, dont 31 de Romans. M. Bizarelli est élu à 1,760 voix de majorité.

1889. *Septembre 25.* — Arrivée du 75e régiment d'infanterie pour tenir garnison à Romans ; toutes les autorités, les fonctionnaires, les pompiers, les musiques ont été recevoir sur le pont ce régiment, accueilli par des discours et des vivats. Le soir, un punch d'honneur a été offert par la ville aux officiers.

1890. — Le conseil municipal a décidé qu'à partir du 1er mars les horloges publiques de la ville marqueraient l'heure de l'Observatoire de Paris.

1890. *Octobre 2.* — Le conseil municipal est dissous et remplacé par trois délégués, chefs de division à la préfecture.

1890. *Octobre 19.* — Election d'un nouveau conseil.

1890. *Octobre 25.* — Le Dr Bonnet est réélu maire de Romans.

1891. *Avril.* — Recensement : 2,501 maisons, 4,346 ménages et 16,545 habitants.

L'effectif de la garnison compte 1,000 hommes de plus. Parmi les habitants, il y a 181 étrangers.

1891. *Juin 14*. — Conférence de M. Brunot, professeur à la Faculté des lettres de Lyon, pour l'établissement à Romans d'une société de secours aux blessés militaires ; le Comité des Dames a pour présidente Madame du Portroux.

1891. *Décembre 12 et 13*. — Sous le nom d'*Etats libres du Dauphiné*, en présence des évêques Mgr Fava, de Grenoble, Mgr de Cabrières, de Montpellier et Mgr Cotton, de Valence, se sont réunis à Romans de nombreux personnages pour discuter diverses questions politiques et sociales.

1892. *Juin*. — Une loi autorise la ville de Romans à emprunter une somme de 1,700,000 fr. à 4 % pour l'achèvement de la caserne Bon et différents travaux.

1892. *Juillet 10*. — M. Clément Lacoste est élu maire de Romans.

1892. *Septembre 20 et 21*. — Revenant des grandes manœuvres, ont séjourné à Romans 3,200 soldats appartenant aux 8e et 14e régiments de chasseurs à cheval, aux 3 bataillons de chasseurs à pied et alpins. De son côté, le Péage a logé les 5e et 8e régiments de cuirassiers. Le logement de ces troupes a occasionné quelques conflits.

Imp. Jules CÉAS & Fils. Valence.